Mein Leben annehmen

Inhalt

Vorwort 9

1. Teil
Grundsätzliche Überlegungen zur Schlüsselmethode
1. *Einleitung* 13
2. *Allgemeiner Hintergrund der Schlüsselmethode* . . . 16
  2.1. Entstehung der Schlüsselmethode 16
  2.2. Wichtige Schlüsselbegriffe 20
  2.3. Die Schlüsselposition und das Schlüsselwort . . . 22
  2.4. Methoden zur Erarbeitung der Schlüsselposition . 32
3. *Anthropologisch-theologische Grundvoraussetzungen*
  der Schlüsselmethode 35
  3.1. Einleitung 35
  3.2. Anthropologisch-theologische Grundhypothesen . 36
4. *Psychologische und methodische Aspekte der*
  Schlüsselmethode 43
  4.1. Einführung 43
  4.2. Methodische Hinweise 46
  4.3. Die bewußte Auseinandersetzung mit der
    eigenen Vergangenheit 54
  4.4 Die fünf Phasen in der Auseinandersetzung mit
    der eigenen Vergangenheit 56
    4.4.1. Die Phase des Wahrnehmens und des
      Nicht-wahr-haben-Wollens 58
    4.4.2. Die Phase der „Aggression und des Zorns" . 64
    4.4.3. Die Phase des Verhandelns 74
    4.4.4. Die Phase der „Depression und Trauer" . . 78
    4.4.5. Die Phase der „Vergebung und Versöhnung" 81
5. *Ziele der Schlüsselmethode* 83
  5.1. Bewußte Auseinandersetzung und Versöhnung mit
    der eigenen Vergangenheit 83
  5.2. Einordnung in einen größeren Sinnzusammenhang 85
  5.3. Hilfe zur Selbsthilfe 85
  5.4. Gemeinschaft konstruktiv leben 87
  5.5. Die persönliche Lebensgeschichte mit Gott in
    Berührung bringen 87
6. *Weitere Charakteristika der Schlüsselmethode* . . . 88
  6.1. Der ganzheitliche Ansatz der Schlüsselmethode . 88

6.2. Das leibliche Gestalten 96
6.3. Die Verbindung von Einzelgespräch und
 ergänzender Gruppenarbeit 104
6.4. Die Beziehung TherapeutIn – KlientIn 106
7. *Die Schlüsselmethode in der Praxis* 112
8. *Die Geschichte vom verstoßenen Adler* 122

2. Teil
Die Schlüsselmethode in der seelsorglichen Praxis

Einleitung 129

Hermann Kügler
*Die Schlüsselmethode in Persönlichkeitsarbeitsgruppen
nach TZI* 132

1. Die themenzentrierte Interaktion nach Ruth Cohn . . 132
2. Schlüsselmethode und TZI: die Arbeit mit der
 Schlüsselmethode in Persönlichkeitsarbeitsgruppen
 nach TZI 134
 2.1. Die Beziehungsaufnahme in der Gruppe 134
 2.2. Die Explorationsphase 135
 2.3. Die Problembearbeitungsphase 136
 2.4. Die Phase der „Unterscheidung" 139
 2.5. Der Abschied 141
3. Möglichkeiten und Grenzen der Schlüsselmethode in
 Persönlichkeitsarbeitsgruppen nach TZI 141

Siegfried Esch
Die Schlüsselmethode in der Krankenhausseelsorge . . . 144

1. Krankenhaus und Seelsorge – ein Blitzlicht 144
2. Krankenhausseelsorge als heilende Seelsorge 145
 2.1. Anfrage an das Neue Testament 145
 2.2. Heilende Seelsorge – was ist das? 146
 2.3. Die Voraussetzung: Der Wille zum Heil-Werden . 147
3. Die Schlüsselmethode in der Krankenhausseelsorge –
 skizzierte Erfahrungen 148
4. Praktische Anwendung der Schlüsselmethode 153
 4.1. Kontaktaufnahme – Stationsbesuch 153
 4.2. Einzel- und Gruppenarbeit 153

Monika van Bonn
*Die Schlüsselmethode in der Gruppenarbeit mit
Erwachsenen* 161

1. In der Vorphase: die bohrende Frage 162
2. Der Sprung in den unbekannten und doch so
   vertrauten See: das Verfassen des Lebensskripts . . . 163
3. Die drei Abschnitte in der gemeinsamen Gruppenarbeit . 165
   3.1. „Ach, wie gut, daß niemand weiß ..." – auf der
        Suche nach dem Schlüsselwort 166
   3.2. Die Eltern sind immer und überall 169
   3.3. Gott ist größer als unser Herz 171
4. Abschließende Bemerkungen 173

Norbert Rutschmann
Die Schlüsselmethode in der psychiatrischen Praxis . . . 175

1. Einleitung 175
2. Die Psychodynamik in der Psychiatrie 175
   2.1. Die Objekt-Beziehungs-Theorie 177
   2.2. Die Objekt-Beziehungs-Theorie und Psychose . . 179
3. Die Schlüsselmethode in der (anti)psychiatrischen Praxis . 181
   3.1. Die Rolle des Therapeuten 181
   3.2. Die Schlüsselmethode 182
4. M. X., 23 Jahre, schizophrene Psychose, 4. Schub . . . 189
   4.1. Thema: Einer allein kann nicht leben –
        Familienkonstellation 189
   4.2. Thema: Bedrohung – Familienkonstellation . . . 189
   4.3. Thema: Vergewaltigung – oben/unten –
        die Schlüsselposition 190
   4.4. Thema: Nicht gewollt sein – das Schlüsselwort . . 190
   4.5. Verlauf 191
   4.6. Gottesbild 192

Christoph Kentrup
Die Schlüsselmethode in der geistlichen Begleitung . . . 193

1. Warum kommen Menschen in geistliche Begleitung . . 193
2. Was erwarten sie? 194
3. Was verstehe ich unter „geistlicher Begleitung"? . . . 195
   3.1. Eine Begriffserklärung 195
   3.2. Abgrenzung zur Psychotherapie und
        seelsorglichen Beratung 196

3.3. Geistliche Begleitung und Therapie   197
4. Welche Hilfen kann ich als Begleiter anbieten?   198
    4.1. Mein Mitgehen   198
    4.2. Das Gespräch   198
    4.3. Die Spiritualität des Ignatius v. Loyola   199
    4.4. Exerzitien und Exerzitien im Alltag   199
    4.5. Meine eigene Erfahrung mit der
           „Schlüsselmethode"   201
5. Schlüsselmethode und geistliche Begleitung   202
6. Was bedeutet das „Schlüsselwort" für die Begleiteten
   und den geistlichen Begleiter oder Begleiterin? . . .   202
    6.1. Die Begleiteten   202
    6.2. Die Begleiter der Schlüsselmethode   205
7. Das Schlüsselwort – ein Wort des Unheils und des Heils   . 207
8. Orte und Worte des Heils von Gott   210

Agnes Lanfermann
Die Schlüsselmethode – eine therapeutische Hilfe
in Exerzitien   212

1. Die Schlüsselmethode und Exerzitien allgemein . . .   213
2. Die Schlüsselmethode und Exerzitien:
   Ziel und Hintergrund   214
    2.1. Eine Einübung ins Leben   214
    2.2. Eine Einübung ins Ganz-Sein   215
3. Die Schlüsselmethode und Exerzitien:
   ein Wechselprozeß   217
    3.1. Ein dynamischer Prozeß   217
    3.2. Ein kritischer Prozeß   219
    3.3. Ein menschenfreundlicher Prozeß   224

Literaturverzeichnis   230

Vorwort

In den Büchern „Vom Überleben zum Leben" und „Dämonische Gottesbilder" habe ich versucht, den Leserinnen und Lesern Impulse und „Hilfen" zu geben, um das eigene Leben besser zu verstehen und auf dem Hintergrund des christlichen Glaubens existentiell vertiefen zu können. Dabei kamen die psychologischen, die anthropologisch-theologischen und pastoralen Grundelemente, die in der Schlüsselmethode eine wichtige Rolle spielen, nur kurz zur Sprache. Auf Wunsch vieler Leserinnen und Leser werden in diesem Buch die wesentlichen Bausteine der Schlüsselmethode (z. B. die Schlüsselposition, das Schlüsselwort und die Überlebensstrategien) systematisch vorgestellt und ihre psychologische und anthropologisch-theologische Verwurzelung beschrieben. Darüber hinaus geht es um die Charakteristika der Schlüsselmethode und um ihre spezifische pastoraltherapeutische Arbeitsweise, wie ich sie in den letzten 25 Jahren entwickelt habe.

Im *zweiten Teil* schildern PastoralpsychologInnen, die seit Jahren mit der Schlüsselmethode in verschiedenen Praxisfeldern arbeiten, wie sie diese Methode in unterschiedlichen Situationen anwenden und welche Erfahrungen sie damit gemacht haben: z. B. in der TZI-Arbeit mit einzelnen und Gruppen, in der Krankenhausseelsorge, in der religiösen Persönlichkeitsentwicklung, in der Psychiatrie, in der geistlichen Begleitung und in Exerzitien. In diesen Beiträgen wird versucht, im Sinne der pastoralpsychologischen Aufgabenstellung das vielfältige Lebenswissen der Psychologie für die Glaubenspraxis fruchtbar zu machen. Solche neuen Impulse für die pastorale Praxis scheinen besonders notwendig in einer Zeit, in der sich die Seelsorge in einer Umbruchsituation befindet und nach Orientierungshilfen Ausschau hält. Hinzu kommt, daß wohl die Zeit einer „flächendeckenden und massenorientierten Pastoral" abgelaufen ist und sich Einzelpersonen und kleinere Gruppen als „Objekt" der Seelsorge mehr und mehr anbieten.

Um das Buch für die Leserinnen und Leser verständlich zu gestalten und ihnen Impulse für die eigene pastorale Praxis zu geben, haben wir bewußt eine einfache Sprache gewählt, auf einen großen „wissenschaftlichen Apparat" verzichtet und die theoretischen Aussagen mit vielen Beispielen veranschaulicht.

Im Anhang finden interessierte Leserinnen und Leser eine Literaturliste, die weitere Hinweise zur Vertiefung der Thematik enthält.

Mein Wunsch ist, daß dieses Buch den Leserinnen und Lesern Mut macht, sich u. a. mit ihren eigenen unbewußten Schlüsselerfahrungen und ihrer religiösen Persönlichkeitsentwicklung auseinanderzusetzen. Möge es der aktuellen Seelsorge einige positive Anregungen geben, um die Spuren Gottes in unserer Welt wieder neu zu entdecken. Denn „der Mensch ist eine Sprache, in die Gott übersetzt" (R. Guardini) und aus der Gott herausgelesen werden kann.

Karl Frielingsdorf SJ

1. Teil
Grundsätzliche Überlegungen zur Schlüsselmethode

1. Einleitung

In den 25 Jahren pastoraltherapeutischer Arbeit mit einzelnen und Gruppen habe ich die sogenannte *Schlüsselmethode* entwickelt, die in diesem Buch vorgestellt wird. Die Schlüsselmethode versteht sich als ein therapeutischer Beitrag unter anderen. Sie befaßt sich hauptsächlich mit Problemen und Konflikten von Menschen, die eine christlich-religiöse Sozialisation haben, und ist im Bereich der Pastoralpsychologie anzusiedeln, die einerseits die Erkenntnisse der Psychologie über die Entwicklung der Persönlichkeit und die Störungen im Leben des Menschen mit einbezieht und andererseits versucht, dieses Wissen für das religiöse Leben fruchtbar zu machen. „Der Pastoralpsychologie kommt die Aufgabe zu, psychologische Forschungsergebnisse der Diagnostik, Prophylaxe und Therapie für die Praktische Theologie zugänglich zu machen, so daß sie für eine dem Evangelium und den Fragen des Menschen angemessene ‚Praxis der Kirche' fruchtbar werden können" (Baumgartner 1990b, 56). In dieser Korrelation von Psychologie und Theologie sieht die Schlüsselmethode vor allem die frühkindliche Lebenssituation als sehr bedeutsam für die folgende religiöse Persönlichkeitsentwicklung an und versucht, Möglichkeiten einer ganzheitlichen Heilung für eventuelle Behinderungen und Störungen im psychischen und religiösen Lebensbereich zu finden.

In diesem Zusammenhang beantwortet die Schlüsselmethode die vieldiskutierte Frage, ob die Psychologie eine Naturwissenschaft oder eine Geisteswissenschaft sei, nicht alternativ. Der Mensch kann in seiner komplexen Gesamtpersönlichkeit weder ausschließlich mit naturwissenschaftlichen noch mit geisteswissenschaftlichen Methoden und Kriterien erfaßt und beschrieben werden. Das gilt besonders für den innerpsychischen und emotionalen Bereich. Wenn z. B. existentielle Fragen wie die nach dem Sinn des Lebens, des Leidens oder nach dem Weg zu einem glücklichen Leben oder um die Entdeckung unbewußter Gottesbilder bearbeitet werden, dann greifen die von der empirisch-statistischen Psychologie erstellten Fragen und Tests zu kurz und reichen „medizin-analoge" Effizienznachweise der Therapie-Wirksamkeitsforschung nicht aus (vgl. dazu auch Frielingsdorf, 1992(a), 37ff). In den letzten Jahren kommen die naturwissenschaftlich und geisteswissenschaftlich orientierten Psychotherapien mehr miteinander ins Gespräch (vgl. u. a. Dührssen 1992, 3).

In der Schlüsselmethode kommt u. a. besonders der geisteswissenschaftliche Aspekt der Psychologie zum Zuge, erweitert durch einige anthropologisch-theologische Grundthesen, die für die Anliegen und Fragestellungen der Schlüsselmethode wesentlich sind.

Die Schlüsselmethode wendet sich zunächst an Menschen, die angesichts eines vielfältigen Angebotes an Sinn- und Wertvorstellungen und eines gleichzeitigen Defizites an heute noch tragenden tradierten Strukturen Orientierungs- und Entscheidungshilfen suchen. Sie versteht sich in diesem Sinne prophylaktisch als eine Lebenshilfe für Menschen, die sich in der Auseinandersetzung mit den Schlüsselbotschaften und -erfahrungen der Kindheit bewußt von dem durch die Eltern noch unbewußt bestimmten Leben lösen und im Prozeß der Selbstwerdung zu einem eigenen, persönlichen Leben finden wollen. Dazu gehört auch die Auseinandersetzung mit den unbewußt überkommenen religiösen Vorstellungen und Gottesbildern und die Entwicklung einer eigenständigen Religiosität.

Das bedeutet keineswegs, daß die Schlüsselmethode nicht auch bei Menschen mit einer nicht- oder a-religiösen Sozialisation angewandt werden kann, wenn auch das Erfahrungsmaterial aus diesem Bereich relativ gering ist.

Über dieses präventiv-therapeutische Ziel hinaus, dem einzelnen zur persönlichen Lebensentfaltung und -heilung zu verhelfen, hat sich die Schlüsselmethode auch bei *psychischen Störungen und in der Krisenintervention* bewährt. Und wie die Beiträge im zweiten Teil des Buches zeigen, können wichtige Elemente der Schlüsselmethode in unterschiedlichen Bereichen der beratenden Seelsorge hilfreich eingesetzt werden.

Der *Name „Schlüssel"*methode geht auf das häufig vorkommende Wort *„Schlüssel"* zurück: Schlüsselbotschaft, Schlüsselerfahrung, Schlüsselposition und Schlüsselwort. Diese „Schlüssel"-Begriffe enthalten die Grundhypothese, von der ich in meiner pastoraltherapeutischen Arbeit ausgehe.

Die *Grundhypothese* kann kurz wie folgt beschrieben werden:

Jeder Mensch erhält von Beginn des Lebens an neben positiven auch negative Botschaften von den Eltern und der Umgebung, die zunächst sein Leben prägen. Die entscheidende Schlüsselbotschaft ist das „Ja", das „Nein" oder das „Ja-wenn" der Mutter, des Vaters und anderer primärer Bezugspersonen zum Leben des Kindes. Die Annahme oder Ablehnung, besonders durch die Mutter, lösen oft bereits in der pränatalen Lebenszeit, spätestens aber im Kleinkindalter die sogenannten „Schlüsselerfahrungen" aus, die zur „Schlüsselposition", d.h. zu einer unbewußt-affektiven Grundeinstellung dem Leben gegenüber führen. Diese Schlüsselposition wird häufig im Jugend- und Erwachsenenalter unbewußt wiederholt, z.B. in Situationen von Überforderung und Belastung, bei „kopflosem" Handeln. Um solche unbewußten Wiederholungen zu vermeiden oder einzuschränken, ist es sinnvoll, sich bewußt mit den erworbenen und übernommenen Lebenseinstellungen der Vergangenheit auseinanderzusetzen und sie im Rahmen des Möglichen eigenverantwortlich zu gestalten, damit „ich mehr selbst lebe und nicht gelebt werde".

Die Schlüsselposition kann in einem negativen und positiven „Schlüsselwort" zusammengefaßt werden, das helfen soll, die eigene Lebensposition sowie die konkreten Verhaltensweisen – auch im religiösen Bereich – tiefer zu verstehen und „auf den Punkt zu bringen". Das persönliche Schlüsselwort ist wie eine große Unbekannte in der Lebensgleichung. Ist sie einmal entdeckt, können mit Hilfe dieses Schlüsselwortes aktuelle Lebensprobleme schneller erkannt und Ursachen von bisher unbekannten Ängsten und Störungen erschlossen werden. An Hand des negativen Schlüsselwortes läßt sich auch das entsprechende *positive* Schlüsselwort mit der korrespondierenden positiven Lebenseinstellung als wichtige Ergänzung finden.

Einschränkend sei bereits hier gesagt, daß bei allen Möglichkeiten, die menschliche Persönlichkeit zu beschreiben und zu erfassen, der Mensch in seiner Vielfalt und Komplexität letztlich nicht begriffen oder „kategorisiert" werden kann. Wesentliche Teile der Persönlichkeit bleiben immer verborgen.

Die bewußte Auseinandersetzung mit der eigenen Vergangenheit möchte zu einer realistischen Wahrnehmung und Einschätzung der persönlichen Möglichkeiten und Grenzen führen und dem einzelnen Menschen helfen, von dieser Basis aus die Gegenwart und Zukunft, die Beziehungen, den Umgang mit der Welt sinnvoll und, wo notwendig, verändernd zu gestalten. Wichtig sind in diesem Prozeß die Selbstheilungskräfte in jedem Menschen. Sie gilt es kennenzulernen, zu aktivieren und als „Partner" ernst zu nehmen.

Die Schlüsselmethode bezieht in ihrer Arbeit die körperliche, emotionale und mentale Ebene mit ein und stützt sich in verschiedenen kreativen Methoden, vor allem in der Arbeit mit dem Körper auf imaginative und intuitive Elemente. Deshalb ist es nicht leicht, sie ins Wort zu bringen. Auf Zeichnungen und Bilder haben wir in diesem Buch u. a. deshalb verzichtet, weil sie unbewegt und statisch bleiben und den lebendigen und dynamischen Prozeß des leiblichen Gestaltens und körperlichen Ausdrucks nur schwer wiedergeben können.

2. Allgemeiner Hintergrund der Schlüsselmethode

2.1. Entstehung der Schlüsselmethode

Die Entwicklung der Schlüsselmethode ist mit meiner persönlichen pastoraltherapeutischen Erfahrungsgeschichte eng verbunden. Als ich Mitte der 60er Jahre in Paris die Psychoanalyse in einer sogenannten „Informationsanalyse" von etwa 300 Stunden kennenlernte, kam ich u. a. zu einer ersten wichtigen Erkenntnis über die menschliche Persönlichkeit, die sich bis heute noch verstärkt hat: Die ersten Lebensjahre – einschließlich der pränatalen neun Monate – prägen stark die Grundeinstellungen und Verhaltensweisen des Menschen, auch die religiöse Persönlichkeitsentwicklung. Diese zunächst mehr theoretischen Einsichten konnte ich zum Teil in der eigenen Lebensgeschichte nachvollziehen. So habe ich z. B. erst später entdeckt, daß mein großes Interesse für das Thema „Leben-Tod" offensichtlich in einer persönlichen Erfahrung von Leben und Tod in meiner pränatalen Zeit begründet ist. Meine Mutter mußte sich einer schwierigen Gallenoperation unterziehen, als sie im 4. Monat mit mir schwanger war. Sie hatte Angst um mein Leben und fragte den Arzt vor der Operation, wie groß meine

Überlebenschancen seien. Die Antwort des Arztes lautete damals: eins zu tausend.

Die inzwischen 1114 ausgewerteten Lebensgeschichten von Frauen und Männern, mit denen ich in den vergangenen 25 Jahren in Einzelgesprächen und Gruppen gearbeitet habe, bestätigen diese Erkenntnis über den Einfluß der ersten Lebensjahre eindrücklich. Ich gehöre zu den vielen, „die sich am analytischen Feuer gewärmt haben" (S. Freud) und für diese Erfahrungen dankbar sind. Auch heute schätze ich noch sehr die psychoanalytische Methode, mit den hunderten Stunden „Zeit für mich", dem freien Assoziieren, dem Ausdrücken von Gefühlen (negativen und positiven) und allem, was mich im Innersten bewegte, mit der Erfahrung und dem Erkennen von Übertragung und Gegenübertragung, mit der Bearbeitung von Abwehr und Widerständen und mit der Auseinandersetzung von Träumen. Auf Dauer empfand ich das analytische Setting allerdings als zu unflexibel und gestellt. Ich fühlte mich auf der Couch als „Unterlegener", als ein „Nicht-Ernstgenommener" und "Nicht-Gleichberechtigter", angefangen von der Liege-Situation bis hin zu den Deutungen des Analytikers, der – wie im analytischen Setting üblich – hinter mir saß, mit dem ich liegend nur selten den für mich wichtigen Blickkontakt hatte und mit dem ich mich letztlich kaum auseinandersetzen konnte. Damals stellte ich mir die Frage, ob das asymmetrische, analytische Setting als „Regressions-Modell" nicht zu verbessern sei.

Hinzu kam die Fachsprache, die zu Beginn des Prozesses die Kommunikation erschwerte, sowie die Vorgabe der fast „absoluten Autorität" des fachkompetenten Therapeuten, die von vornherein eine Abhängigkeit suggerierte mit ungleichen Machtanteilen. Der Ablösungsprozeß von meinem Therapeuten ist letztlich gut gelungen, doch gleichzeitig drängten sich mir eine Reihe von weiteren Fragen auf: Sind soviele Stunden notwendig, um an den Kern der Probleme heranzukommen? Warum liegt der Körper fast wie ein „Leichnam" (K. Horney) auf der Couch? Warum wird die Sprache des Körpers, seine direkte Ausdrucksweise in unzähligen nonverbalen Gesten, in den Prozeß nicht miteinbezogen? Warum bleibt der Körper als wichtige Erinnerungs- und Informationsquelle in der Arbeit mit der „Seele" außer acht? Werden die Selbstheilungskräfte der KlientInnen genügend berücksichtigt und angesprochen? D.h.

werden die Eigenkräfte ausreichend angesprochen und in die Verantwortung genommen für die Mitarbeit am Prozeß, z. B. zwischen
den Sitzungen durch „Hausaufgaben" im Alltag? Eine weitere
Frage: Warum konzentriert sich jahrelang soviel auf die Beziehung
zum Analytiker? Wie können die sogenannte Distanz und Abstinenz
der TherapeutInnen, gemeint als „wohlwollende Neutralität",
ergänzt und ausgelotet werden? Diese und andere Fragen verstärk-
ten sich später in zwei psychoanalytisch orientierten Balintgrup-
pen.

In diesem Zusammenhang ist zu berücksichtigen, daß sich die Psychoanalyse in den letzten drei Jahrzehnten entscheidend weiterentwickelt hat. Die neueren theoretischen Erkenntnisse haben sich
sowohl in der psychoanalytischen Persönlichkeits- als auch in der
Entwicklungspsychologie niedergeschlagen, die vorrangig die Aufgabe hatten, Absicht, Art, Entstehung und Bedingung von neurotischen Konflikten zu erklären. Positiv erscheint mir vor allem die
Veränderung, „daß der Gesichtspunkt der Objektbeziehungs-Psy-
chologie dem Konzept von der psychosexuellen Entwicklung an die
Seite getreten ist. Die schwere Pathologie des Ichs wird jetzt sowohl
als Folge der Störungen der Triebentwicklung wie der Entwicklung
des Verhältnisses zu den sozialen Bezugspersonen beschrieben".
Diese neueren Entwicklungen haben heute auch zu einer Akzent-
verschiebung in der psychoanalytischen Neurosenlehre geführt:
„Abwehr und Neurose werden zunehmend weniger unter dem
Aspekt der Pathologie als dem der Ich-Möglichkeiten gesehen"
(Hoffmann 1983, 981 ff).

In Paris und Lyon lernte ich (1965–1967) die „méthode non-direc-
tive" nach Carl Rogers kennen, die dieser pastoralpsychologischen
Ausbildung (der heutigen Klinischen-Seelsorge-Ausbildung ver-
gleichbar) als Grundlage diente. Hier konnte ich wichtige Erfahrungen mit den emotionalen Grundeinstellungen der BeraterInnen
machen und die Bedeutung von Übertragung und Gegenübertragung sowie von Sprache und Wort in ihrer vielfältigen Wirkweise
kennenlernen. Auch nach diesen zwei Jahren blieben Fragen offen,
z. B. nach der Gefahr, „spiegelnd" um das Eigentliche herumzu-
reden, oder: Ist das Schlüsselproblem der KlientInnen nicht in kür-
zerer Zeit herauszuarbeiten, etwa durch gezielte, „direktivere"
Methoden des Therapeuten? Warum wird auch hier der Körper mit

seiner eindrucksvollen und unverfälschten Sprache mehr oder weniger außer acht gelassen?

Damals stellte sich mir die noch heute aktuelle Frage: Wie sind die Grundprobleme von Menschen, auch von psychisch gestörten Menschen in kürzester Zeit, z. B. in einer Kurztherapie („Fokaltherapie"), „auf den Punkt zu bringen", und wie läßt sich der Schlüssel zur Problemlösung und Heilung finden? Welche ganzheitlich ausgerichtete Methode, die zugleich fokussierend arbeitet, ist geeignet, über die Arbeit mit dem Intellekt, den Trieben und Affekten wesentlich den Körper mit seiner nonverbalen Kommunikation miteinzubeziehen und existentielle Fragestellungen in der therapeutischen Arbeit nicht auszublenden?

Aus diesen und anderen Gründen hielt ich Ausschau nach einem mehr ganzheitlich-fokussierenden Weg. Die Bewegung mit Formen der Körpertherapie eröffnete Anfang der 70er Jahre den Schritt zur Schlüsselmethode: Durch leibliches Gestalten von Schlüsselworten und Grundgefühlen konnten innerpsychische Vorgänge zum Ausdruck gebracht und verdeutlicht werden.

Hier sei schon soviel angedeutet, daß in der Schlüsselmethode nach dem Herausfinden der wichtigsten Schlüsselbotschaften (Du darfst leben/du darfst nicht leben/du darfst leben unter bestimmten Bedingungen) zunächst einseitig die daraus resultierende negative Schlüsselposition herausgearbeitet und in einem je eigenen Schlüsselwort zusammengefaßt wird. Die vom Schlüsselwort ausgehende leibliche Gestaltung der negativen Schlüsselposition steht am Anfang eines psycho-dynamischen Prozesses der Erinnerung und Bearbeitung der Vergangenheit, orientiert an dem modifizierten Fünf-Phasen-Modell von Kübler-Ross, das von der Wahrnehmungs- über die Aggressionsphase, die Verhandlungsphase und Trauerphase zur Vergebung und Versöhnung mit negativen Erfahrungen des vergangenen Lebens führt. Dieser Prozeß der Bearbeitung und Heilung von Lebenswunden schließt das Wissen um die lebensnotwendigen positiven Schlüsselerfahrungen mit ein und basiert auf ihrem Fundament und ihrer Ergänzung. Wichtig ist, gleichzeitig zum negativen Schlüsselwort das korrespondierende positive Schlüsselwort zu finden, das helfen kann, ein eigenes, ergänzendes Lernziel zu benennen und das herausfordert, selbst in den sogenannten „negativen" Schlüsselerfahrungen der Kindheit „Positives" zu entdecken. In diesem Prozeß versuchen die Betreffenden immer mehr ihren Alltag selbstbestimmt und eigenverantwortlich zu gestalten, somit die Gegenwart und Zukunft im Rahmen des Möglichen und der erkannten Grenzen in die Hand zu nehmen und sinnvoll zu leben.

So entstand, kurz gesagt, die Schlüsselmethode, die im folgenden dargestellt wird.

2.2. Wichtige Schlüsselbegriffe

Zum besseren Verständnis sollen zunächst einige wichtige Begriffe und Elemente der Schlüsselmethode beschrieben werden, vor allem die Schlüsselposition und das Schlüsselwort als die entscheidenden Strukturelemente der Schlüsselmethode.

Was ist eine „Schlüsselposition"?

Unter einer *Schlüsselposition* verstehen wir die unbewußte, emotionale Grundeinstellung zum Leben, die in jedem Menschen während der ersten Lebensphase durch die sogenannten positiven und negativen *Schlüssel-Botschaften* von Mutter und Vater entsteht. Die lebensbejahenden oder -verneinenden „Schlüssel-Botschaften" der Eltern und der Umwelt führen zu unbewußten „*Schlüsselerfahrungen*" des Angenommen- oder Abgelehntseins, die bereits in den ersten neun Monaten im Mutterleib zu einem Ur-Vertrauen oder Ur-Mißtrauen dem Leben gegenüber führen können. Die so entstandenen Schlüsselerfahrungen prägen das Leben des Menschen, sie legen aber nicht alles schon lebenslang fest. Wenn sie später bewußt angeschaut und bearbeitet werden, können Korrekturen und Ergänzungen der überkommenen Lebenseindrücke vorgenommen werden. Doch als Schlüsselerfahrungen bleiben sie ein wesentlicher Ausgangspunkt für spätere Lebenserfahrungen.

Sind die Schlüsselerfahrungen eher positiv, dann bilden sie ein gutes Fundament für einen bejahenden Lebensentwurf, in dem Urvertrauen, Zuversicht und Hoffnung vorherrschen. In den von uns ausgewerteten 1114 Lebensskripts von religiös sozialisierten Männern (521) und Frauen (593) waren die Schlüsselerfahrungen überwiegend negativ (78 Prozent), d. h. die betreffenden Personen wurden als Kind von den Eltern abgelehnt oder vernachlässigt. Sind

20

aber die Grunderfahrungen eher negativ, d.h. wird das Kind von den Eltern z.B. abgelehnt oder vernachlässigt, dann existieren diese lebensverneinenden Schlüsselerfahrungen im Menschen als *dominierende negative Schlüsselposition* unbewußt fort. Wenn diese Schlüsselposition später nicht bewußt gemacht und aufgearbeitet wird, lebt sie heimlich und abgekapselt im Menschen weiter und wird im Alltag häufig wiederholt. Sie beeinflußt die Grundeinstellung zum Leben und kann in größeren Belastungssituationen wieder voll durchbrechen. D.h. die ersten Engramme und frühkindlichen „primären Ich-Haltungen" können im späteren Leben als Wiederholung auftauchen, ohne daß wir ihren Ursprung zunächst erahnen. (Vgl. Amendt/Schwarz 1990, 67f, 83f; Heinrichs 1982, 122; Krüll 1989; Frielingsdorf ⁴1993, 61f)

Die Auswertung der uns vorliegenden Lebensskripte bestätigt diese Erkenntnisse: Die in der frühen Kindheit erworbene negative Schlüsselposition führt beim Kind zu entsprechenden *Überlebensstrategien,* die sich auch im Erwachsenenalter häufig wiederholen. Die in der frühen Kindheit gemachten Lebenseindrücke prägen sich so tief ein, weil das Kind in der Zeit vor und nach der Geburt diesen existentiellen Schlüsselbotschaften von Vater und Mutter in dem Sinne „ausgeliefert" ist, daß es sich noch nicht mit ihnen auseinandersetzen kann und eigene Botschaften ggf. dagegenzusetzen vermag.

Anders ausgedrückt, kann die Schlüsselposition als das *emotionale Grundthema* in der Lebensmelodie bezeichnet werden, das sich bei ähnlichen Klängen in der Umwelt, z.B. bei angstmachenden oder verunsichernden Botschaften in Krisen- und Belastungssituationen, meist heimlich immer wieder einspielt. Gleichzeitig werden unbewußt die bewährten Verhaltens- und Lösungsmuster der Kindheit wiederholt, obwohl die reale Situation eine andere ist. Die Schlüsselposition beeinflußt das frühkindliche „Selbstbild", die unbewußten Anteile unserer Person so, daß wir von daher unbewußt mitbestimmt werden können, z.B. welchen Erfahrungen und Risiken wir uns aussetzen, welche Menschen wir mögen, welche wir meiden, welche Ziele wir uns setzen, was wir uns zutrauen, welchen Sinn wir unserem Leben geben, welche Prioritäten wir setzen, was wir tun, um Anerkennung zu finden, welche Überlebensstrategien wir anwenden etc.

2.3. Die Schlüsselposition und das Schlüsselwort

2.3.1. Zunächst befassen wir uns schwerpunktmäßig mit den *negativen* Schlüsselerfahrungen und der entsprechenden negativen Schlüsselposition, ohne dabei die positiven Schlüsselerfahrungen zu vernachlässigen. Ein erster Grund, die negative Schlüsselposition in den Vordergrund zu stellen, liegt darin, daß die negativen frühkindlichen Schlüsselerfahrungen am meisten verdrängt werden und so zu psychischen Störungen führen können.

Ein weiterer Grund, sich zunächst mit den negativen Anteilen des persönlichen „emotionalen Erbes" zu beschäftigen, liegt in dem Ziel der Auseinandersetzung mit der eigenen Vergangenheit, der Versöhnung und Annahme der persönlichen Lebens-Defizite, als eine Voraussetzung für ein bewußt gestaltetes, eigenständiges Leben. Es fällt allgemein schwer, die finsteren Schattenseiten, die schmerzenden Lebenswunden anzuschauen und sich mit der negativen Schlüsselposition auszusöhnen und sie als eigenen Lebensanteil zu integrieren. Doch ebenso klar ist: Nur das ist zu vergeben und zu verändern, was bewußt gemacht und angenommen ist. „Man muß sich auf die Schliche kommen, um sich auf die Sprünge zu helfen", wie ein französisches Sprichwort sagt.

Hinzu kommt, daß nach unserer Erfahrung die unbewußten negativen Gottesbilder mit der negativen Schlüsselposition korrespondieren. (Vgl. dazu Frielingsdorf 1992 (a), 91 ff)

Weiter zeigt die Auswertung der Lebensskripts, daß die negativen Schlüsselpositionen häufig die positiven Schlüsselerfahrungen dominieren und sich in unbewußten Wiederholungen störend auf das aktuelle Leben auswirken. Wie wirkmächtig negative Erfahrungen sein können und wie sie auch auf Gott übertragen werden, hat jeder schon selbst erlebt: Manchmal kann eine einzige negative Erfahrung (Mißerfolg, Kritik, Krankheit etc.) alle positiven Erfahrungen mit einem Schlag auslöschen. Die gute Grundstimmung ist plötzlich wie „verflogen" und alle Gedanken und Gefühle kreisen nur um diesen Mißerfolg. Der einzige Ausweg: Ich versuche bewußt diesen negativen Teufelskreis zu durchbrechen.

Ist erst einmal die *wesentliche Schlüsselerfahrung* gefunden, die zur unbewußten Schlüsselposition mit all ihren Konsequenzen geführt hat, dann ist es hilfreich, wenn diese existentielle Erfahrung in einem *Schlüsselwort* zusammengefaßt wird, das dann die Schlüsselposition benennt.

Das Schlüsselwort ist nicht deterministisch festgelegt, sondern gilt solange als „Arbeitshypothese", bis die Betreffenden ein passenderes, stimmigeres Schlüsselwort im Verlauf des therapeutischen Prozesses gefunden haben. Natürlich benennt und beinhaltet das Schlüsselwort nicht die gesamte Wirklichkeit des frühkindlichen emotionalen Erlebens, sondern umfaßt einen bedeutsamen, unbewußten Anteil, der ohne Bewußtmachen nachhaltig störend erlebt wird und sich in den Reinszenierungen als emotionales Grundmuster durchzieht. So verstanden will das negative Schlüsselwort nicht kategorisieren, sondern es ermöglichen, den lebensbehindernden Anteilen der eigenen Persönlichkeit näherzukommen und sich mit ihnen bewußt auseinanderzusetzen. Durch das Bewußtmachen der negativen Anteile kann dann das *korrelative positive Schlüsselwort* gefunden werden, mit dessen Hilfe ein Weg zur Integration und Bearbeitung der eigenen Schattenseiten und eine Entdeckung und Verstärkung der positiven Schlüsselbotschaften und -erfahrungen beginnen kann.

Möglicherweise dauert es längere Zeit, bis das typische und eigentliche Schlüsselwort gefunden ist, das dann wie ein Passepartout-Schlüssel viele bisher unbekannte, nicht erklärbare und dem Bewußtsein verschlossene Lebenssituationen aufzuschließen vermag. Es kann eine Hilfe sein, zunächst allgemein bei negativen Schlüsselworten wie „nichts wert sein" oder „nicht erwünscht sein" zu beginnen und davon ausgehend differenzierter zu dem eigentlichen Schlüsselwort zu kommen wie z.B. „Abfall", „Puppe", „letzter Dreck", „Mißgeburt", „ausgesetzt", „weggetreten", „Notlösung", „Ersatz", „leere Hülle", „Nichtsnutz", „Schock", „erledigt", „übersehen", „Sündenbock", „Wärmflasche", „Füllsel", „Nebensache", „Todgeburt", „lebend-tot", „begraben", „Gottes Garnichts", „Opferlamm", „klein-gemacht", „kaputt-gemacht", „verraten", „Beweisstück", „vergessen" etc. Klar ist, daß jeder das persönliche Schlüsselwort – selbst wenn es sich mit dem eines anderen deckt – aufgrund der eigenen Erfahrungen verschieden mit Inhalt füllt und versteht.

Das negative Schlüsselwort ist nicht das Schlußwort der Schlüssel-Methode, sondern die Ausgangsbasis für das Bewußtmachen und die Einsicht in die Mechanismen unbewußter Konstellationen und Wiederholungen früherer negativer Erfahrungen. So verstanden will es der Gefahr der „Manifestierung" der negativen Schlüsselposition und einer fortschreitenden „Bewahrheitung" des Schlüsselwortes vorbeugen und abhelfen. Sind die Mechanismen und ihre Dynamiken erkannt und bearbeitet, ist es auf Dauer möglich, sich „frei" zu entscheiden, was ich in Zukunft davon übernehmen, lassen, ergänzen oder ändern möchte. In diesem Sinne wollen die negativen und positiven Schlüsselworte den Menschen auf dem Weg der Integration und Versöhnung mit den schwierigen Schlüsselerfahrungen zu einem positiven und eigenverantwortlichen Leben helfen.

2.3.2. In einem nächsten Schritt gilt es, das adäquate, *positive Schlüsselwort* zu suchen. Diese Ergänzung des negativen durch ein entsprechendes positives Schlüsselwort ist wichtig, damit es nicht bei der bloßen Verneinung der lebensbehindernden Schlüsselposition bleibt, sondern eine lohnende Lebensperspektive aufgezeigt wird. Jeder Mensch kennt neben den negativen auch positive Schlüsselbotschaften und hat entsprechende positive Schlüsselerfahrungen. Wenn die positiven Schlüsselbotschaften manchmal auch weniger von den Eltern kamen, so finden sie sich doch in den guten und heilsamen Schlüsselerfahrungen mit anderen Menschen, die das eigene Selbst- und Fremdvertrauen gestärkt haben, z. B. Großeltern, Geschwister, Onkel, Tanten, Freunde, LehrerInnen, Priester, ReligionslehrerInnen etc. und nicht zuletzt in den lebensverheißenden Botschaften Gottes (z. B. in der Taufe), die für viele zur lebensrettenden und -spendenden „Ant-Wort" wurden.
Im dynamischen Prozeß der Aufarbeitung der eigenen Vergangenheit kann das positive Schlüsselwort korrelativ zum negativen Schlüsselwort gefunden werden. So korrespondiert mit dem negativen Schlüsselwort „Tod" das häufig vorkommende Schlüsselwort „Leben". Weitere entsprechende positive und negative Schlüsselworte in den Lebensskripts lauten: erwünscht/nicht erwünscht; wertvoll/wertlos; dem Leben geweiht/dem Tod geweiht; gesegnet/verflucht; Kostbarkeit/Abfall; angenommen/weggetreten; angesehen/übersehen; beachtet/nicht beachtet; Gottes geliebtes Kind/Gottes Garnichts; Freude/Schock; lebendig-auferstanden/lebendig-begraben; großwerden/kleingemacht; überflüssig/erfüllt, etc.

Auf der Suche nach dem korrespondierenden, positiven Schlüsselwort kann es schwerwiegende Irrtümer geben, die den Teufelskreis negativer Wiederholungen verstärken. So haben einige mit dem negativen Schlüsselwort „Nebensache" spontan das scheinbar naheliegende positive Schlüsselwort „Hauptsache" gewählt. Erst in der körperlichen Gestaltung (als „Nebensache" in der Ecke liegend, als „Hauptsache" imponierend im Kreis oder auf einem Stuhl stehend) wurde deutlich: Auch in der Position der "Hauptsache" erlebten sie sich in ihrem Grundgefühl als „Sache", alleingelassen, nicht dazugehörig. Damit blieben sie affektiv in ihrer Schlüsselposition „Nebensache". So fanden sie dann als das eigentlich positive Schlüsselwort z.B. „liebenswert", „lebenswert, so wie ich bin". Ähnlich erging es einigen Betroffenen mit dem negativen Schlüsselwort „ausgenutzt", „nutzlos" oder „unnütz", die das scheinbar positive Schlüsselwort „nützlich" als Korrelativ wählten. In der körperlichen Gestaltung dieses Schlüsselwortes merkten sie, daß sie mit dieser Wahl letztlich in ihre alte Überlebensstrategie zurückfielen: „Ich bin nur dann etwas wert und bekomme Zuwendung, wenn ich mich nützlich mache und etwas leiste." Diese Selbsttäuschung, die in religiösen Kreisen oft als „Nächstenliebe" mißverstanden und gefördert wird, kann z.B. in einer leiblichen Übung entlarvt und anschließend aufgearbeitet werden. (Frielingsdorf 1992 (a), 159f)
Erfahrungsgemäß ist auch die körperliche Gestaltung der positiven Schlüsselworte eine Hilfe, sie auf ihre „Stimmigkeit" zu überprüfen, also das positive, ergänzende Schlüsselwort nicht nur zu benennen, sondern ebenfalls mit dem eigenen Körper zu gestalten. Dadurch bietet sich die Möglichkeit, bei allen negativen Dispositionen und Schattenseiten die eigene positive und lohnende Lebensverheißung zu erkennen, und ihre konkreten Inhalte und Schwingungen differenziert im eigenen Körper zu erspüren, um sich auf diesem Hintergrund neu für das eigene Leben und eine entsprechende Lebensgestaltung entscheiden und die Eigenverantwortung für jeden einzelnen Schritt auf diesem Weg übernehmen zu können. Dann wird zwar immer noch das in der negativen Schlüsselposition gegebene lebensverneinende Grundgefühl, z.B. in Belastungssituationen und Krisen, wieder auftauchen und sich unbemerkt einspielen. Aber die Zusammenhänge und Wiederholungen können leichter und schneller erkannt und durchschaut werden. Mit dem positiven

Schlüsselwort als Leitziel ist es dann möglich, bewußt die entsprechenden Gegenmaßnahmen („agere contra") zu ergreifen. In solchen Situationen hat es sich bewährt, körperlich die Gestalt der negativen Schlüsselposition einzunehmen und sie Schritt für Schritt in einem Prozeß der „positiven Wandlung" leiblich in die Gestalt des positiven Schlüsselwortes umzuformen, und die symbolisch mit dem Körper geformten Schritte in den Alltag zu übertragen.

Mit dem Schlüsselwort ist ein *gemeinsamer Nenner* von vielen bisher unbekannten Lebensfaktoren gefunden, die nicht nur die Vergangenheit des eigenen Lebens bestimmt haben, sondern die in den oft „zwanghaften Wiederholungen" auch die Gegenwart und speziell das religiöse Leben und das unbewußte Gottesbild stark beeinflussen können.

So hat z. B. A., ein 48jähriger Vertreter, sein Schlüsselwort „weggetreten" bereits im Mutterschoß erlebt: Der betrunkene Vater trat in einem Wutanfall seine schwangere Frau in den Leib, als sie ihm sagte, daß sie im 3. Monat schwanger sei (die persönlichen Daten sind verändert und typisierend verfremdet worden). In der Frühgeburt erfuhr er wieder dieses „weg", im Brutkasten das „weggegeben" und sein Grundgefühl des Verlassenwerdens. Wegen Platzmangel mußte er in den ersten Lebensjahren am Fußende im Bett der Eltern schlafen und erlebte sich dabei von ihren Füßen immer wieder „weggetreten". Gleichzeitig war sein Kommentar dazu: „Das war wenigstens eine warme Berührung, die ich am Tag nie erfahren habe." „In meiner gescheiterten Ehe wurde ich von einem anderen Mann ‚weggetreten' und in meinem Beruf als Vertreter erfahre ich dieses ‚Weggetretenwerden' häufig, wenn mir die Leute die Türe vor der Nase zuschlagen oder mich die ‚lieben Kollegen' wegschieben."

In einem Kurs zur „Identitäts- und Glaubensfindung" gestaltete A. zu seinem Schlüsselwort „weggetreten" die entsprechende Schlüsselposition (gekrümmt, mit dem Gesicht zur Wand, am Boden liegend), und versuchte in einem weiteren Schritt das dazu passende unbewußte Gottesbild mit der Schlüsselbotschaft „weg!" darzustellen. Es war ein „dämonischer" Gott, der sich von ihm abwandte und den am Boden Liegenden mit dem Fuß wegtrat. Daraufhin meinte A.: „Offensichtlich habe ich mir im Glauben auch etwas vorgemacht. Denn in den letzten Jahren habe ich öfter geträumt, Gott würde mich beim Jüngsten Gericht verstoßen und verdammen."

Umso wichtiger war die Erfahrung für A. in der zweiten Sequenz der Gottesbild-Übung, in der das korrespondierende positive Gottesbild, hier Jesus, dargestellt werden sollte. Nach mehreren Versuchen entschied A., daß Jesus, dessen Rolle er selbst übernahm, sich als selbst „Weggetretener" neben den „weggetretenen A." auf den Boden legte und ihn liebevoll anschaute. Durch diese Erfahrung veränderte sich viel in A.'s Glaubensleben. Schritt für Schritt konnte er sein dämonisches Gottesbild in seiner Differenziertheit und Subtilität erkennen und entsprechend dem „guten Gott" in Jesus Christus Glauben schenken. Im Zwiegespräch mit Jesus, dem „heruntergekommenen Gott", begann A. nach einiger Zeit zu glauben, daß seine Schlüsselposition „Weggetreten" im Kreuz und in der Auferstehung Jesu bereits erlöst wurde. Dabei war für ihn die durchtragende (Körper-)Erfahrung bedeutsam, daß, wann immer er die Darstellung der Gottesbeziehung in der Meditation zu Hause wiederholte, der Boden (= die Hand Gottes) auch den „Weggetretenen" trägt.

Mit dem Schlüsselwort ist also eine wichtige „Unbekannte in der Lebensgleichung" entdeckt, die allerdings nur in dem Maße zu einer „Lösung" führen kann, in dem ich mich nach der Einsicht in die Mechanismen und Regeln dieser „Gleichung" entscheide, sie im Alltag zu verändern. Sonst „rechnet" sie weiter wie zuvor, und die Schlüsselposition bleibt erhalten.

Häufig ist das Schlüsselwort schon in der *körperlichen* Gestalt zu entdecken: Es ist bereits im Gesicht, in der Stimme oder in der ganzen Körperhaltung deutlich wahrzunehmen. Viele Verkünder der „Frohen Botschaft" drücken z. B. in ihrem schleppenden Gang, ihrer gerunzelten Stirn, ihrer leisen und traurigen Stimme, ihrem gekrümmten Rücken und gesenkten Blick das Schlüsselwort „Last", „nichts-wert", „Nichts-nutz", „Aschenputtel", „Verlierer", „leib-eigen", „Un-Person" etc. aus.

Bei aller Übereinstimmung hat jede Schlüsselposition ihre je *individuelle Prägung,* die sich meist schon in den unterschiedlichen Schlüsselworten ausdrückt. Noch deutlicher sichtbar werden die persönlichen Unterschiede und Charakteristika dann in der *körper-*

lichen Ausgestaltung des Schlüsselwortes. An dieser Körpergestalt können die verschiedenen Charakteristika gleichlautender Schlüsselworte, z. B. „Nebensache", „benutzt", „wertlos", deutlich herausgearbeitet werden: In der gesamten Gestalt, die sich als „Nebensache" in eine Ecke oder in die Mitte der Gruppe legt, oder in der Art und Weise, wie die Beine, Arme, Hände, Finger, die Schultern, der Kopf, der Blick etc. dargestellt werden, drücken sich die individuellen Unterschiede des Erlebens dieses Schlüsselwortes aus.

Die Erfahrung zeigt: Jedes gleichlautende Schlüsselwort wird, wenn auch manchmal nur geringfügig, anders körperlich dargestellt, da ein verschiedenes Erleben damit verbunden ist. So sind die gleichlautenden Schlüsselworte nicht kategorisch zu sehen, sondern auf dem Hintergrund der Sozialisation der jeweiligen Person zu verstehen. Dabei ist es u. a. bedeutsam, inwieweit die negativen Schlüsselbotschaften der primären Bezugspersonen später wiederholt und verstärkt, oder durch andere positive Erfahrungen ergänzt und so zum Teil aufgehoben bzw. zwischenzeitlich (positiv) verändert wurden.

2.3.3. Die *bewußte Entscheidung,* sich mit der Vergangenheit auseinanderzusetzen und die Kellerräume des eigenen Lebenshauses auszuleuchten, ist nicht einfach und sehr schmerzlich. Denn dabei wird eventuell die tiefste Lebenswunde aufgedeckt, die unter Umständen die Mutter in den ersten Lebenstagen, z. B. durch ihre Lebensverweigerung, dem ihr auf Leben und Tod anvertrauten Kind zugefügt hat. Diese Lebensverweigerung kann in direkten Abtreibungsversuchen oder im Totwünschen bestehen, selbst, wenn diese der Mutter nicht bewußt waren, z. B. „Weg mit dir; treib dich selbst ab; wärst du doch nie gezeugt worden; du bist ein ‚Unfall'; du bist nicht vorgesehen; seitdem du in mir lebst, sterbe ich; du machst mein Leben kaputt; du bist mein Sargnagel; du bist nicht lebens-wert; schon wieder ein Kind" etc. Mehr als zwei Drittel derjenigen, die im Rahmen einer Untersuchung ihr Lebensskript geschrieben haben, bezeichnen sich als mehr oder weniger unerwünscht (Frielingsdorf 1992 a).

In Einzelfällen wurde die Problematik dadurch verstärkt, daß die Mutter bei der Geburt starb oder sich selbst umbrachte, wobei dann das Kind mit großen Schuldgefühlen überlebt hat. Ähnliche Phänomene sind bei Menschen zu beobachten, die z. B. im Krieg gezeugt worden sind und ihren Vater niemals erlebt haben. Sie leiden oft unter großen Ängsten, erneut allein gelassen und verlassen zu werden, ohne diese Angst mit dem frühen Verlassenwerden durch den Vater in Verbindung zu bringen, der meist idealisiert wird. Dazu haben sie häufig ein fast unüberwindbares Mißtrauen entwickelt. Und sie befinden sich in der Spannung, einerseits mit einem sehr geringen Selbstwertgefühl und andererseits nach der Maxime leben zu müssen: Ich kann mich nur auf mich selbst verlassen, sonst bin ich wieder verlassen.

Es erfordert eine *bewußte Entscheidung,* die oft mit zahlreichen Widerständen verbunden ist, diesen Weg der eigenen Identitätsfindung zu gehen und die Suche nach der eigenen negativen Schlüsselposition zu wagen. Denn wer will schon die tiefste Lebenswunde auf-decken und den Schmerz wiederholen, der damals zum Lebenstrauma geführt hat? Als Kind war es nur möglich zu überleben, indem diese lebensbedrohenden Schlüsselerfahrungen verdrängt wurden, was dann allerdings zur verhängnisvollen Schlüsselposition führte, die von da an verborgen in einem weiterlebte, z. B.: „Ich bin nicht lebens- und liebenswert, sondern todeswert."

Die frühkindlichen Verletzungen durch die lebensverneinenden Schlüssel-Botschaften der Eltern sind oft so schwer, daß sich das Urmißtrauen tief im Herzen eingenistet hat und die Betroffenen eine Mauer um ihr Herz errichtet haben, damit sie vor weiteren Verwundungen geschützt sind. Bei allem guten Willen und trotz der klaren Wahrnehmung und Analyse der eigenen Vergangenheit gelingt es meist nur sehr langsam, die Todesängste zu überwinden. Es gilt, den bisherigen Bann der mit den Schlüsselbotschaften und der Schlüsselposition verbundenen Ängste zu entschärfen und ihnen Schritt für Schritt Hoffnung und Vertrauen entgegenzusetzen, damit die rationalen Einsichten „vom Kopf her" emotional vertieft werden und „sacken" können. Dabei kann die Einsicht aus dem Glauben helfen, daß Gott auch in der negativen Schlüsselposition zu finden ist. Er hat sie in Jesu Leiden und Kreuz bereits erlöst. Für viele wird das erfahrbar, wenn sie die negative Schlüsselposition körperlich gestalten und spüren, daß der Boden (der als Hand Gottes gedeutet werden kann) auch die für sie schmerzlichste Situation

trägt, sich z. B. als „letzter Dreck", „verfluchte Mißgeburt", „Nebensache" etc. zu erfahren.

2.3.4. Manche Menschen „*brauchen*" ihre *Schlüsselposition,* um
das seit den ersten Lebensjahren *vertraute Gefühl des Unglück-
lichseins,* das immerhin ihr Überleben gesichert hat, zu erhalten.
Dieses negative Grundgefühl gehört zu ihrem Wohlbefinden. Mit
den aus der Kindheit bekannten Rezepten besorgen sie sich selbstzerstörerisch die negativen Gefühle der Enttäuschung, der Minderwertigkeit, der Schuld, der Angst, der Verlassenheit etc., indem
sie meist unbewußt die Situationen entsprechend arrangieren. Ein-
zig wichtig ist in diesen Konstellationen das Ergebnis: Wieder in
ihre seit der Kindheit vertraute Schlüsselposition als Versager,
Außenseiter, letzter Dreck, Mißgeburt, Abfall, Muster ohne Wert
oder Nebensache zu gelangen. Mag diese Höhle der Schlüsselposition noch so dunkel, kalt und stickig sein (oft wie der unbewußt
erlebte Mutterschoß), es bleibt die Erfahrung, daß sie in dieser
bekannten Zufluchtsstätte überleben konnten. Zu dieser Überle-
benserfahrung kommt die Angst vor dem Scheitern und Versagen
„draußen" im Leben und die Vorstellung, daß sie für das leidvolle
Überleben in der Höhle nicht verantwortlich gemacht werden können. Denn die schlimme Schlüsselposition haben andere, nicht
zuletzt Gott, verschuldet.
Nicht wenige halten die Schlüsselposition bewußt oder unbewußt
wie eine „*Trumpfkarte*" fest, mit der sie den Menschen und insbesondere Gott stets „beweisen" können, mit wieviel Defiziten sie
leben müssen, wie benachteiligt sie gegenüber anderen sind und
wie schlecht sie immer wieder behandelt werden. Also haben sie
ihrem Empfinden nach allen Grund, sich schlecht und mies zu fühlen. Würden sie sich von dieser „Trumpfkarte" trennen, hätten sie
eigentlich nichts mehr „gegen" Gott und die Menschen in der „Hin-
terhand", um sich wie auch immer einem „positiven" Leben verweigern zu können. Der Wille zur Entscheidung, Verantwortung für
das eigene Leben zu übernehmen, und es wenn nötig verändern zu
wollen, ist auch auf diesem Hintergrund die notwendige Grundvor-
aussetzung für einen jeglichen Heilungsprozeß. Das ist nicht leicht,
da dieser Weg einem „Loslassen" wie in einem Sterbeprozeß
gleicht. Die Praxis zeigt die Schwierigkeiten: Äußerlich beteiligen

sich zwar viele an ihrem Heilungsprozeß, indem sie regelmäßig ihren guten Willen bekunden, zu Gesprächen kommen, an Einzel- und Gruppensitzungen teilnehmen, sich sehr viel Mühe geben etc. Aber letztlich sind sie nicht bereit, etwas zu verändern, weil sie Angst vor der Lebensverantwortung haben. Die konkreten Unternehmungen werden zu Alibifunktionen.

Wenn die Auseinandersetzung mit der Vergangenheit und insbesondere mit der eigenen Schlüsselposition nicht stattfindet, besteht die große Gefahr, daß die negativen Schlüsselerfahrungen mit den Eltern und den primären Bezugspersonen auf das aktuelle Leben übertragen und unbewußt wiederholt werden. Eine Folge ist, daß ich mehr von der Vergangenheit her gelebt werde als selbständig lebe. Außerdem verhindere ich dadurch das „positive Umschreiben" der negativen Schlüsselbotschaften meiner Kindheit im gelebten Alltag. Ebenso ist es nicht möglich, das korrelative positive Schlüsselwort, das helfen kann, die Zukunft lebensbejahend und konstruktiv umzugestalten, ohne Bewußtmachen der negativen Schlüsselposition zu finden.

Das ist nicht zuletzt auch für das religiöse Leben und die unbewußten Gottesbilder von Bedeutung. So werden z. B. die Schlüsselbotschaften der Eltern „du darfst nicht leben" oder „du bist nicht lebens- und liebenswert" oft unbewußt auf Gott übertragen. Als Folge dieser Übertragung kann sich dann z. B. ein selbstzerstörerischer „*geistlicher Aktivismus*" entwickeln, um diesen „Willkürgott" zu beschwichtigen und „Gnade" vor ihm zu finden. Es ist möglich, daß durch die daraus resultierende ständige Überforderung wiederum psychosomatische Störungen im Bereich von Herz, Magen, Nieren, Darmtrakt etc. hervorgerufen werden oder es zu lebensvernichtenden Kompensationen durch Alkohol, Tabletten oder andere Suchtmittel kommt.

Viele bemerken die destruktiven Wiederholungen und Übertragungen erst, wenn sie mit ihrem Leben irgendwie „am Ende" sind. Dann gestalten sie entsprechend den Schlüsselbotschaften „du bist nicht lebens- und liebenswert" oder „du sollst nicht leben" unbewußt ihr Leben so, daß sie unweigerlich in ihre erste Schlüsselposition „ich bin nicht lebenswert" zurückkehren und auf diese Weise die negativen Schlüsselbotschaften selbst erfüllen.

Hier stellt sich u. a. die Frage: Welches unbewußte Gottesbild hat ein solcher Mensch, der das lebenstiftende Gebot „Liebe deinen

Nächsten wie dich selbst" umwandelt in die „todbringende" Forde-
rung: „Liebe deinen Nächsten über alles, nur nicht dich selbst"? In
den meisten Fällen wird es ein dämonischer „Todes-Gott" sein, der
ähnlich wie die Eltern nicht das Leben, sondern den Tod bereithält
(Frielingsdorf 1992 (a)).

Wie wichtig das Wissen um die eigene Schlüsselposition als emotionale, unbewußte Grundeinstellung zum Leben sein kann, wird
auch in folgenden Erfahrungen deutlich.

Öfter entdeckte ich in Gesprächen mit gläubigen Menschen, die sich
in einer Krisensituation befanden, *Entscheidungskriterien,* die auf
den ersten Blick einleuchtend waren. Sie hatten in verschiedenen
östlichorientierten Meditationskursen erfahren und gelernt, was
ihre innere Mitte, der zentrale Sitz ihres Lebens ist, und geübt, die
aus dieser Lebenstiefe kommende innere Stimme wahrzunehmen
und ihr in existentiellen Entscheidungen zu folgen. Da es offensichtlich zu Fehlentscheidungen gekommen war, suchten wir nach den
Gründen des Irrtums. Kurz: Was sie für die innere Stimme hielten,
war in Wirklichkeit die Stimme der negativen Schlüsselposition
ihrer Kindheit, die sie sich bisher nicht bewußt gemacht hatten, und
die ihre eigentliche „Mitte" und die Tiefenschicht ihrer Lebensquelle überlagerte. So kam die Täuschung zustande, und sie hörten
nicht, wie beabsichtigt, auf den Willen Gottes und seinen „guten
Geist", sondern folgten dem sogenannten „bösen Geist". Konkret:
Sie befolgten die Schlüsselbotschaften ihrer Eltern, was sie an den
destruktiven Folgen der getroffenen Entscheidungen gut feststellen
konnten. Zu einer ganzheitlichen und erwachsenen „Unterscheidung der Geister" gehört eben nicht nur das Horchen auf die „Emotionen" (die Mitte oder die innere Stimme), sondern wesentlich
auch das Hören auf die „Ratio" (den Verstand und die Vernunft).

2.4. Methoden zur Erarbeitung der Schlüsselposition

Abschließend wollen wir kurz *einige Methoden* skizzieren, mit denen
die Schlüsselposition erarbeitet und gefunden werden kann. Dies
geschieht zunächst durch die Fragen im Lebensskript: „Suchen Sie die
Schlüsselbotschaft, die Sie vor oder nach der Geburt von Ihrer Mut-
ter/Ihrem Vater erhalten haben und die noch heute unbewußt ihr

Leben prägt. Versuchen Sie, die aus dieser Botschaft entstandene Schlüsselposition (ausgedrückt im Schlüsselwort) mit den dazu gehörenden Grundgefühlen zu beschreiben, in die Sie sich auch heute noch in schwierigen Situationen zurückziehen, um zu überleben."

Die Antworten geben die ersten Hinweise auf die Schlüsselposition. In Einzelgesprächen und in entsprechenden körperlichen Übungen in der Gruppe, durch Deutungen von Träumen, durch Malen, retrospektive Erinnerungen, gelenkte Phantasiereisen in die Kindheit, Rollenspiele etc. wird es dann möglich, näher an die Schlüsselerlebnisse heranzukommen.

Meiner Erfahrung nach führt die gestaltende Körperarbeit sehr eindrücklich und direkt an das verborgene Lebensgefühl heran. Dabei wird das vorläufige Schlüsselwort leiblich dargestellt und in verschiedenen Gestalten ausprobiert, bis es zunächst einmal von den Betroffenen körperlich als „stimmig" erlebt wird. Meist deutet sich das Schlüsselwort bereits im Lebensskript an und wird in einer Randbemerkung, in spontan geäußerten Worten und Sätzen, zwischen den Zeilen oder in der Körperhaltung, der Stimme oder bestimmten Verhaltensweisen indirekt angeboten. Manchmal frage ich in Beratungsgesprächen oder in der Einzelarbeit in Kursen die Betroffenen auch direkt nach dem *aktuellen Grundgefühl,* das ihr Leben einengt und behindert, das sie am liebsten los werden, von dem sie befreit werden möchten, wovor sie am meisten Angst haben etc. Anschließend wird versucht, die diesem Gefühl zugrunde liegende Schlüsselposition in speziellen, für die jeweilige Situation entworfenen körperlichen Übungen herauszuarbeiten.

Oft führen die als Kind eingeübten *Überlebensstrategien* (z.B. Leistung, Bravsein, Sich-zurück-Ziehen, Anpassen, etc.) zum Aufdekken der Schlüsselposition. So z.B. wenn Erwachsene sich in den unbewußten Wiederholungen immer noch wie ein „Stiefkind", ein „Versager", ein „Duckmäuser", eine „graue Maus", ein „Aschenputtel", ein „Ersatz" verhalten, obwohl die objektive Situation eine ganz andere ist als damals in der Kindheit. Auf diese Weise kann auf die ursprüngliche Schlüsselposition zurückgeschlossen werden. Nicht selten erkennen TeilnehmerInnen ihre eigene Schlüsselposition in der eines anderen Gruppenmitgliedes wieder. Falls die Gruppenmitglieder miteinander vertraut sind, kann es hilfreich sein, wenn sie auf ein Mitglied hin, in freier Assoziation, Schlüsselworte nennen oder vermutete Schlüsselpositionen darstellen, die dann die Betreffenden auf ihre Stimmigkeit für sich selbst überprüfen, also als stimmig annehmen, als unstimmig ablehnen oder bis zur „Stimmigkeit" verändern können.

Ist das endgültige Schlüsselwort nach einigen vorläufigen Versuchen gefunden, erstaunt es immer wieder, wieviele der bis dahin unzusammenhängend erscheinenden Lebenspuzzel zu einem sinnvollen Mosaik zusammengefügt werden können: Ein *Passepartout-Schlüssel"* ist entdeckt und schließt manche bis dahin unbekannte Lebensräume auf, er macht den roten Lebensfaden sichtbar.

Nachdem Herr W., ein 47jähriger Arzt, seine Schlüsselposition mit dem negativen Schlüsselwort „leere Hülle" entdeckt und sich damit auseinandergesetzt hatte, schrieb er in einem Brief:

„Ich habe schon viel über mich und mein Leben nachgedacht und dabei manches erkannt und verändert. Aber meinem immer wiederkehrenden Grundgefühl der Leere, des Nichts-Wertseins, des Gelebtwerdens kam ich erst auf die Spur, als ich diese Leere körperlich darstellte, in einer Ecke mit dem Gesicht zur Wand liegend. Ja, das war meine ständige Angst, mein negatives Lebensgefühl, in mir selbst nichts zu sein, in einer Ecke abgelegt, abgeschoben und unnütz zu sein. Dieses Grundgefühl hat mir meine Mutter von der Zeugung an eingeimpft: Du bist mein Sohn und du darfst leben, wenn ich stolz auf dich sein kann, wenn du außergewöhnliche Leistungen bringst, wenn ich dich vorzeigen kann. Ohne all dies bist du wertlos, nicht lebens- und liebenswert. Und so bin ich das Vorzeigekind und der Stolz meiner Eltern geworden, immer überfordert, und ich habe Bewunderung für Liebe gehalten.

Nach dem Motto „Leiste was, dann bist du was", habe ich als Arzt geschuftet, wurde dabei berühmt und bin doch innerlich leerer geworden in diesem Nur-Dasein und Arbeiten für andere, was ich auch noch für Nächstenliebe hielt. Nach diesem Motto lebte ich solange, bis ich ausgebrannt und erschöpft am Boden lag wie eine leere, unnütze Hülle, die plötzlich ohne Wert war.

Mit diesem Schlüsselwort kann ich jetzt viele andere Situationen meines Lebens erschließen, bis hin zu meinem negativen Gottesbild, einem Leistungs-Gott, der wie ein Moloch immer mehr fordert, bevor er mir Anerkennung gibt. Jetzt beginne ich, das Liebesgebot richtig zu verstehen, wo sich die Nächstenliebe an der Selbstliebe orientiert. Langsam spüre ich die lebendigen Kräfte, die in mir schlummern, lebendig werden. Ich bin keine leere Hülle, sondern mit eigenen, vitalen Kräften und Fähigkeiten erfüllt, die ich jetzt zunächst einmal für mich und für andere fruchtbar machen möchte. Ich spüre mein Herz und meine kreativen Möglichkeiten und ich habe den Teufelskreis von Leistung und Anerkennung durchbrochen, seitdem ich nicht mehr nur für andere, sondern auch für mich selbst dasein und leben will.

Lange Zeit habe ich mich benutzen lassen, aber auch andere für mich gebraucht ... Daraus entstand dieses Grundgefühl von Leere: Eine leere Hülle zu sein, obwohl ich soviel Erfolge hatte. Aber ist Leere nicht überhaupt die Voraussetzung für das Empfangen von Fülle? Seitdem ich meine tiefste Lebenswunde kenne und meine eigenen Verletzungen spüre, kann ich die Verletzungen und Krankheiten anderer Menschen viel besser und tiefer verstehen und dadurch zur Heilung beitragen."

3. Anthropologisch-Theologische Grundvoraussetzungen der Schlüsselmethode

3.1. Einleitung

Wenn wir von anthropologisch-theologischen und psychologischen Grundvoraussetzungen und -elementen der Schlüsselmethode sprechen, dann gehen wir davon aus, daß es zwischen der Wirklichkeit des Glaubens und der irdischen Realität letztlich keine echten Konflikte geben kann, weil „die Wirklichkeiten des profanen Bereiches und die des Glaubens in demselben Gott ihren Ursprung haben" (Rahner/Vorgrimmler [19]1986, Gaudium et spes, 36). Weiter setzen wir voraus, daß die religiösen Erfahrungen zutiefst in den natürlichen, alltäglichen Gegebenheiten des menschlichen Lebens verwurzelt sind: „Die Gnade baut auf der Natur auf und vollendet sie" (Thomas von Aquin).

Die *Pastoralpsychologie* spricht von einer Korrelation zwischen Theologie und Psychologie. Das bedeutet einerseits, daß sich die

35

christliche Anthropologie auf die Ergebnisse der Humanwissenschaften stützt, wenn es um das Verstehen der menschlichen Person und ihrer Beziehungen geht. Sie deutet die human- und naturwissenschaftlichen Erkenntnisse im Licht einer glaubenswissenschaftlichen Sicht (Rahner). Dabei geht diese Interpretation vom Glauben an Gott aus, der dem Menschen das Leben aus Liebe mitgeteilt, ihn aus dem Tod der Sünde zum Leben erlöst hat und sein begrenztes irdisches Leben im ewigen Leben vollenden wird (Pesch 1983, 423). Andererseits zeigt die christliche Anthropologie die Grenzen der Psychologie auf. Die Psychologie vermag weder in ihrer natur- noch geisteswissenschaftlichen Ausrichtung das Ganze des menschlichen Daseins zu erfassen und zu deuten, da sie die „religiöse Dimension" des Menschen unberücksichtigt läßt und im immanenten Raum verbleibt.

3.2. Anthropologisch-theologische Grundhypothesen

Im folgenden benennen wir kurz die wichtigsten *anthropologisch-theologischen Grundhypothesen* der Schlüsselmethode.

1. Der Schlüssel zum menschlichen Leben liegt zunächst bei *Gott,* der den Menschen nach seinem Bild, nach seiner Art geschaffen hat (Gen 2, 31). Diese *Gottebenbildlichkeit* besagt, daß der Mensch ursprünglich „gedacht und geschaffen ist als einer, dem schon in seinem Anfang die freie Huld Gottes so geschenkt war, daß er Partner dessen sein konnte und sollte, der sich in seinem göttlichen Wesen dem ‚anderen' Menschen mitteilt" (Rahner/Vorgrimler [13]1981, 93 f). Der Mensch war also im Anfang ganzheitlich, gut und glücklich, d. h. an Leib, Geist und Seele heil und ohne Mängel. Die Gottebenbildlichkeit ist eine freie Selbstmitteilung, ein Geschenk Gottes an den Menschen und nicht die höchste Stufe menschlicher Selbstentfaltung, wie sie humanistische Psychologen verstehen (Funk 1978, 146). In dieser Gottebenbildlichkeit ist letztlich auch die Würde jedes Menschen begründet.

2. Aufgrund dieser Gottebenbildlichkeit hat jeder Mensch einen *guten und positiven inneren Kern,* eine existentielle, zentrale Mitte im Tiefsten seines Selbst, einen göttlichen Lebensquell, der niemals versiegt. In dieser existentiellen Mitte seiner Person ist der Mensch

in besonderer Weise mit Gott in Berührung, hier wohnt Gottes Geist (1Kor 3, 14) in ihm, hier ist er mit Jesus verbunden wie mit einem Weinstock, von dem alles Leben und alle Energie in die Rebzweige geht (Joh 15, 1–8). In dieser Tiefe des menschlichen Selbst erfolgt die Menschwerdung der göttlichen Kräfte, fließen die „Ströme lebendigen Wassers" (Joh 7, 37), ist der dreieinige Gott in Jesus eins mit uns Menschen (Joh 14, 20).

Diese in Gott gründende, innere Mitte des Menschen bleibt in ihrem Kern als Lebensquelle auch nach der Sünde (eine Entscheidung gegen Gott und seine Vorstellungen von Leben für uns Menschen und die Welt) vorhanden und existiert als positive Anlage zum Leben weiter, selbst wenn sich der Mensch durch die Sünde von Gott abwendet und die göttlichen Lebenskräfte in sich versiegen läßt. In Umkehr und Vergebung kann der Sünder erneut das Ja und die liebende Annahme Gottes erfahren und die bis dahin behinderten, verdeckten und brach liegenden positiven und schöpferischen Lebenskräfte können aus der inneren Mitte heraus wieder wirksam werden.

3. Das Gnadengeschenk der Gemeinschaft mit Gott hat der Mensch *in der Sünde abgelehnt.* Unter dem Einfluß des Bösen (theologisch gesprochen: der Gegenmacht Gottes) hat der Mensch seine Freiheit mißbraucht und sich gegen Gott aufgelehnt, und sein Ziel außerhalb von Gott gesucht (Rahner/Vorgrimler [19]1986, Kirche und Welt, 13). Damit hat der Mensch einseitig das Gnadengeschenk der liebenden Gemeinschaft mit Gott zurückgewiesen und versucht, sich selbst Gott gleich zu setzen.

Durch diesen Ungehorsam ist der ursprüngliche Friede mit Gott gestört. Paulus bringt die schuldhafte Grundbefindlichkeit aller Menschen mit der *Ursünde Adams und Evas* als den Stammeltern der Menschheit in Verbindung (Röm 5, 12 ff).

So bedeutet *Erbsünde,* daß jeder Mensch fortan in eine individuelle, strukturelle und kollektive Unheilssituation hineingeboren wird (Sterbenmüssen, Krankheit, Mangelerfahrungen und Lebensbehinderungen jeglicher Art), ohne persönlich gesündigt zu haben. Und: „Was uns aus der Offenbarung Gottes bekannt ist, steht mit der Erfahrung im Einklang: der Mensch erfährt sich, wenn er in sein Herz schaut, auch zum Bösen geneigt und verstrickt in vielfältige Übel, die nicht von seinem guten Schöpfer kommen können" (Rahner/Vorgrimler [19]1986, Kirche und Welt, 13).

Diese „Mit-Gift" der Erbsünde bewirkt, daß es den ursprünglich heilen Menschen nicht mehr gibt, daß jede Kindheit negative Aspekte und Defizite aufweist, daß jeder Mensch erlösungsbedürftig ist. So werden auch die Urwünsche des Menschen nach Identität, Macht und Heimat bei aller unendlichen Sehnsucht – trotz mancher Sternstunden (Himmel auf Erden) – in diesem endlichen Leben nie ganz erfüllt, sondern immer nur teilweise befriedigt (Frielingsdorf ⁴1993, 27 ff).

4. Unabhängig von den sozialen Sünden und den strukturellen Schuldverstrickungen, in die jeder Mensch infolge der Erbsünde hineingeboren wird, sind alle Menschen *von der Zeugung an auch destruktiven und negativen Kräften ausgesetzt.* Diese lebensbedrohenden Kräfte wirken sich im physiologischen, psychischen und seelischen Bereich besonders während der neun Monate im Mutterschoß, bei der Geburt und in den ersten Lebensjahren aus. In dieser Lebenszeit ist der kleine Mensch manchmal wehrlos unheilvollen Einflüssen ausgesetzt.

5. Ungeachtet der im Menschen trotz der Erbsünde fortbestehenden positiven Anlagen und Lebensenergien, bezieht jeder Mensch bereits in den ersten Lebensjahren unbewußt eine *negative Schlüsselposition,* d. h. eine zunächst negative Grundeinstellung dem Leben gegenüber, die als „radikales" Lebensgefühl auch im Erwachsenenalter unbewußt (besonders in Belastungssituationen) wiederholt wird und zu psychischen Störungen und Lebensbehinderungen führen kann. Diese meist mit großen Ängsten verbundene negative Schlüsselposition geht gewöhnlich auf destruktive Schlüsselbotschaften der Mutter und des Vaters (z. B. Ablehnung) zurück. In Verbindung mit der Schlüsselposition, die in einem *Schlüsselwort* zusammengefaßt werden kann, entwikkelt bereits das Kleinkind Überlebensstrategien. Es lernt bestimmte Verhaltensweisen im Umgang mit sich und den primären Bezugspersonen, um die lebensnotwendige Zuwendung und Anerkennung zu bekommen. Diese Überlebensstrategien und Lebensmuster prägen auch die religiöse Entwicklung und insbesondere die Entstehung des Gottesbildes. Dies sei kurz an Hand der Entstehung „dämonischer Gottesbilder" erläutert (Frielingsdorf 1992).

Wenn wir von der „erbsündlichen Verfaßtheit" des Menschen ausgehen, dann wirkt sich dies vom Beginn des menschlichen Lebens an auch in der Entstehung der Gottesbilder aus. Durch die negative Schlüsselposition ausgelöst, entwickelt sich in den ersten Lebensjahren unbewußt ein „dämonisches Bild", das oft ein Leben lang für ein Gottesbild gehalten wird, obwohl es Gott und seinen Lebensverheißungen widerspricht. Der „böse Geist" tritt häufig in der Gestalt des „guten Geistes" (Gottes) auf und formt ein Gottesbild korrelativ zu den negativen Schlüsselerfahrungen des Kleinkindes. Dieses vorgetäuschte, dämonische Gottesbild kann entlarvt werden, indem die unbewußte Vergangenheit aufgedeckt und in der Schlüsselposition die Wurzeln des verfälschten Gottesbildes aufgespürt werden.

Da die negative Schlüsselposition den ursprünglichen Lebensquell mit all seinen Energien und Kräften verdeckt und zum Teil vergiftet, ist es notwendig, sich die lebensverneinenden Schlüsselerfahrungen und Schlüsselworte der frühen Kindheit bewußt zu machen. Denn erst nach einer konstruktiven Auseinandersetzung und Versöhnung mit dem je eigenen negativen, lebensbehindernden emotionalen „Erbgut" können sich die blockierten Lebenskräfte frei entfalten.

Dabei gehen wir davon aus, daß der Mensch einen freien Willen hat. Er kann sich grundsätzlich frei entscheiden und sein Leben frei gestalten, wenn auch innerhalb der von der eigenen Konstitution, von der persönlichen Lebensgeschichte und von äußeren Bedingungen gegebenen Grenzen. Diese Grenzen sind nicht lebenslang festgelegt, sondern können in einem bewußten Selbstwerdungsprozeß erweitert werden. Auf Dauer ermöglicht dies eine Veränderung der überkommenen Lebenseinstellungen und Verhaltensweisen, die auch das Gottesbild und die Gottesbeziehung einschließt.

6. *Erlösung* bedeutet die endgültige Befreiung der Menschheit durch Jesus Christus aus jener Unheilssituation, in der sich jeder Mensch vorfindet, und aus der er sich selbst nicht erlösen kann. Die erlösende Vergebung und Versöhnung Gottes mit den sündigen Menschen geschieht im Gottmenschen Jesus, in dem Gottes Leben und das durch die Sünde geprägte menschliche Dasein vereint sind. Im Tod und in der Auferstehung Jesu ist die Menschheit endgültig gerettet und von Gott in Gnade angenommen (vgl. die Parabel vom

barmherzigen Vater und dem guten Hirten). Diese Erlösung im Glauben gilt grundsätzlich für jeden Menschen guten Willens, der sich in Freiheit erlösen läßt, d. h. der das Angebot der Liebe Gottes annimmt und sie in dem Dreiklang von Gottes-, Nächsten- und Selbstliebe im Alltag zu leben versucht.

7. In der *Taufe* wird diese allgemeine Heilszusage dem einzelnen Menschen von Gott ausdrücklich auf seinen persönlichen Namen hin zugesagt: Der Täufling wird sichtbar in die Glaubensgemeinschaft der Erlösten aufgenommen. Als „Kind Gottes" und als Schwester oder Bruder Jesu gehört er von nun an der Gottesfamilie an. Auch der Böse wird in den Absagen des Taufritus als der Widersacher Gottes ernst genommen. Denn der Mensch bleibt trotz der endgültigen Erlösung und Annahme durch Gott frei, sich zu entscheiden zwischen „Gut und Böse", Leben und Tod. Und der Mensch bleibt versuchbar, unbewußt und bewußt, sich für das Böse zu entscheiden. „Deshalb stellt sich das ganze Leben der Menschen, das einzelne wie das kollektive, als Kampf dar ... zwischen Gut und Böse, zwischen Licht und Finsternis" ... „Im Licht dieser Offenbarung finden zugleich die erhabene Berufung wie das tiefe Elend, die die Menschheit erfährt, ihre letzte Erklärung" (Rahner/Vorgrimler [19]1986 Kirche und Welt, 13).

Diese Lebens- und Heilszusage Gottes in der Taufe gibt letztlich das Recht und den Mut, Menschen zum Leben zu ermuntern, die infolge der Ablehnung und der Todeswünsche der Eltern lieber ihr Leben zerstören wollen und sich den Tod herbeiwünschen.

So beruht die *positive christliche Grundeinstellung zum Leben* auf dem Glauben, daß, bei aller Zerstörung und Disharmonie der ursprünglich heilen Schöpfung durch die Sünde, das menschliche Leben grundsätzlich eine durch Christus erlöste und vom Unheil befreite Existenz ist. Allerdings kann der Glaubende Heil und Frieden in dieser Welt nur bruchstückhaft erleben. Und im Pilger-Dasein in sich und der Umwelt wird er immer die Spannung zwischen dem „schon-jetzt" und dem „noch-nicht" verspüren.

8. Ziel einer christlichen Persönlichkeitsentwicklung ist die *„Selbstverwirklichung" und das ganzheitliche Heilwerden* des Menschen. In dieser allgemeinen Zielsetzung stimmt die christliche Anthropologie grundsätzlich mit der Lebensauffassung der humanistischen Psychologie überein. Der Unterschied liegt im Ansatz:

Die humanistische Psychologie geht von einem Bild des Menschen aus, der das Maß aller Dinge ist und sich selbst erlösen kann. Das christliche Menschenbild wird von der Gottebenbildlichkeit her verstanden. Der Mensch verdankt sich Gott und findet in ihm seine Vollendung. Dabei bleibt er immer auf die heilende und lebenspendende Gnade Gottes angewiesen.

Selbstverwirklichung in unserem Sinne setzt die Auseinandersetzung mit der persönlichen Lebensgeschichte und die Annahme des eigenen Lebens voraus. Sie geschieht in einer ausgewogenen Gottes-, Nächsten- und Selbstliebe, die weder auf Kosten anderer geht noch mit einem narzißtischen Egoismus oder mit Ich-Sucht zu verwechseln ist.

Hierbei gilt es einerseits zu bedenken: Eine heilsame Selbstverwirklichung kann *nicht ohne Selbstbeschränkung und Selbstverzicht* gelingen. Die durch die Selbstbegrenzung frei werdenden Kräfte können dann in den Beziehungen zum Nächsten und zu Gott fruchtbar werden, die für die Selbstwerdung unabdingbar sind. Die Selbstwerdung ist mit der Annahme und Gutheißung durch andere Menschen und durch Gott von Beginn an eng verknüpft (Buber [4]1978). Das Streben nach Selbstverwirklichung und Heilwerden vollzieht sich in einem dynamischen Prozeß, der nicht nur um das eigene Selbst kreist, sondern Gott und andere Menschen wesentlich miteinbezieht.

Andererseits ist Selbstverwirklichung nicht mit dem Hinweis auf die Selbstverleugnung und Selbstlosigkeit in der Nachfolge Jesu zu „verteufeln", wenn damit gemeint ist: Selbstverleugnung und Selbstlosigkeit bedeute, die eigenen Wünsche und Bedürfnisse zu verdrängen und zu verleugnen. In einer solchen „negativen Spiritualität" würde das Ja zu sich selbst ausgetrieben und damit ein Egoismus als „Rache des verleugneten Selbst" immer mehr bestärkt werden. „Hier liegt nicht zuletzt die Wurzel dessen, was die Franzosen ‚maladie catholique' nannten: wer nur übernatürlich, nur selbstlos sein will, ist zwar am Schluß ich-los, aber alles andere als selbstlos ..." (Görres 1987, 19). Um selbst-los werden zu können, muß ich zuerst einmal einen eigenen Selbstand haben, „Ich-Selbst" sein.

9. Angesichts von *Leid und Sterben* werden Selbsterlösungstheorien fragwürdig. Welcher Therapeut und welche Therapeutin

kennt nicht die unabänderlichen Unheilssituationen, in denen die Ohnmacht der Leidenden ebenso offenbar wird wie die Hilflosigkeit der Helfer? Hier bringen die besten Methoden ebenso wenig weiter wie leugnende oder vertröstende Lösungen. Der Therapeut als „letzte Heilsinstanz" ist hier überfordert. Gerade in diesen sogenannten „aussichtslosen Situationen" spielt neben der Fachkompetenz *die Weltanschauung* der Helfer eine entscheidende Rolle.

Der christliche Glaube schenkt uns im *Leiden und Kreuz Jesu Christi* ein mögliches und befreiendes Deutungsmodell. Warum hat Gott den Weg des Leidens gewählt und ist freiwillig, trotz all seiner Macht in die Ohnmacht des Todes hinabgestiegen, um uns zu erlösen? Die Antwort des christlichen Glaubens: Gott wollte genau in dieser Tiefe des Leidens mit den Menschen sein und ihnen gerade dort seine göttliche Gegenwart, sein Mitsein in der Tiefe, sein göttliches Heil und Leben spürbar werden lassen. Auch wenn Leiden und Sterben als Folge der Erbsünde Unheil für den Menschen bleiben, so kann ein gläubiger Therapeut oder eine gläubige Therapeutin als „verwundete Heiler" mit den Leidenden sein und sie ermutigen, sich mit ihrer Unheilssituation im Anblick des Gekreuzigten auseinanderzusetzen und Jesus in diesem Zwiegespräch um eine Antwort auf die Fragen zu bitten (Frielingsdorf 1992, 91 ff).

Gleichzeitig ist die Tatsache der „heilenden Kraft des Leidens" zu berücksichtigen. Wer hat sie nicht auch schon im eigenen Leben erfahren? Das meint nicht, daß wir Leid verordnen oder es in „selbstgemachten Kreuzen" suchen sollten: Dies wäre ein masochistisches Leiden oder ein Leiden um des Leidens willen. Die auf uns zukommenden Kreuze genügen. Beim Lesen der neutestamentlichen Auferstehungsberichte fällt auf, daß am „verklärten Leib" des auferstandenen Jesus die Wundmale der Kreuzigung bedeutsame Hinweise für uns (nicht nur für Thomas, Joh 20, 24 ff) geblieben sind, Zeichen für Leben im Tod, für Heil im Unheil.

In solchen unveränderbaren Leidenssituationen bin ich dankbar für den Glauben an einen tieferen Sinn des Leidens. Mich entlastet der Gedanke, daß ich bei aller Mitverantwortung nicht die „letzte Heilsinstanz" bin. Oft bleibt „nur" das Mittragen und Mitsein im Gebet und die Bitte, daß Gott die Kraft zum Durchhalten schenkt und den geschundenen Menschen heilt, vielleicht anders, als wir es uns vorstellen. Mit den Augen des Glaubens kann auch der Therapeut oder die Therapeutin tiefer schauen und manchmal andere Heilswege entdecken.

4. Psychologische und methodische Aspekte der Schlüsselmethode

4.1. Einführung

Psychologisch gesehen hat die Schlüsselmethode ihre *Wurzeln* vor allem in der tiefenpsychologisch orientierten Entwicklungs- und Persönlichkeitspsychologie, ergänzt durch Erkenntnisse der pränatalen Psychologie. Sie gehen davon aus, daß die ersten Lebensjahre die Grundzüge der Persönlichkeit entscheidend mitprägen. Das trifft auch für die religiöse Entwicklung, insbesondere für die Entstehung des Gottesbildes zu. Aufgrund seiner freien Entscheidungsfähigkeit und seiner neuen Erfahrungen in späteren Lebensphasen kann der Mensch seine Einstellungen und Verhaltensweisen ein Leben lang verändern.

Die in der frühen Kindheit gemachten Erfahrungen (z.B. die Schlüsselposition oder die Überlebensstrategien) beeinflussen den aktuellen Umgang mit allen „Reizen", die auf einen Menschen aus seinem Innern oder aus der Umwelt zukommen. Für diesen Hintergrund stützt sich die Schlüsselmethode vor allem auf die psychoanalytische Charakterkunde und Krankheitslehre und betrachtet sie in diesem Zusammenhang als ihren Orientierungsrahmen.

Innerhalb der analytisch ausgerichteten Modelle spielt besonders die *Objektbeziehungstheorie* eine wichtige Rolle, weil sie lebensgeschichtlich ausgerichtet ist und gut geeignet erscheint, die Beziehungen zu den primären Bezugspersonen und im religiösen Bereich die Gottesbeziehung zu erhellen.

„Aus der Sicht der Objektbeziehungstheorie hat der psychische Apparat seinen Ursprung in der frühesten Stufe einer Abfolge von Internalisierungen (Verinnerlichungen) von Objektbeziehungen" (Kernberg 1981 (b), 673–704; 1981 (a)). In diesem Konzept sind bereits die frühesten Internalisierungsvorgänge (symbiotische

Stufe) ebenso wie die folgenden Stufen, die unterschiedlich benannt werden (vgl. z. B. Mahler 1982), dyadisch geprägt. Es findet eine aktive Interaktion des Selbst mit dem Objekt statt. D. h. schon in der frühesten Kindheit wird durch die Interaktion der Bezugsperson (vor allem der Mutter) mit dem Kind die Basis für die spätere innerpsychische Struktur gelegt, sowohl was die Ich-Struktur angeht, als auch die Möglichkeiten der Abwehr und Kompensation von Konflikten. Unter den Vertretern einer psychodynamisch orientierten Psychotherapie und Psychiatrie wird darüber diskutiert, ob in diese dyadische Interaktion von seiten des Kindes mehr genetisch erworbene Defekte eingehen (somatopsychisch), oder ob diese bereits sekundäre Folgen einer psychischen Verletzung (psychosomatisch) sind (vgl. Benedetti 1983, 28; 1991, 15).

Die Objektbeziehungstheorie ist darüber hinaus insofern für die pastoralpsychologischen Fragestellungen geeignet, als sie darauf hinweist, daß sich „das Gottesbild, zu dem wir in Beziehung treten, im wesentlichen aus projizierten Selbst-Objekt-Repräsentanzen zusammensetzt. Diese wiederum stammen aus dem komplexen Vorgang der Identitätsbildung des Kindes in der Interaktion mit den primären Bezugspersonen. So ist es nicht verwunderlich, daß unser Gottesbild hauptsächlich Züge unseres Selbstbildes und unserer kindlichen Elternbilder trägt". Auf diese Weise entwickeln sich „durch Integration verschiedener Selbst-Objekt-Repräsentanzen, die aus der Introjektion primärer Objekte, meist der Eltern, stammen, sowohl das Selbstbild des Kindes, seine Sicht der primären Bezugspersonen und sein frühes Gottesbild. Hier liegt wahrscheinlich die Ursache für die Ähnlichkeit von Selbstbild und Gottesbild, die in Jungscher Nomenklatur durch die Identität der archetypischen Bilder von Selbst und Gott erklärt wird" (Rutschmann 113, 125).

Weitere Anregungen für die Schlüsselmethode stammen aus der Transaktionsanalyse, der Gestalttherapie und aus Körpertherapien. Bedeutsam waren für mich weiterhin die Ergebnisse der Religionspsychologie über die Entwicklung der religiösen Persönlichkeit. Nicht zuletzt kamen wichtige Impulse und Hinweise aus der geistlichen Theologie und speziell aus den ignatianischen Exerzitien und ihrer Lehre von der Unterscheidung der Geister.

Im Hinblick auf die *Entwicklung und Heilung der Persönlichkeit* gehen wir nicht von einer linearen, mono-kausalen, sondern von einer *poly-kausalen,* dynamischen Betrachtungsweise aus. Der Mensch ist von der Zeugung an ein Beziehungswesen mit je eigenen biologischen und psychischen Erbanlagen. In den ersten Lebensjahren wird seine persönliche Entwicklung zunächst durch die frühkindlichen „Schlüsselerfahrungen" mit Mutter und Vater sowie dem weiteren Umfeld geprägt. Diese Schlüsselerfahrungen können in der sogenannten „Schlüsselposition" bzw. dem jeweiligen „Schlüsselwort" zusammengefaßt werden.

Die Schlüsselmethode betrachtet in der Aufarbeitung der Probleme vor allem die ersten Lebensjahre, die das ganze Leben eines Menschen entscheidend mitbestimmen. „In der vor- und nachgeburtlichen Zeit bis etwa zum Schulalter entstehen im Kleinkind entscheidende Lebenseinstellungen (Schlüsselpositionen) durch negative und positive Schlüsselerfahrungen" (Frielingsdorf [4]1993, 55–98). Die frühkindliche Lebensprägung ist so wirksam, weil sie zum großen Teil im unbewußten Lebensbereich stattfindet und vom Kleinkind noch nicht reflektiert werden kann. Die positiven und negativen Schlüsselerfahrungen bilden „so etwas wie einen dynamischen Kern unserer Persönlichkeit, der die lebenslange Aufgabe der Identitätsentwicklung vorantreibt" und unseren Lebenszyklus ganzheitlich durchformt (Funke 1986, 28).

Mit zunehmendem Alter wird aus der mehr einseitigen, frühkindlichen Prägung eine mehr wechselseitige und gleichberechtigte Begegnung und Beeinflussung erwachsener Menschen mit ihren persönlichen Einstellungen und Verhaltensweisen.

Wenn wir das menschliche Leben im Bild des Lebensbaumes beschreiben, dann wird der Same des neuen Lebensbaumes im Akt der Zeugung in das mütterlich-väterliche Erdreich gelegt. Ob und wie der Same zum Leben kommt, hängt davon ab, wie der elterliche Boden beschaffen ist, z. B. ob er den Samen aufnimmt und wachsen oder liegen und verkümmern läßt. Für die Qualität des neuen Lebens ist mitentscheidend, wie die pränatale Zeit im Erdboden (im Schoß der Mutter) verläuft, wie welche Kräfte auf das werdende Leben einwirken: ob mehr lebensfördernde Kräfte wie Liebe, Freude, Zuversicht, Hoffnung, oder lebensbehindernde Kräfte wie Angst, Ablehnung, Trauer, Verzweiflung, etc. Auch wenn der kleine Mensch seine Wurzeln im Erdreich entwickelt hat und gewachsen ist, bleibt er in den ersten Lebensjahren auf die Hilfe und den Schutz der Eltern und seiner Umgebung angewiesen, er braucht Stütze, Zuwendung und Sicherheit. Das Leben beginnt erst, wenn der Baum „erwachsen" ist, blüht, Früchte trägt und in sich selbst einen Standpunkt gefunden hat. Um im Bild zu bleiben: Auch wenn der Lebensbaum längst aus dem elterlichen Erdboden herausgewachsen ist, so bleiben die Wurzeln, aus denen er seine Nahrung bezieht, in diesem Erdboden verhaftet.

Viele Menschen vergessen dieses Gesetz der Natur und kümmern sich später wenig um ihre Wurzeln und den Mutter- und Vaterboden, aus dem sie herausgewachsen sind. Sie setzen sich häufig mit diesem unsichtbaren, im Erdreich verborgenen Teil ihres Lebens erst dann auseinander, wenn sie in Krisen und Schwierigkeiten geraten.

4.2. Methodische Hinweise zum Vorgehen der Schlüsselmethode

4.2.1 Allgemeiner Überblick

Die Schlüsselmethode geht zunächst von der aktuellen Situation, den akuten Krisen und Störungen eines Menschen aus und fragt nach deren Ursprung und Ursachen (Analyse, Diagnose) im Leben und vor allem in der frühen Kindheit der Betroffenen. In der Auseinandersetzung mit der Vergangenheit sieht die Schlüsselmethode eine wichtige Voraussetzung für die Persönlichkeitsentwicklung allgemein und für die Überwindung von Lebenskrisen und die Heilung von psychischen Störungen im Besonderen. „Um die Vor-Gabe der Vergangenheit als Auf-Gabe für das gegenwärtige und zukünftige Leben fruchtbar zu machen, bedarf es eines dynamischen Prozesses, in dessen Verlauf aus der angenommenen Vergangenheit das persönliche Leben bewußt neugestaltet wird" (Frielingsdorf [4]1993, 172).

In diesem dynamischen Prozeß hält sich die Schlüsselmethode mit einigen Ergänzungen an den analytischen Dreierschritt: Bewußtmachen (Erinnern/Wiederholen), Durcharbeiten und Verändern. Als Orientierungsrahmen für die Auseinandersetzung mit der Vergangenheit hat sich das modifizierte Fünf-Phasen-Modell von

M. und D. Linn (nach Kübler-Ross) bewährt (M. und D. Linn 1984, 95–207).

Beim Bewußtmachen und Wahrnehmen der im Vor- und Unbewußten liegenden vergangenen Schlüsselerfahrungen kommt dem *Lebensskript* eine große Bedeutung zu. Entscheidend ist in diesem Prozeß das Erarbeiten der je eigenen Schlüsselposition und des typischen Schlüsselwortes, in dem die Schlüsselerfahrungen der ersten Lebensjahre wie in einem Brennpunkt zusammengefaßt sind (vgl. Kapitel 2).

Charakteristisch für die Schlüsselmethode ist ihr *ganzheitlicher* Ansatz, der auch im methodischen Vorangehen möglichst den ganzen Menschen mit Geist, Leib und Seele miteinbezieht. Das wird vor allem im *leiblichen Gestalten* der Schlüsselposition (des Schlüsselwortes), der Wiederholungen oder der einzelnen Schritte und Veränderungen im Selbstwerdungsprozeß deutlich.

Die Schlüsselmethode unterscheidet in diesem dynamisch-therapeutischen Prozeß zwischen innerseelischen Vorgängen und interpersonalen Abläufen. Sie berücksichtigt nach Möglichkeit die *kognitive, die affektive und die praktische Lernebene* in ihrer jeweiligen Wechselwirkung. Damit stützt sie sich auf drei Wirkfaktoren, die für den Therapieprozeß wesentlich sind: „a. die emotionalen Erfahrungen, also ein Ansprechen des Gefühls; b. die kognitive Bewältigung (konstruktive Veränderung der Gedanken); und c. Veränderung des Verhaltens" (Pfeifer 1991, 133).

1. Die *kognitive Ebene* ist angefragt im Wahrnehmen, Bewußtmachen und Beschreiben der aktuellen Situation, der persönlichen Einstellungen und Werthaltungen so wie sie das Leben prägen und eventuell zu Krisen und/oder Störungen führen. Umfassender und differenzierter wirkt sie sich in der Bearbeitung des Lebensskripts und z. B. in dem ergänzenden Umschreiben der negativen Schlüsselbotschaften in positive Lebensbotschaften bis hin zur fokussierenden Formulierung des negativen wie des positiven Schlüsselwortes aus.

2. Diese kognitive Orientierung wird ergänzt und vertieft durch das leibliche Gestalten (verleiblichen) der abstrahierten Schlüsselworte und der in Sprache gebrachten Grundgefühle z. B. der Angst, der Wut oder der Minderwertigkeit. Hierdurch wird die „kognitive Verstehensebene" gleichsam in den Körper aufgenommen, wird

dort „bewegt" und ergänzt oder korrigiert durch die Körpererinnerungen, in denen alle Erfahrungen von Beginn an gespeichert sind. Damit wird sie in die *affektive Erlebnisebene* hineingenommen und im emotional-körperlichen Erfahren und Durchleben vertieft. Durch das anschließende „Sprechen-Lassen" und „Ins-Wort-Bringen" der körperlichen Gestalt: „Was sagen die Füße, die Hände, die Augen, der Mund, der Rücken etc."? wird das im Körper Erlebte wiederum bewußt gemacht und in die Verstehensebene gehoben. Dieses Wechselspiel durchzieht den gesamten Prozeß. Es kann auch sein, daß der Körper es ist, der zuerst ein Signal sendet nach dem Motto: „Geh du vor", sagt die Seele zum Körper, „auf mich hört er nicht, vielleicht hört er auf dich". „Ich werde krank werden, dann wird er für dich Zeit haben", sagt der Körper zur Seele" (U. Schaffer 1992, 89). Für die Schlüsselmethode ist wichtig: Das affektive Durchleben und Vertiefen des bewußt Wahrgenommenen geschieht vor allem durch die körperliche Gestaltung der negativen Schlüsselerfahrungen und der Schlüsselposition, die als Grundgefühl und -einstellung zum Leben mit dem erkannten Schlüsselwort korrespondiert.

3. Aus der so bewußt gemachten, negativen Schlüsselposition heraus kann dann mit dem *korrelativen positiven Schlüsselwort* als Zielvorstellung die Selbstwerdung und Persönlichkeitsentwicklung des einzelnen zunächst leiblich dargestellt und entfaltet werden. *Die Schritte hin zu dieser Entwicklung und Veränderung* werden dabei von den einzelnen Körperteilen symbolisch „vorgegangen" und dann im Sprechen-Lassen der einzelnen Schritte bewußt gemacht und nachvollzogen. Bei der Schlüsselposition „weggetreten" liegt z. B. eine Gestalt auf dem Bauch ausgestreckt in einer Ecke des Raumes, die Hände schützend über den Kopf gelegt. Nach der „Deutung" der Schlüsselposition, d. h. nach dem „Sprechen" der Hände, des Kopfes, der Augen etc. wird jetzt z. B. gefragt: Welches ist die erste Geste, die erste leibliche Veränderung der Gestalt, die weiterführt zur Heilung und Selbstwerdung hin? Diese symbolischen, leiblichen Gesten können nur die Betreffenden selbst finden. Sie müssen solange ausprobieren, bis sie eine Geste als stimmig erleben, z. B. eine Hand vom Kopf lösen, oder die Augen öffnen, den Kopf anheben, Fäuste ballen, eine Hand, einen Arm oder den Oberkörper langsam erheben etc. Danach werden die nachfolgen-

den Gesten ausprobiert und die Betreffenden spüren jeweils nach, inwieweit sie „stimmig" sind und welche Gestalt ihrer momentanen Situation am meisten entspricht. Sie spüren nach, wo welche Widerstände auftreten, wo sie im Augenblick nicht weitergehen möchten oder können. Bei dieser Übung läßt sich auch der aktuelle Stand der *Selbstwerdung* körperlich gestaltend herausarbeiten und gleichzeitig bestimmen, was die gezeigten Gesten im Alltag konkret hinsichtlich einer Veränderung bedeuten.

So stellte Herr Y. z. B. das Schlüsselwort „Nebensache" dar als eine Gestalt, die hingestreckt mit dem Rücken zur Gruppe, in einer Zimmerecke liegt. Die Überlebensstrategie von Herrn Y. war bisher, sich die Zuwendung und Anerkennung von den Eltern und anderen zu holen, indem er sich, wo nur möglich, nützlich machte, Leistungen brachte und sich auf diese Weise bis zur Erschöpfung zur *Hauptsache* machte. In einer Übung wird dieser inzwischen fast zwanghafte Kreislauf dargestellt: Herr Y. kommt aus der Ecke als Nebensache und macht sich in der Gruppe durch Helfen, Leisten etc. zur Hauptsache bis zum Umfallen. Jedem will er Gutes tun, immer mehr. Die Erwartungen und Hilferufe aus der Gruppe werden immer häufiger und lauter, so daß Herr Y. immer schneller reagieren muß, bis er nicht mehr kann und umfällt. Als er erschöpft am Boden liegt und um Hilfe ruft, beachtet ihn keiner. Herr Y. wird liegen gelassen, weil er sich jetzt nicht mehr als „nützlich" erweist, seinem Gefühl nach letztlich „nichts mehr nützt". Herr Y. ist wieder zur Nebensache geworden. Nach der Übung erkennt Herr Y. in der „Auswertung" seiner Übung: Er kann diesem Teufelskreis nur entkommen, wenn er sich nicht zur Haupt*sache* macht, die nur solange interessant und manipulierbar ist wie sie dient. Als Hauptsache bleibt er immer noch eine Sache, Objekt. Herr Y. sagt selbst: „Hauptsache zu sein, ist nicht die positive Schlüsselbotschaft, sondern: „Ich bin ein liebens- und lebenswerter Mensch, auch wenn ich keine Hauptsache bin. Ich bin überhaupt keine Sache, weder Neben- noch Haupt-Sache. Ich bin ein Mensch und darf mit meinen Stärken und Schwächen leben. In der Sprache des Glaubens heißt das für mich: Gott hat mir in der Taufe einen Namen gegeben, Leben verheißen. Für ihn bin ich unendlich wertvoll, denn ich bin nach seinem Bild erschaffen." Herr Y. nannte später sein positives Schlüsselwort „wertvoll und liebenswert".

Ist das negative Schlüsselwort erkannt, eine genügende Vertrauensbeziehung zwischen TherapeutIn und KlientIn aufgebaut und eine ähnliche Vertrauensbasis in der Gruppe erreicht, dann können *weitere Schritte im therapeutischen Prozeß gewagt werden:* Die Betreffenden versuchen in Gedanken, in Phantasieübungen, durch Aufschreiben von ergänzenden Träumen sich der negativen Grundgefühle der Kindheit zu erinnern und wenn möglich auch emotional mit den Gefühlen in Kontakt zu kommen, die z.b. durch die negativen Schlüsselbotschaften „Du bist nichts wert", „Du bist nur eine Nebensache", „Du bist der letzte Dreck", verursacht wurden. Dann versuchen sie, wenn möglich, diese negativen Grundgefühle, die in der negativen Schlüsselposition konzentriert sind, körperlich darzustellen. Durch diese „Verleiblichung" soll über die kognitive Ebene die affektive Schicht intensiver erreicht werden. Indem die Betroffenen bewußt – mit dem Vertrauen in der therapeutischen Beziehung und in der Gruppe als tragender Basis – auch leiblich in die Grundsituation z.B. von Todesangst, von Ablehnung, Bedrohung, Mißbrauch etc., die sie als Kleinkind oder schon im Mutterleib erfahren haben, hineingehen, beginnen sie sich auch emotional in sie hineinzuversetzen und sie damit erneut zu „durchleiden". Dabei können sie erfahren und nachspüren, daß sie diese einst so schwierigen Situationen jetzt „überleben", was als Kind nicht möglich gewesen wäre ohne die lebensnotwendigen Überlebensstrategien. Sind diese heute eher hinderlich und störend geworden, so haben sie doch in der Kindheit einen wichtigen Dienst erfüllt. Mit dieser positiven Erfahrung des mit eigenen Kräften Überleben-Könnens ist es dann auch möglich, die als Reaktion auf die emotionalen Wiederholungen der negativen Schlüsselerfahrungen auftretenden „Todesängste" durchzustehen. Gleichzeitig erfahren sie: „Ich bin nicht allein. Ich darf und kann meine Gefühle und Ängste zeigen und ausdrücken. Meine Bedürfnisse werden ernstgenommen vom Therapeuten und von der Gruppe." Auf diese Weise verlieren die Ängste allmählich einen Teil ihrer Bedrohlichkeit: Die Ursachen, die Übertragungen und aktuellen Wiederholungen der negativen Lebensgefühle werden erkennbarer, durchschaubarer und die Betreffenden können nach einiger Zeit konstruktiver damit umgehen, bis hin zu einer veränderten Lebenseinstellung und neuen Verhaltensweisen.

So führt der therapeutische Prozeß der Schlüsselmethode über die *kognitive* (von den beschriebenen Schlüsselerfahrungen bis zum abstrahierten Schlüsselwort) in die *affektive Lernebene* (durch leibliches Ausdrücken der Grundgefühle in der Schlüsselposition und anschließendes körperliches und emotionales Nachempfinden bis hin zur Korrektur der primären Erfahrungen) und von dort zur *praktischen* Lernebene, der Veränderung in konkreten Schritten auf dem Weg der Heilung und Selbstwerdung. Dieser Weg besteht in der Wahrnehmung der Lebensbotschaften, der Auseinandersetzung mit ihnen und in ihrer Integration, d. h. der Entscheidung zur Übernahme, Ergänzung oder Veränderung, die sich im selbständigen „gelebten Umschreiben" der Lebensbotschaften und -einstellungen der Eltern im Alltag Schritt für Schritt ereignet.

Dieser dynamische Prozeß in der Wechselwirkung der drei Lernebenen bezüglich der Heilung und Selbstwerdung geschieht in einer fruchtbaren Verbindung von Einzel- und Gruppenarbeit.

4.2.2. Regression und Wiederholung

Wer an die unbewußten und vorbewußten Erlebnisweisen und Einstellungen der frühen Kindheit herankommen will, versucht die Betreffenden in eine Situation zu bringen, die eine *Regression* auslösen. Dies geschieht z. B. in der klassischen Psychoanalyse im „Sessel-Couch-Arrangement (König 1992, 1991).

In der Schlüsselmethode passiert dies zunächst durch die Erstellung des Lebensskripts, in dem die wichtigsten Schlüsselerfahrungen der frühen Kindheit erfragt und meist auch benannt werden können. Ist die wesentliche Schlüsselposition und das Schlüsselwort im Lebensskript beschrieben, wird der Prozeß der Regression durch imaginative Übungen, Rollenspiele und durch die in dieser Zeit häufig auftretenden Träume verstärkt und damit die Wahrnehmung der frühkindlichen Erlebnisweisen und unbewußten Schlüsselerfahrungen gefördert.

Entscheidend für die Schlüsselmethode ist in diesem aufdeckenden, in die Regression führenden Prozeß die *gestaltende Körperarbeit*.

Wenn die Betreffenden durch das Lebensskript, in Einzelgesprächen oder in der Gruppenarbeit ihr vorläufiges Schlüsselwort, das die frühkindlichen Erfahrungen in der Schlüsselposition zusammenfaßt, gefunden haben, wird dieses leiblich dargestellt und in verschiedenen Gestalten ausprobiert, bis es zunächst einmal von den Betreffenden als „stimmig" erlebt wird: Z. B. die Gestalt für das Schlüsselwort „lebendig begraben" wurde von Frau B. dargestellt in einer Zimmerecke auf dem Boden in der Rückenlage unter einer Decke, oder von Herrn M. in der Gruppenmitte liegend. Das Schlüsselwort „Nebensache" wurde mal in einer Ecke hockend, das Gesicht zur Wand gekehrt, oder auf dem Boden liegend gestaltet. Wenn die jeweiligen Schlüsselpositionen von den Betreffenden bewußt körperlich in eine Gestalt gebracht worden sind, werden sie im Detail wahrgenommen. Die Betreffenden spüren sich in die Arme, die Hände, die Augen, den Mund, den Rücken etc. hinein und lassen sie sprechen. So können oft auch die aufkommenden Körpererinnerungen mit den damit verbundenen Gefühlen zugelassen, wahrgenommen und ins Wort gehoben werden. Auf diese Weise kommen die meisten ganzheitlich in Berührung mit ihren frühkindlichen Grundgefühlen und existentiellen Erlebensweisen und durchleben sie aufs neue.

Wird das Schlüsselwort nicht schon im Lebensskript entdeckt, zeigt es sich oft in Randbemerkungen oder in wiederholten Worten, in der Körperhaltung, in der Stimme oder in bestimmten Verhaltensweisen.

Öfter biete ich auch eine körperliche Übung an, in der direkt nach dem aktuellen, negativen Grundgefühl gefragt wird, das das Leben einengt und behindert, das die Betreffenden am liebsten loswerden möchten, wovor sie am meisten Angst haben. Anschließend wird versucht, die diesem Gefühl zugrunde liegende Schlüsselposition in ergänzenden Übungen herauszuarbeiten und so die Regression und Erinnerung zu ermöglichen.

Als illustrierendes Beispiel möchte ich eine Übung vorstellen, die, zunächst in der Gruppe erarbeitet, von den Betroffenen häufig zu Hause wiederholt und auch fortgeführt werden kann. Zuerst wird die körperliche Gestalt der jeweiligen Schlüsselposition eingenommen. In der negativen Schlüsselposition wird nachgespürt, daß der Boden diese Grundhaltung trägt, und somit auch die dabei auftretenden negativen Gefühle wie Ängste, Unsicherheit, Trauer, Wut, Enttäuschung etc. Sie können auf der Grundlage, dem Boden (für viele = Hand Gottes) mit Unterstützung und im Dasein von dem

Therapeuten oder der Therapeutin und der Gruppe ausgehalten und durchgestanden werden. Nach einigen Minuten wird die Schlüsselposition „aufgelöst", d. h. aus eigener Kraft versuchen die Betreffenden aus der am Boden liegenden Haltung „Schritt für Schritt" in den Stand, in die Selbständigkeit zu kommen. Dabei lösen sie Körperteil für Körperteil, bis sie auf eigenen Füßen stehen, ihren eigenen „Standpunkt" gefunden haben. Diese „Auferstehungsübung" kann in ihrer Dauer je nachdem verlängert oder verkürzt werden. Oft ist es sinnvoll, sie mit einem Gruppenmitglied oder einem vertrauten Menschen zusammen zu machen.

Bedeutsam ist, daß die Betreffenden wagen, sich in der Gestaltung der frühkindlichen Schlüsselposition der Erinnerung und den damit verbundenen lebensbedrohenden Gefühlen auszusetzen und dabei jetzt leibhaftig zu spüren, daß sie sich bewußt in diese schmerzhafte Situation der Kindheit hineinbegeben, sie durchleben und aushalten können. Wichtig ist die Erfahrung, daß sie nicht – wie häufig in ihren Phantasien befürchtet – ins Bodenlose fallen, sondern daß der Boden trägt. Zum anderen erleben sie, daß sie selbst genügend Kraft haben, um sich aufzurichten und auf eigenen Füßen zu stehen. D. h. sie erfahren am eigenen Körper, daß sie ihre negative Schlüsselposition „lebendig-begraben", „Abfall" oder „Nebensache" positiv verändern können. Das schließt nicht aus, daß sich in manchen Situationen auf bedrohende und beängstigende Signale hin emotional die Schlüsselpositionen wieder einstellen. In diesem Fall ist es aber auf Dauer möglich, die Situation schneller zu erkennen, zu durchschauen und entsprechende positive und ergänzende Gegenmaßnahmen zu ergreifen.

Bei allen gegebenen Grenzen sind die Grundmuster der frühkindlichen Erlebnisweisen, d. h. die Schlüsselerfahrungen und die daraus entstandenen Schlüsselpositionen nach meiner Erfahrung entwicklungsfähig und veränderbar. Dabei spielt das *positive Schlüsselwort* eine wichtige Rolle. Denn es zeigt die Richtung an, in der die negativen Erlebnisweisen positiv ergänzt werden können. Eine Orientierungshilfe hierfür ist im Rahmen der Arbeit mit der Schlüsselmethode, daß die Betroffenen in der leiblichen Gestaltung ihrer Selbstwerdung aus der Schlüsselposition heraus körperlich spürbar erleben können, wie sich das Gefangensein in der negativen Schlüsselposition Körperteil für Körperteil auflöst, wie sie sich mit ihrer eigenen Kraft Schritt für Schritt aufrichten können. In der anschließenden Auswertung wird dann konkret überlegt, was die einzelnen „Schritte" für den Alltag bedeuten können. Natürlich muß dieses fokussierende Erlebnis z. B. durch Aufschreiben der gemachten Erfahrungen, durch Wiederholen der Übung und nicht zuletzt in nachfolgenden Gesprächen ausgemünzt, aufgearbeitet und langfristig auf den Alltag übertragen und hier in entsprechenden konkreten Verhaltensweisen eingeübt werden. Begleitende Gespräche, eine Therapie oder Selbsthilfegruppe können in diesem Prozeß die notwendige Unterstützung, Ermutigung, Korrektur und Wegbegleitung geben.

4.3. Die bewußte Auseinandersetzung mit der eigenen Vergangenheit

Die bewußte Auseinandersetzung mit der eigenen Vergangenheit und den Wurzeln der persönlichen Lebensgeschichte ist ein erstes Grundelement der Schlüsselmethode – ausgehend davon, daß jeder Mensch negative und positive Schlüsselerfahrungen und entsprechend negative und positive Schlüsselpositionen in der frühen Kindheit erworben hat. Da diese frühkindliche Prägung unbewußt durch Imitationslernen und Anpassung geschieht, ist es für den Prozeß der Selbstwerdung wichtig, sich bewußt mit dem Übernommenen auseinanderzusetzen. Sonst besteht die Gefahr, in der eigenen Lebenseinstellung und in den Verhaltensweisen unbewußt abhängig oder gegenabhängig die Einstellungen und Verhaltensweisen der eigenen Eltern bzw. die Lebensprinzipien der Herkunftsfamilie zu wiederholen, somit mehr fremdbestimmt gelebt zu werden als selbstbestimmt das eigene Leben zu gestalten. Ohne eine bewußte Auseinandersetzung mit der Vergangenheit besteht kaum die Möglichkeit, an Hand des bewußt wahrgenommenen elterlichen Lebenskonzeptes, eigene und neue Akzente und Prioritäten im persönlichen Leben zu setzen, was zur Folge hätte, daß die von Mutter und Vater eingeprägten „Lebensmuster" einfach übernommen, und nicht im Rahmen des Möglichen ergänzt und verändert werden. Voraussetzung dafür ist, die eigene Vergangenheit zu kennen und sich mit ihr auseinanderzusetzen. Diese Form der bewußten Auseinandersetzung mit den eigenen, frühkindlichen Schlüsselerfahrungen und den damit korrespondierenden Schlüsselpositionen und Schlüsselworten ist für jede „normale" Persönlichkeitsentwicklung zu empfehlen, gerade auch für bewußt religiös lebende Menschen, weil viele dieser Schlüsselerlebnisse unbewußt ins religiöse Leben übernommen und auf Gott übertragen werden (Frielingsdorf 1992).

Watzlawick vergleicht Menschen, die ohne ein bewußtes Anschauen ihrer Vergangenheit leben wollen, mit einem Betrunkenen, der unter einer Straßenlaterne steht und dort den Schlüssel zu seinem Haus sucht. Auf die Frage, ob er denn sicher sei, daß er den Schlüssel gerade unter der Laterne verloren habe, antwortet der Mann: „Nein, nicht hier, sondern da hinten, aber dort ist es viel zu finster" (Watzlawick 1983, 27). Wenn ich also den Schlüssel zu meinem Leben finden will, dann muß ich auch die finsteren und angstmachenden Zonen meines Lebens, die im unbekannten Dunkel der frühkindlichen Vergangenheit liegen, in die Suche mit einbeziehen. Auf diese Weise kann die Vor-Gabe der Vergangenheit für das aktuelle und zukünftige Leben fruchtbar gemacht werden. Es bleibt also das Ziel und die Auf-Gabe des dynamischen Selbstwerdungsprozesses, sich „bewußt von dieser vergangenen Welt der kindlichen Alp- und Wunschträume mit ihren emotionalen Verstrickungen zu trennen, um jenseits der symbiotischen Verhaftung ein selbständiges und eigenverantwortliches Leben zu führen" (Frielingsdorf, [4]1993, 175).

In diesem dynamischen Prozeß der Entdeckung der persönlichen Geschichte wird die Identitätsfindung und Selbstwerdung über eine individualistische Verengung in einer punktuellen Hier-und-Jetzt-Befriedigung hinausgeführt in eine prozeßhafte Selbstverwirklichung auf Zukunft hin. Hier wird eine Akzeptanz und Treue zu sich selbst und der eigenen Lebensgeschichte sichtbar, aus der dann auch eine veränderte Zukunft hervorgehen kann, die ihre Wurzeln in der bewußt gewordenen Vergangenheit hat.

4.4. Die fünf Phasen in der Auseinandersetzung
mit der eigenen Vergangenheit

Die *Vergangenheit* bis zum jetzigen Augenblick gehört unwiderruflich zu unserem Leben, wie immer sie auch verlaufen ist. D.h. wir können sie mit keinem Mittel verändern oder gar ungeschehen machen, auch wenn wir das gerne möchten. Die psychischen Erfahrungen der frühen Kindheit haben sich tief in uns eingeprägt, besonders die negativen Schlüsselerfahrungen. Mögen wir diese noch so geschickt verdrängen, die Erlebnisse der frühen Kindheit können uns in den unbewußten Übertragungen auf ähnliche Situationen (Wiederholungen) immer wieder einholen und zu Störungen und Krisen im aktuellen Leben führen. Deshalb ist das Bewußtmachen und Wahrnehmen des vergangenen Lebens, das größtenteils im Dunkel des Unbewußten liegt, ein erster wichtiger Schritt, um von den aus kindlichen Ängsten geborenen Überlebensstrategien loszukommen und zu einem freien und „erwachseneren" Leben zu finden.

Als Orientierungsrahmen für die Auseinandersetzung mit der Vergangenheit hat sich das modifizierte *Fünf-Phasen-Modell* bewährt, das M. und D. Linn von Kübler-Ross übernommen haben. Es kann den Betreffenden helfen, sich emotional in dem oft langwierigen und komplexen Prozeß der Vergangenheitsbewältigung besser zurechtzufinden. Die fünf Phasen sind: Die Wahrnehmungs-Phase bzw. die Nicht-wahrhaben-wollens-Phase, die Zorn- und Aggressions-Phase, die Verhandelns-Phase, die Trauer-Phase und die Zustimmungs- und Versöhnungsphase. M. und D. Linn verweisen vor allem auf psychosomatische Erkrankungen, die sich z.B. als Folge einer mangelnden Auseinandersetzung mit Zorn und Schuld einstellen (M. und D. Linn 1984, 95–207).

Die einzelnen Phasen sind oft unterschiedlich lang und intensiv, manchmal ineinander oder vor- und zurückgehend. Da die Arbeit an der Vergangenheit immer in einem lebendigen Prozeß geschieht, in dem viele verschiedene Erfahrungen wechselseitig interagieren, können sich auch einzelne Verwundungen in unterschiedlichen Phasen des Heilungs- und Versöhnungsprozesses befinden. So kann z.B. die Versöhnung mit einer bestimmten Erfahrung Voraussetzung für die Wahrnehmung einer tieferen Verletzung sein.

Ein Beispiel: Herr M., ein 32jähriger Lehrer, nennt als sein persönliches Schlüsselwort „verflucht". Dahinter verbergen sich für ihn viele differenziert zu benennende Verletzungen, u. a.: mißbraucht, letzter Dreck, unnütz, überflüssig zu sein. In seinem Alltag werden diese Verwundungen je nach Situation auf unterschiedliche Weise neu berührt, und seine Reaktion darauf zeigt, wo er im Heilungsprozeß der einzelnen Verwundungen steht, ob z. B. in der Aggressions- oder Depressionsphase oder gar erst in der Wahrnehmungsphase. Diese Differenzierung zeigt sich deutlich in der körperlichen Gestaltung der Schlüsselposition auf dem Weg zum Selbstand. So stellt Herr M. in einer Situation seinen momentanen Stand im Heilungs- und Selbstwerdungsprozeß auf beiden Fersen hockend, in einer anderen Situation mit einem Knie kniend und auf einem Fuß halb stehend dar. In einer für ihn sicheren Situation des Alltags erfährt er sich mit beiden Füßen auf dem Boden stehend; in einer anderen, nicht aufgearbeiteten und immer noch verletzenden Situation liegt Herr M. auf dem Rücken, halb der Wand zugewandt. Diese differenzierte Darstellung macht deutlich, daß in unterschiedlichen Situationen, wo bestimmte „alte Verletzungen" Gefahr laufen, neu schmerzhaft berührt werden, unterschiedliche Haltungen eingenommen werden, die bestimmte Schritte auf diesem Heilungs- und Selbstwerdungsprozeß darstellen und die kundtun, welche Schritte in welcher Phase in welcher Situation zu gehen sind.

Für den grundsätzlichen Heilungsprozeß, womit letztlich die Heilung der tiefsten Lebenswunde – ausgedrückt im negativen Schlüsselwort – gemeint ist, gilt: „Wenn die einzelnen Phasen auch nicht streng linear verlaufen, und der Zorn z. B. auch in der Depressionsphase wieder aufflammen kann, so sind die fünf Phasen doch wie Meilensteine auf diesem Weg der Heilung der Vergangenheit. Wer diese Phasen der Vergangenheitsbewältigung bis zur Annahme und Versöhnung – oft in unterschiedlicher Reihenfolge – nicht durchmacht, läuft Gefahr, daß ihn die Vergangenheit unbewußt immer wieder einholt wie eine nicht ausgeheilte Krankheit, die zu einer chronischen Lebensbehinderung führen kann" (Frielingsdorf [4]1993, 172–187).

4.4.1. Die Phase des Wahrnehmens und des Nicht-wahr-haben-Wollens

Für die 1. Phase des *Wahrnehmens und Nicht-wahr-haben-Wollens* ist entscheidend, daß die Betreffenden sich auf den schmerzhaften Prozeß der Wahrnehmung ihrer negativen Schlüsselerfahrungen einlassen wollen und können.

Die Abwehr und die Widerstände sind meist groß, denn es liegt eine jahrelange Phase des Verdrängens und Verleugnens dieser schmerzlichen Schlüsselerlebnisse hinter uns. In der frühen Kindheit haben wir uns mit Überlebensstrategien wie Anpassung und Leistung am Leben erhalten. Ein vielfach bewährter Abwehrmechanismus ist in den vorliegenden Lebensskripts z. B. die Rationalisierung: „Man macht sich vor oder redet sich ein, daß doch alles nicht so schlimm gewesen sei, daß man eine normale Kindheit hatte"; „andere haben im Vergleich viel Schlimmeres erlebt"; „wir sollten eigentlich dankbar sein, weil schließlich alles in Ordnung war". Und doch können wir aus der vielfältigen „Unordnung" des gegenwärtigen Lebens schließen, daß es bei den Betroffenen erhebliche Schwierigkeiten, Störungen und Lebensbehinderungen gegeben haben muß. „Manche greifen auf die bewährten Verhaltensweisen der Kindheit zurück und verschaffen sich die notwendige Anerkennung und Zuwendung durch ein „Mehr" an Leistung, Erfolg, Anpassung, Liebsein, Kuschen, Sich-nützlich-machen, Fromm-sein etc. Andere kompensieren und spülen die verletzten Gefühle und die Wut mit Alkohol, Drogen oder öfters mit feineren „Ausflüchten" wie ein „Mehr" an Arbeit, Essen, Schlafen, Fernsehen, Karriere, Macht etc. herunter. All diese verleugnenden Mechanismen führen je länger je mehr zu einer intensiveren Verdrängung bis hin zu der Einbildung, daß dieser Zustand des Überlebens bereits das endgültige Leben ist" (Frielingsdorf [4]1993, 177 f).

In diesem Prozeß der Wahrnehmung ist die Erstellung des *Lebensskripts* ein erster wichtiger Schritt.

DAS LEBENSSKRIPT

Versuchen Sie an Hand der folgenden Fragen zu erkennen und sich zu erinnern, wie Sie Ihre Mutter/Vater (oder andere wichtige Bezugspersonen wie Großeltern, Geschwister, Tanten, Onkel, Hausangestellte etc.) in der frühen Kindheit erlebt haben.

Die ersten Interaktionen zwischen Eltern und Kind spielen sich in der vor- und nachgeburtlichen Zeit fast ausschließlich auf der unbewußt-emotionalen Ebene ab. Machen Sie sich deshalb bewußt, welche bedeutsamen Einstellungen, Verhaltensweisen und Grundgefühle Ihnen besonders die Mutter und auch der Vater vorgelebt, welche prägenden Schlüsselbotschaften sie Ihnen vermittelt haben. Und versuchen Sie sich zu erinnern und vorzustellen, mit welchen Grundgefühlen Sie damals auf das mehr positive oder negative Verhalten der Eltern reagiert haben.

Auf diese Weise können Sie erkennen, welche Verhaltensweisen, Einstellungen und Werte Sie als Kleinkind internalisiert, welche Stärken und Defizite Sie aus der Herkunftsfamilie übernommen haben. Achten Sie während der nächsten Zeit besonders auf Ihre Träume und schreiben Sie diese auf.

Notieren Sie zuerst kurz die wichtigsten Daten über Ihre Herkunftsfamilie und Ihr Leben.

Schreiben Sie dann auf die linke Seite in der Reihenfolge der Fragen möglichst konkret (mit Beispielen und Schlüsselerfahrungen aus der frühen/späten Kindheit) die wichtigsten Einstellungen und Verhaltensweisen Ihrer Eltern (Mutter und Vater getrennt), und auf die rechte Seite Ihre eigenen aktuellen Einstellungen und Verhaltensweisen.

Wichtige Lebensdaten:

Mutter / Vater	Ich

1. Beschreiben Sie spontan Ihre Mutter/Ihren Vater mit 5–10 für sie typischen Adjektiven. Tun Sie dasselbe für sich selbst.

2. Was hat Ihnen Ihre Mutter/Ihr Vater als Kind am meisten *empfohlen?* Was haben sie Ihnen am strengsten *verboten?* Was ist davon für Ihr jetziges Leben noch relevant?

3. Welche Beweggründe und Gefühle hatten Ihre Mutter/Ihr Vater, als Sie gezeugt wurden? Sind Sie ein gewolltes, ein ungewolltes Kind, ein Wunschkind? Steht am Beginn Ihres Lebens ein klares Ja, Nein oder ein Ja-Nein (Du bist lebens-wert, nicht-lebenswert, lebenswert unter bestimmten Bedingungen)?
Wie reagierte Ihre Mutter/Ihr Vater spontan, als sie zum ersten Mal von Ihrem Dasein erfuhren? (wörtlich niederschreiben)

4. Wie haben Sie damals überlebt? An welche Bedingungen war ihr Leben geknüpft? Z. B.:
– Du darfst nur leben, wenn du dich anpaßt und fügst.
– Du darfst nur leben, wenn du Leistung bringst und Erfolg hast.
– Du darfst nur leben, wenn du deine Gefühle unterdrückst, z. B. Wut, Angst, Haß, Mißtrauen, Schuldgefühle, Freude etc.
– Du darfst nur leben, wenn du still bist, nicht störst.
– Andere Lebensbedingungen: .....

5. Suchen Sie die negative *Schlüsselbotschaft,* die Sie vor oder nach der Geburt von Ihrer Mutter/Ihrem Vater erhalten haben und die noch heute unbewußt Ihr Leben behindert. Versuchen Sie die aus dieser Botschaft entstandene *negative Schlüsselposition* mit den dazu gehörenden Grundgefühlen zu beschreiben, in die Sie sich auch heute noch in schwierigen Situationen zurückziehen, um zu überleben. Versuchen Sie diese Schlüsselposition in einem entsprechenden *negativen Schlüsselwort* zusammenzufassen. (Vgl. Kapitel über die Schlüsselposition). Suchen Sie das dem negativen korrespondierende *positive Schlüsselwort* mit den entsprechenden *positiven Schlüsselbotschaften.*
Versuchen Sie auch die Schlüsselbotschaften, die Schlüsselposition und das Schlüsselwort von Mutter/Vater zu finden und zu beschreiben.

6. Welche Einstellung hatten Ihre Eltern zu *Gefühlen?* Zeigten sie Gefühle, wenn ja, auf welche Weise, z. B. Wut, Freude, Trauer, Angst, Vertrauen, etc.

Welche Gefühle waren vorherrschend?
Wie war das Verhältnis von Urvertrauen und Urmißtrauen?
Konnten Ihre Eltern Schwächen und Fehler eingestehen? Verzeihen? Loslassen?

7. Wie war die *Beziehung Ihrer Eltern?* Z. B. mehr kühl, gespannt, wohlwollend, distanziert, warm, herzlich, kalt, aggressiv, zärtlich, zuverlässig, locker, etc.?
Wie haben Sie Nähe und Distanz bei Ihren Eltern erlebt?
Welche Rolle spielten die Geschwister in Ihrem Leben?

8. Welche Einstellung hatten Ihre Eltern zum *Körper, zur Sexualität?*
Wie sind Sie aufgeklärt worden?
Wie haben Sie Ihre Mutter/Vater als Frau und Mann erlebt? Was haben Sie bei Ihnen über Frau- und Mann-Sein gelernt?
Welche Beziehung haben Sie zu Ihren weiblichen und männlichen Anteilen (anima-animus)? Wie leben Sie diese?

9. Welche Beziehung hatten Ihre Eltern zu positiver und negativer Kritik?
Gaben Ihnen Ihre Eltern mehr *Lob und Anerkennung* oder negative Kritik und Tadel?
Wurden Sie um Ihrer selbst willen geliebt, oder wodurch haben Sie sich die lebensnotwendige Zuwendung als Kind verschafft, erkauft? Z. B. durch Leistung, Liebsein, Anpassung, Erfolg, Krankheit, Verweigerung, Trotz, Aufmüpfigkeit etc.?

10. Welches *Selbstwertgefühl* hatten Ihre Eltern? Waren Sie mehr selbst- oder fremdbestimmt?
Wie verhielten sich Ihre Eltern in Konflikten und Krisen?

11. Was war der *Lebenssinn* Ihrer Eltern?
Welche *Prioritäten* hatten sie? Was war für sie am wichtigsten?
Nennen Sie 5–10 Prioritäten Ihrer Eltern. (Hilfreich hierfür kann das Erstellen einer Zeittafel sein, die den tatsächlichen Zeitumfang für die einzelnen Prioritäten anzeigt und somit Wunsch und Wirklichkeit in diesem Bereich unterscheidet.).

12. Schreiben Sie die wichtigsten *Lebensprinzipien* und *-themen* Ihrer Eltern auf: Z. B. „Leiste was, dann bist du was; erfolgreich sein

ist alles; Arbeit ist das ganze Leben; sei nur für andere da; liebe deinen Nächsten über alles, nur nicht dich selbst; es ist alles sinnlos; genieße das Leben; lebe auf Kosten der anderen; das Leben ist schön und lohnt sich; schaffe es um jeden Preis; halte dich zurück und passe dich an; laß dir nichts gefallen; gelobt sei, was hart macht; wir sind halt Pechvögel; beiß die Zähne zusammen; Gott wirds schon richten; hilf dir selbst, dann hilft dir Gott; das Leben ist nicht zum Aushalten; der Glaube trägt mein Leben; ..."

13. Hatten Ihre Eltern *unterschiedliche Lebensthemen?* Welche ergänzten, welche widersprachen sich?

14. Welche Bedeutung hatte der *Glaube* im Leben Ihrer Eltern? Wie praktizierten sie ihren Glauben?
Waren sie mehr vertrauensvoll, ängstlich, überheblich oder verzweifelt Glaubende?

15. Welche *Gottesbilder* hatten Ihre Eltern, *bewußt – unbewußt?*
Versuchen Sie auch Ihr eigenes unbewußtes Gottesbild zu beschreiben, das mit Ihrer negativen Schlüsselposition korrespondiert.

16. Wie verhielten sich Ihre Eltern als *Eltern?* Waren sie mehr herzlich, großzügig, geizig, zärtlich, distanziert, stolz, grausam, unberechenbar, liebevoll, treu, pflichtbewußt, zuverlässig etc.?

17. Wie *manipulierten* Ihre Eltern Sie und umgekehrt Sie Ihre Eltern?
Z.B. mit Schuldgefühlen, Kritik, Lob, Prügel, falschen Komplimenten, Drohungen, Krankheiten, Sich-Zurückziehen etc.?

18. Was *gefiel* Ihnen an Ihrer Mutter/Ihrem Vater? Was *haßten* und verabscheuten Sie an Ihren Eltern?

19. Fassen Sie die wichtigsten *negativen Schlüsselbotschaften und Einschärfungen* zusammen, die Ihr Leben heute noch am stärksten einschränken und behindern.

20. Welche *Grundeinstellung* hatten Ihre Eltern dem Leben gegenüber? War sie eher positiv oder negativ, lebensbejahend oder -verneinend, versöhnt oder unversöhnt? Was strahlten Sie aus?

21. Wie war der Dreiklang von *Gottes-, Nächsten- und Selbstliebe* bei Ihren Eltern? Welche Liebe kam zu kurz?

22. Welchen zusammenfassenden *Leitsatz (Bilanz)* würden Sie rückblickend über das Leben Ihrer Mutter / Ihres Vaters / Ihr eigenes Leben schreiben? (z. B. als Grabinschrift)

23. Was werden die Leute vermutlich nach der Beerdigung über Ihre Mutter/Ihren Vater/über Sie selbst sagen? Was wünschten Sie sich?

Betrachten Sie jetzt die Antworten auf der linken Seite (Eltern) und vergleichen Sie diese mit denen auf der rechten Seite (Sie selbst) an Hand folgender Fragen:

Welche Einstellungen, Verhaltensweisen, Normen, Lebensthemen, Glaubensweisen, Gottesbilder etc. habe ich unbewußt von meiner Mutter/meinem Vater übernommen? In welchen Punkten *imitiere* ich meine Eltern? Wo verhalte ich mich *gegenabhängig,* d. h. ganz anders als meine Eltern?

Was habe ich bereits *erwachsen* reflektiert und überprüft und dann bewußt von den Eltern übernommen oder für mein Leben umgeändert?

In welchen Punkten möchte ich die Botschaften, Verhaltensweisen und Einstellungen meiner Eltern für mein Leben umschreiben?

So brauchen z. B. die lebensverneinenden Schlüsselbotschaften der Eltern nicht „fatalistisch" hingenommen und wiederholt werden, sondern sie können bewußt positiv umgeschrieben werden. Z. B. kann die Negativbotschaft: „Du sollst nicht leben!" positiv umformuliert werden in: „Ich darf und will leben." Oder die negative Elternbotschaft: „Du bist an allem schuld und verflucht" kann von den Zusagen Gottes her positiv umgeschrieben werden:„Ich bin nicht an allem schuld. Und wenn es Schuld in meinem Leben gibt, dann vergibt mir Gott diese Schuld und nimmt mich barmherzig auf, wie z. B. den verlorenen Sohn. Gott verflucht mich nicht wie die Mutter, sondern segnet mein Leben und er wird auch meinen Eltern gnädig sein." Oder der Leitsatz: „Arbeit ist das ganze Leben" kann umgeschrieben werden in: „Arbeit ist wichtig für mein Leben, aber nicht alles. Ich möchte auch Zeiten der Muße, der Kreativität und der Erholung in mein Leben hineinnehmen".

Das positive Umschreiben der Elternbotschaften muß *bewußt* geschehen, weil unbewußt die verinnerlichten negativen Schlüsselbotschaften vorherrschend bleiben und bei entsprechenden Alltagssituationen von selbst gefühlsmäßig wiederholt werden. „Dieser Teufelskreis der unbewußten Wiederholungen kann nur bewußt durchbrochen und durch eine neue persönliche Lebensentscheidung ergänzt und ersetzt werden, die letztlich auf der Lebenszusage Gottes beruht. Dabei ist es gut, nicht bei einer bloßen Verneinung der Negativbotschaft gegenabhängig stehen zu bleiben. Vielmehr sollte – soweit möglich – der positive Anteil, der in jeder negativen und verneinenden Schlüsselbotschaft und Schlüsselposition steckt, ausdrücklich gesehen und durch eine eigene lebensbejahende Maxime ergänzt werden. Denn das Ziel der Vergangenheitsbewältigung ist ja nicht der Ausschluß, sondern die Versöhnung und Integrierung der unabänderlichen Vergangenheit in das ganze Leben" (Frielingsdorf [4]1993, 107 ff. Hier wird ausführlich auf die einzelnen Fragen des Lebensskripts eingegangen).

Nach diesem Vergleich sollte überlegt werden, welche Punkte in der eigenen Identitäts- und Glaubensfindung schwierig sind, das Leben am meisten behindern, und nicht allein angegangen und aufgearbeitet werden können, um sie dann in Einzelgesprächen oder entsprechenden Kursen zu bearbeiten.

Die weiteren, das Lebensskript ergänzenden Methoden, die in der Schlüssel-Methode angewandt werden, um das Vorbewußte und Unbewußte im erinnernden Wiederholen bewußt zu machen, werden in einem eigenen Kapitel vorgestellt.

4.4.2. Die Phase der „Aggression und des Zorns"

Nach dem Bewußtmachen der Vergangenheit in der Phase der Wahrnehmung beginnt das eigentliche Durcharbeiten vor allem in der zweiten Phase von *„Zorn und Aggression"*. Diese Phase ist für religiös sozialisierte Menschen oft nur schwer zu bewältigen, weil die Widerstände und die Abwehrmechanismen hier sehr massiv sind.

Dafür gibt es einige Gründe: Zunächst wirken sich ganz allgemein die negativen Schlüsselbotschaften im Hinblick auf Gefühle konfliktvermeidend aus: Z.B. „Gefühle soll man nicht zeigen; Gefühle zeigen bedeutet Schwäche; Gefühle sind schlecht; Gefühle sollte man beherrschen; wer Gefühle zeigt, wird ausgenutzt" etc. Oft wurden diese Verbote, Gefühle zu zeigen oder auszuleben über Generationen weitergegeben. In den von uns ausgewerteten Lebensskripts zeigte sich diese negative Einstellung zu den Gefühlen bei fast 78 Prozent der Beteiligten.

Diese Verbote gelten insbesondere für den Umgang mit Wut und Aggression.

Auf die Frage „Welche Botschaften haben Ihnen Ihre Mutter/Ihr Vater im Hinblick auf Wut und Aggression mitgegeben?" gaben 84 Prozent eine negative Antwort. Nicht wenige der Beteiligten hatten das direkte Verbot „zeige keine Gefühle der Wut" indirekt aus der schmerzlichen Erfahrung mit einem unbeherrschten, jähzornigen Vater gemacht, der z. B. betrunken die Mutter und die Kinder brutal geschlagen und mißbraucht hatte. Daraus zogen die Kinder den falschen Schluß: Aggressionen und Wut sind in sich schlecht und zerstörerisch, sie bedrohen den Menschen und sind darüber hinaus aus der Sicht des Glaubens als Sünden zu vermeiden.

Die negativen individuellen Erlebnisse werden noch verstärkt durch die weltweiten Erfahrungen von negativen und destruktiven Aggressionen und Haß, die sich in Kriegen, Gewalt und Verletzung der Menschenrechte äußern.

Diese allgemein ablehnende Haltung gegenüber Wut und Aggressionen wird verständlicher, wenn wir bedenken, daß 74 Prozent der Beteiligten von sich sagen, daß sie unerwünscht oder nicht gewollt sind. Sie haben in den lebensverneinenden Botschaften der Eltern schon zu Beginn ihres Lebens Ablehnung und bedrohliche Aggressionen erfahren. Damals konnten sie sich nicht wehren und überlebten durch ein angepaßtes und passives Verhalten, das sich ihnen inzwischen eingeprägt hat.

Zusätzlich sorgt oft das falsch verstandene 4. Gebot („Du sollst Vater und Mutter ehren, auf daß es Dir wohl ergehe und du lange lebest auf Erden") dafür, daß keine Haß- und Wutgefühle gegen die Eltern aufkommen können, „denen man alles verdankt". So lernen die meisten als brave und liebe Kinder angepaßt ihre Gefühle von Wut und Zorn zu unterdrücken. Die Folge ist, daß die immer noch vorhandenen, unterdrückten Wutgefühle oft selbstzerstörerisch gegen die eigene Person gerichtet werden. Viele „schlucken" Wut und

Ärger so lange hinunter, bis sie sich psychosomatisch äußern: Z. B. in einer Gastritis, in Herzkrankheiten, Asthma, Gallen- und Nierensteinen, Migräne etc. So werden sie häufig im wahrsten Sinne des Wortes zu „armen Schluckern".Weitere Ausdrucksformen von verdrängten und „verschluckten" Wutgefühlen können neben Depressionen auch unterschiedliche Süchte sein: Trunksucht, Arbeitssucht, Tablettensucht, Perfektionismus, Bulimie, Magersucht, Nörgelsucht, verbissenes Schweigen bis hin zur „immer lächelnden Schwester" und dem „lieben Menschen", der es allen recht machen will und sich für alles gebrauchen läßt.

In geistlichen Berufen äußern sich unterdrückte Wutgefühle und Aggressionen nicht selten in einer „negativen Askese" und in einer „falschen Demut", wo Menschen sich um des „Himmelreiches willen" selbst kasteien und in einem „Opferleben" die Wut autoaggressiv gegen sich selbst richten.

Eine andere Ausdrucksform dieses zerstörerischen Umgangs mit unterdrückten Aggressionen und Haßgefühlen äußert sich so, daß die verdrängte Wut an „Unschuldigen" ausgelassen wird. Die ausgewerteten Lebensgeschichten zeigen, daß viele lebensverneinende Täter-Eltern ehemalige Opfer-Kinder sind und in ihrer Kindheit selbst Gewalt und Unterdrückung erlitten haben.

Das „von den Eltern erfahrene Überlebensmodell: ‚Unterdrücke und beherrsche andere, damit du oben bist und überlebst', wird zwar aus der eigenen schmerzhaften Erfahrung abgelehnt, aber oft genug im Erwachsenenalter an den eigenen Kindern und ‚Untergebenen' reaktiviert. Die Betroffenen wiederholen entweder die angepaßte Schlüsselposition des abgelehnten Kindes, das seine Wut- und Haßgefühle unterdrücken muß und als ‚liebes Kind' überlebt, oder sie wiederholen die Rolle der mächtigen Eltern, die ihre vernichtende Wut an den Schwächeren auslassen ..." Ein solcher Umgang mit den Wut- und Haßgefühlen dient erneut dazu, die negativen Elternbotschaften „Du bist nicht lebens- und liebenswert" tiefer zu verinnerlichen und den Haß und die Wut, die ursprünglich den Eltern galten, mal wieder gegen sich selbst zu richten und damit die negativen Elternbotschaften zu ratifizieren und die Schlüsselpositionen zu besiegeln. „Hier entstehen die vielen Märchen von einer glücklichen Kindheit mit einem ‚lieben Gott' bei ‚Hänseln und Greteln', die die Hexe eigentlich verbrennen möchte." (Frielingsdorf [4]1993, 132 f)

In der Arbeit mit der Schlüsselmethode können diejenigen, die ihr Leben aus dem Glauben gestalten, gerade auch die Anteile der Vergangenheit mit Gott in Berührung bringen, die aus der Beziehung mit Gott bis dahin meist herausgehalten wurden. Fast immer sind es die schweren und schmerzlichen Anteile des Lebens und der Vergangenheit. Es ist sinnvoll, in der „Aggressionsphase" diesen Schritt der Auseinandersetzung mit Gott zu setzen, „denn schließlich hat er mir dieses schlimme Leben ‚eingebrockt', und er hat gewußt, was das für mich bedeutet". So sagen viele und verspüren dabei eine starke Wut auf diesen „ach so menschenfreundlichen Gott".

In einer solchen positiven Auseinandersetzung mit Gott kann dann die persönliche Gottesbeziehung geklärt werden, d. h. unbewußte Übertragungen aus der Kindheit auf Gott hin können aufgedeckt und eine bewußte Glaubensentscheidung vorbereitet werden. Darüber hinaus bewirkt eine bewußte und aggressive Auseinandersetzung mit Gott, daß die unbewußten Gottesbilder auf ihre lebensbehindernden Mechanismen hin entlarvt und ihr bisheriger Einfluß überprüft und korrigiert werden kann. Diese unbewußten, dämonischen Gottesbilder entwickeln sich in der frühen Kindheit korrelativ zu den negativen Schlüsselpositionen. Sie übernehmen häufig die negativen Schlüsselbotschaften der Eltern, z. B. „Du bist nicht lebenswert, nicht liebenswert" oder „Du darfst nur leben, wenn Du ..." (Vgl. dazu Frielingsdorf 1992, 91 ff, wo ausführlich die Entstehung und Entlarvung der dämonischen Gottesbilder beschrieben ist.)

Natürlich sind die Widerstände, mit Gott in eine aggressive Auseinandersetzung zu gehen, groß. Denn meist taucht die Frage auf: „Ist es nicht sündhaft, die Fäuste gegen Gott zu erheben, sich mit ihm anzulegen"? In diesen Fällen ist es ratsam, die Betroffenen an Hand der Bibel, z. B. des Buches Ijob, der wütenden Martha (Lk 10,38 ff) oder des Gleichnisses vom verlorenen Sohn (Lk 15, 11 ff) zu ermutigen, sich mit Gott aggressiv auseinanderzusetzen, sich Ihm mit den realen Haß- und Wutgefühlen anzuvertrauen, sie Ihm zuzumuten. Der folgende Wut- und Anklagebrief (einer 51jährigen Ordensschwester) zeigt die Möglichkeit einer mutigen und heilsamen Auseinandersetzung mit Gott über das vergangene Leben.

„Hörst du,
das Bild meines Gottes ist zerbrochen –
das Bild meines Gottes – nicht mehr wie es war ...
Oder ist es doch wahr ...
so grausam und kalt, so beherrschend und zertretend?

Das Bild meines Gottes!
Wie hatte ich mich daran gewöhnt,
hatte es fest eingeprägt in meinem Herzen,
hatte danach gelebt in Angst und Furcht ...
Gelebt?!
Nein
vegetiert,
still-gehalten,
der Erde, dem Dreck gleich,
der zertreten wird.
Nicht einmal eine Träne habe ich darüber vergossen.
Nicht ein Lied der Sehnsucht singe ich ihm nach,
diesem Bild meines Gottes.

Nicht Phantasie und Traum ließen es mich zeichnen,
nicht Lebens-ferne,
sondern
das Leben selbst ... mein Leben,
das, was mich prägte im Schoß meiner Mutter,
in den Armen meines Vaters:
gebraucht,
mißbraucht,
benutzt,
„geliebt" – aber nicht um meiner selbst willen.
Das waren die Farben,
mit denen es gezeichnet wurde ...
und Grau in Grau paßt es sich meinem Lebensgefühl an:
Der letzte Dreck zu sein!

Da war kein spürbarer Gott,
nur dieses Bild,
dem ich jetzt, nach langen Jahren entgegenblicken kann.
Endlich wage ich es auszudrücken,
was mich schon so lange innerlich quält.

Und siehe, es zerbricht, das Götzenbild meines Lebens.
Es zerbricht, ehe ich zerbreche ...
vor Scham- und Schuldgefühl!
Das Bild des tönernen Tod-Gottes zerbricht,
sobald ich mein Leben annehme
und nicht meinen Tod.
Es zerbricht
beim Aufschrei über den Schmerz meiner Lebenswunden,
all der ungeweinten Tränen
all der verborgenen Sehnsüchte ...
Es zerbricht
trotz der Angst: ein Mensch zu sein,
und kein lebloser, unbeachteter Dreck!

Wenn das mein Leben ist:
Wo ist dann der wahre Gott meines Lebens?
Wenn das auch mein Leben ist:
Verwundbarkeit,
Schwäche,
Leidenschaft ...
dann zeig' mir,
wer DU bist, mein Gott!
Wer bist DU in mir?

In der Tiefe meines Herzens
war immer die ahnende Gewißheit,
daß DU ein Gott des Lebens bist,
daß Du mich zum Leben und Lieben
berufen hast.
Laß mich Dich
in meiner Todesnot
doch spürbarer erfahren,
DU GOTT MEINES LEBENS".

Dieses „Hadern mit Gott" ist notwendig und wirkt sich befreiend und entlastend auf dem Weg zur Vergebung und Versöhnung mit dem eigenen Leben aus, wozu für Glaubende auch die Versöhnung mit Gott gehört. Eventuell auftretende Schuldgefühle sind nicht vom „guten Geist" und nicht gerechtfertigt, sondern ebenso Auswirkungen einer „dämonischen Gottesvorstellung", die Zweifel an Gott und Hadern mit Gott nicht zuläßt.

Noch ein Hinweis zum *methodischen Vorgehen* in der Phase der „Aggression und des Zorns":

Ein erster Schritt ist die Einsicht, daß Aggressionen (hergeleitet von: aggredi = auf jemanden zugehen) zunächst positiv und nicht in sich schlecht sind. Die so verstandenen Aggressionen bergen Energien, die Beziehungen schaffen. Sie können sogar als eine Vorstufe von Freundschaft und Liebe bezeichnet werden. Aggressionen setzen Lebenskräfte frei und führen zum Fort-Schritt, wenn sie konstruktiv eingesetzt werden. Ohne Aggressionen kann es keine Progression, keinen Fortschritt geben. Aggressionen werden erst dann zu einer negativen Kraft, wenn die ihnen innewohnenden Energien unkontrolliert, gewaltsam, unterdrückend und zerstörerisch gegen andere oder gegen sich selbst eingesetzt werden.

Ein zweiter Schritt besteht in der Beantwortung der Fragen des Lebensskripts nach den jeweiligen Schlüsselbotschaften über Gefühle allgemein oder speziell über Aggressionen und Wut. Wenn diese Botschaften und die entsprechenden Verhaltensweisen bewußt gemacht sind, können sie in einem weiteren Schritt nach eigener Einsicht und Entscheidung umgeschrieben werden in entsprechende Erlaubnisse für angemessene Aggressionen.

Darüber hinaus kann ich mir dann bewußt machen und aufschreiben, was mir Mutter und Vater in der Kindheit „angetan haben", wo sie mich meinem Erleben nach verletzt und mein Leben behindert haben. Diese bewußt gemachten Erlebnisse und Erfahrungen können dann in einem fiktiven Wut-Brief an Mutter und Vater niedergeschrieben werden, der, wenn möglich, in der Einzelberatung oder in der Gruppe vorgelesen wird. Dieser Schritt ist hilfreich in der Auseinandersetzung: Denn ich lerne, das, was für mich „schlimm" ist, was mich wütend macht, mit Worten zu benennen, es aufzuschreiben und auszusprechen, mit anderen zu teilen und zu veröffentlichen, was meist als eine Entlastung erfahren wird. In dieser Phase stellen sich oft auch Träume ein, die die aggressive Auseinandersetzung untermauern.

Je nach Situation und Möglichkeit können jetzt in der Gruppe (neben anderen Übungen, wie z. B. der leere Stuhl) *körperliche* Übungen eingesetzt werden, damit die bis dahin weitgehend „rationale

Auseinandersetzung" auf der emotionalen Ebene verstärkt weitergeführt wird. Hierfür haben sich körperliche Übungen bewährt, in denen die Betreffenden sich aus den TeilnehmerInnen eine Mutter/ einen Vater wählen und sich ihnen auf einige Meter Entfernung gegenüberstellen. Mutter/Vater sprechen dann die lebensvernichtenden Schlüsselbotschaften aus (z. B. „Du sollst nicht leben"; „Du bist mein Besitz"; „Du bist an allem schuld" etc.) und die Betroffenen setzen ihre Verneinung der Schlüsselbotschaft oder ihren neuen, positiven Schlüsselsatz dieser Elternbotschaft entgegen. Beide nähern sich, „messen sich mit den Augen" und beginnen miteinander zu kämpfen. Meist sind die Betroffen überrascht, wieviel Kraft sie haben, wieviel Energie sie freisetzen können, um sich für ihre positive Lebensausrichtung, d. h. das eigene Leben einzusetzen, und wie befreiend sie diesen Kampf, das Umsetzen der Energien, erfahren.

Die pastoraltherapeutischen Kurse in Positano (Süditalien) bieten weitere gute Möglichkeiten, Aggressionen zu bearbeiten. Denn hier läuft die aggressive Auseinandersetzung der Betreffenden mit den verhaßten Anteilen der Eltern, die sie verletzt und ihr Leben behindert haben, nicht nur verbal, über Vorwurfsbriefe oder andere indirekte Aggressionsübungen. Hier können in direkten Aggressionsübungen auch körperlich – bis zur Erschöpfung – die Energien freigesetzt werden, die den Aggressionen innewohnen. Dieser „anonyme Ort" weit entfernt von zu Hause, vom Alltag, von Freunden und Bekannten bietet eine Chance, bisher Ungewohntes und mit großen Ängsten und Skrupeln Besetztes einzuüben. So können auch TeilnehmerInnen, denen bisher ein „falscher Glaube" verbot, Wut und Haß zu äußern, stellvertretend mit Steinen auf Felsen (Symbol für die verhaßten Anteile von Mutter und Vater) werfen, Felsbrocken auf großen Steinen zertrümmern, mit Stöcken auf Felsen schlagen, ihre Wut laut hinausschreien etc. Die Art der Aggressionsübung wird von den einzelnen selbst ausgewählt. Für viele ist es „endlich" und zum ersten Mal möglich, die angestaute „blinde" Wut einmal unkontrolliert und ungestraft hinauszuschreien und sich auf diese Weise, unter Assistenz von Gruppenmitgliedern und TherapeutInnen, zu gestatten, den Haß zu äußern, der bisher nur verdrängt in ihnen war. Wegen der großen Widerstände dauert es oft lange, bis eine solche Aggressionsübung möglich ist. Hinzu kommt als starker Aggressionshemmer die Angst, Mutter und Vater in der Tat etwas anzutun, wenn die unbändige „Mordswut" erst einmal herausgelassen wird.

Zunächst werden die körperlichen Aggressionsübungen als sehr befreiend erlebt. Die TeilnehmerInnen spüren, daß sie Kraft haben und sich für ihr Leben einsetzen können. Wenn sie aber am Ende erschöpft als scheinbare Sieger am Strand stehen, machen sie schon bald die Erfahrung, daß der Haß und das symbolische Umbringen der Eltern keine Lösung sein kann. Sie stellen dann oft mit Schrecken fest, daß genau die Eltern(anteile), die sie ablehnen und äußerlich aus dem Wege räumen wollten, im eigenen Innern zu finden sind. „Ich trage sie ja in mir", eine wichtige Erfahrung, die deutlich macht, daß ich diese Energien und das damit verbundene Potential ebenso brutal und destruktiv einsetzen kann wie z. B. die Mutter, die mich totgewünscht hat, oder der Vater, der mich mit Gewalt mißbraucht hat. Die Aggressionsübung war dafür ein gutes Beispiel. Nach dieser Erfahrung ist es möglich, erste Schritte zu einem konstruktiven Einsatz der aggressiven Kräfte zu überlegen und einzuüben, die weiter auf dem Weg zur Vergebung und Versöhnung führen können.

Noch schwerer ist es, die verdrängte Wut *gegen Gott* zu äußern. Meist verbirgt sich dahinter eine unbestimmte Angst, daß Gott mich sofort bestraft, wenn ich die Faust gegen ihn erhebe oder gar Steine auf ihn werfe. Entsprechende körperliche Übungen, z. B. „die Fäuste gegen Gott erheben", zeigen dies deutlich. Sie gelingen meist erst nach einiger Zeit, wenn die Betroffenen einsehen, welches klägliche und falsche Gottesbild hinter dieser Angst eigentlich steckt. Erst dann ist es möglich, vielleicht nach einem entsprechenden Wutbrief, das bisher unbewußt geglaubte Gottesbild als „dämonisches Gottesbild", als „Dämon" zu entlarven, der sich die negativen, lebensverneinenden Elternbotschaften zunutze gemacht hat. Gleichzeitig kann das ergänzende positive Gottesbild des Alten und Neuen Testamentes offenbar werden, in dem Gott als ein Gott vorgestellt wird, der mich nicht fallen läßt, wenn ich ihn anklage, und mit dem ich ringen und kämpfen darf, wie es z. B. Ijob und Jakob oder die syrophönizische Frau (Mk 7) getan haben.

Neben der „Faust-Übung" (die Fäuste gegen die Eltern und gegen Gott erheben) hat sich eine andere Aggressions-Übung bewährt, die auch in Positano entwickelt wurde. Nachdem sich die TeilnehmerInnen in Briefen, Rollenkämpfen und anderen Übungen, z. B. durch Werfen von Steinen auf Felsen am Strand, aggressiv mit ihren Eltern auseinandergesetzt hatten, empfahl ich ihnen, die auf die Eltern geworfenen Steine zu sammeln und sie dann ins Meer (symbolisch auf Gott) zu werfen und dabei ihre Wut hinauszuschreien. Gleichzeitig sollten sie beobachten, wie das Meer mit ihren Steinen der Wut und des Hasses umgeht, wie es sie aufnimmt. Die anschließend niedergeschriebenen Erfahrungen ergaben u. a.: „Das Wasser spritzt auf, es entstehen Kreise, die sich verlaufen; das Meer wird wieder ruhig; die Steine versinken in der Tiefe des Meeres, sie gelangen auf den Grund." Diese positiven Erfahrungen ermutigten manche, in diesem Meer Gott zu sehen und damit, ihre Auseinandersetzungen mit Gott in der Gruppe fortzusetzen und so zu lernen, konstruktiv mit Aggressionen umzugehen und den Weg der Versöhnung mit Gott weiterzugehen. (Vgl. dazu auch das Kapitel „Die schwierige Auseinandersetzung mit Gott" in: Frielingsdorf 1992, 45–59).

Die Phase der aggressiven Auseinandersetzung ist oft die schwierigste auf dem Weg der Bearbeitung der eigenen Vergangenheit. Das gilt für das Hadern und das Äußern der Wut- und Haßgefühle gegenüber den Eltern und insbesondere gegenüber Gott. Die Gefahr ist groß, resignierend in die Verdrängung und damit letztlich in die Schlüsselposition zurückzufallen, dort zu verharren und mit der „Wut im Bauch" autoaggressiv und selbstzerstörerisch weiterzuleben. Eine andere Versuchung besteht darin, vorschnell von der Aggressions- in die Trauerphase überzugehen, ohne daß die Wutphase genügend durchlebt ist. Diese sogenannte Trauer ist dann aber meist eine autoaggressive Haltung, eine Depression, d. h. letztlich ein Zurückfallen in das negative Lebensgefühl der Kindheit, die Schlüsselposition. Die Betreffenden merken selbst meist nicht, daß diese Depressionen Reaktionen auf verdrängte, gegen sich selbst gerichtete Aggressionen sind. Daraus kann sich keine echte Versöhnung, sondern nur ein sogenannter „fauler Friede" entwickeln. Zorn und Aggression auszudrücken ist eine „heilsame und legitime Reaktion bei seelischer Verletzung, wie Schmerzempfindung und -äußerung bei einer körperlichen Verwundung" (Linn 1984, 122).

4.4.3. Die Phase des Verhandelns

Die dritte Phase, die „*Verhandelnsphase*", beginnt in dem Augenblick, wo sich die Wut langsam erschöpft, weil sie zunächst als genügend ausgedrückt erlebt wird (z. B. in Vorwurfsbriefen, in aggressiven Rollenspielen, körperlichen Aggressionsübungen). Langsam wird spürbar, daß Zorn und Wut nicht mehr die antreibenden Energien sind, die weiterbringen auf der Suche nach dem eigenen Leben. Ein neuer Schritt bahnt sich an. Nachdem die Wut mehr und mehr „verraucht" ist, erscheint die negative Vergangenheit in einem klaren Licht. Die Betreffenden können sie jetzt objektiver und indifferenter ansehen. Sie beginnen zu verhandeln, unter welchen Bedingungen sie bereit sind, die Vergangenheit mit ihren Defiziten anzunehmen. „Verhandeln ist ursprünglich eine Mischung aus Zorn (Anklage des anderen) und Depression (Selbstanklage)" (Linn 1984, 136).

In dieser Phase fangen wir an zu verstehen, und es wird deutlich, daß auch die Eltern ihre „schlimme Kindheit" hatten und sie es doch letztlich gut gemeint haben. Der Verhandlungspartner für den glaubenden Menschen ist in dieser Phase neben der Mutter und dem Vater direkt oder indirekt auch Gott, „der mir dieses verkorkste Leben eingebrockt hat". „Ich will mein vergangenes Leben annehmen, wenn du mir ... gibst". Und jetzt werden die Bedingungen genannt, die meist eine positive Veränderung der Kindheit beinhalten: Mehr Nähe, Wärme, Geborgenheit, Vertrauen, Zuwendung, Liebe. Letztlich wird dabei unbewußt von Gott eine andere Kindheit mit einem besseren Vater und einer liebenswerteren Mutter eingeklagt. Das kann sich konkret darin bemerkbar machen, daß Erwachsene mit 50 und 60 Jahren noch wie Kinder versuchen, die in der Kindheit vorenthaltene Zuwendung und Liebe von Mutter und Vater bei Besuchen zu Hause, in gemeinsamen Ferien oder in sonstigen Begegnungen nachzuholen, ein letzter Versuch, der immer wieder zu Enttäuschungen und zum Scheitern führt.

Andere bemühen sich, diese in der Kindheit vorenthaltene Zuwendung und Liebe bei FreundInnen oder EhepartnerInnen in unangemessener Form wie ein Kind zu erhalten – ein Unterfangen, das meist in der negativen Schlüsselposition des Abgelehntwerdens endet.

Im folgenden Brief eines 48jährigen Priesters wird das Verhandeln in seiner Ambivalenz deutlich:

„Guter Gott, ich danke dir, daß ich Dir alles, was mich ärgerlich und zornig gemacht hat, sagen konnte. Danke auch dafür, daß ich jetzt mein unbewußtes, dämonisches Gottesbild von dir, dem wahren Gott, unterscheiden kann. Meinst du nicht auch, daß es nach der langen Durststrecke und Entbehrung von Liebe und Zuwendung an der Zeit ist, daß ich verwöhnt werde, daß du mich spüren läßt, daß du mich wirklich liebst; daß deine Lebens- und Liebesverheißungen nicht nur leere Wort-Hüllen sind, wie ich mich in meiner Schlüssel-position als ,leere Hülle' oft genug fühle? Jetzt habe ich es wohl verdient, daß du mein Leben spürbar mit Deiner Gegenwart und Liebe erfüllst."

Es könnte hinzufügt werden: „Dann bin ich auch bereit, dir und meinen Eltern zu vergeben und meine Vergangenheit anzunehmen".

Hier wird deutlich, daß in dieser Phase die Bereitschaft zur Verge-bung ohne Vorbedingungen noch nicht gegeben ist. Ohne diese Bereitschaft, den Eltern und Gott bedingungslos zu vergeben, ist aber eine Bewältigung der Vergangenheit und eine Versöhnung letztlich nicht möglich.

Im Gleichnis vom verlorenen Sohn offenbart sich die Dynamik des Verhandelns deutlich. „Der jüngere Sohn kehrt zurück und denkt, sein Vater wird mit ihm handeln wollen: Er wird ihn nur dann zurücknehmen, wenn er als Tagelöhner zurückkehrt (Lk 15, 17). Der Vater aber ... nimmt den Sohn bedingungslos an.

Als der Sohn noch weit entfernt ist, läuft der Vater ihm entgegen, umarmt und küßt ihn – selbst wenn der Sohn sich überhaupt nicht geändert haben sollte! Der Vater konzentriert sich weder auf seine eigene Verletzung, noch erwartet er eine Entschuldigung. Er läßt den Sohn nicht einmal seine vorbereitete Beichte ablegen. Der Vater feiert die Wiederkehr des Sohnes ... Er weiß nichts von Ver-handeln, nur von bedingungsloser Vergebung" (Linn 1984, 138). Wichtig ist gerade auch in dieser Phase die unterstützende und engagierte Haltung der Therapeuten und der Gruppe, um wenig-stens jetzt im nochmaligen Durchgehen der schlimmen Erfahrun-gen „korrigierende" positive Erfahrungen machen zu können.

Es hat sich bewährt, die Betreffenden in dieser Verhandelns-Phase die vorgestellte *„ideale Versöhnung"* mit der „bösen Mutter" und/

oder dem „ungeliebten" Vater *leiblich* gestalten zu lassen. Sie setzen sich in einer Beziehungsskulptur mit ihren Eltern auseinander. In dieser Skulptur halten die Mutter bzw. der Vater den Betreffenden die negativen Schlüsselbotschaften der Kindheit z.B. in den ablehnenden Händen, der drohenden Faust, dem erhobenen Finger, dem abgewandten Blick, dem steinernen Herzen, der „kalten Schulter" entgegen. Die Betreffenden werden gebeten, darauf mit einer für sie „stimmigen" leiblichen Geste zu antworten. Oft ist die erste Reaktion: Sie verändern spontan die negative Mutter- oder Vatergestalt, indem sie die Fäuste öffnen, den drohenden Zeigefinger mit Gewalt herunternehmen, den abgewandten Blick in einen zuwendenden oder die kalte Schulter in eine Umarmung verwandeln. Nach kurzem Innehalten und Rückblick auf die Körpergestalt merken sie selbst oder sie werden von der Gruppe darauf aufmerksam gemacht, daß sich die Vergangenheit nicht verändern läßt, sondern daß der zu verändernde Part bei ihnen selbst liegt. Ist eine Gestalt für die Versöhnung gefunden, wird sie ins Wort gebracht und nach der Bereitschaft und den Möglichkeiten der Vergebung befragt. In diesen Szenen sind noch die Widerstände der einzelnen z.B. in abwehrenden Händen, in versteckten Fäusten oder in der Abkehr von der dargestellten „bösen Mutter" oder dem „bösen Vater" deutlich zu erkennen. Auch sie werden soweit wie möglich in Worten ausgedrückt. Von diesem im Augenblick noch mit Widerständen besetzten Ist-Stand auf dem Weg zur Annahme der Vergangenheit der Vergebung aus können mit Hilfe der leiblichen Gestalt die nächsten konkreten Schritte körperlich sichtbar herausgearbeitet werden, die dann über die Trauerphase zur Versöhnung führen. Die Erarbeitung der einzelnen Schritte aus der „Noch-nicht- und Doch-schon-Skulptur" hin zu einer sogenannten idealen Versöhnungsskulptur verläuft ähnlich detailliert wie bei der „Auferstehungs-Übung" aus der negativen Schlüsselposition, wo jede Lösung eines Körperteils (und seien es bei einer geballten Faust die einzelnen Finger) einen eigenen Schritt bedeutet, der bei der konkreten Umsetzung in den Alltag viel Zeit und Raum benötigt.

Es ist hilfreich, in der körperlichen Gestaltung einer „idealen Versöhnungsskulptur mit den Eltern" je persönlich zu sehen und zu spüren, wie konkret Vergebung und Versöhnung sein können: z.B. die Aussöhnung mit der drohenden Hand, die mich geschlagen hat;

mit dem Mutterleib, der mich nicht wollte; mit dem Herzen aus Stein, das mir keine Liebe gab; mit den kalten Brüsten, die mir Nahrung und Wärme verweigerten; mit dem Fuß, der mich weggetreten hat. In diesen leiblichen Übungen ist das Engagement der TeilnehmerInnen in der Gruppe aufgrund der Identifikation sehr groß. Auch überlegen sich die meisten, wie die eigene Versöhnungsszene aussehen könnte. Im körperlichen Gestalten wird ebenfalls der Unterschied zwischen Vergebung und Versöhnung deutlich sichtbar und spürbar.

Allerdings ist – wie die Erfahrung zeigt – das bedingungslose Vergeben nicht leicht für Menschen, die in ihrer Kindheit nicht ohne Bedingungen geliebt wurden und sich die Zuwendung von denselben Eltern verdienen mußten, denen sie jetzt ohne Vorbehalt vergeben sollen. Denn wir neigen dazu, nach denselben Maßstäben zu handeln: „Die anderen und auch Gott müssen uns einerseits Liebe und Anerkennung schenken, wenn wir sie uns verdient haben; andererseits sind wir ebenfalls nur bei einer entsprechenden Gegenleistung zur Liebe und Vergebung bereit. Erst wenn wir die Wiederholungen der kindlichen Lebensweisen bewußt durchkreuzen und die Formen des Verdienen- und Leistenmüssens ablegen, werden wir in der Phase des Verhandelns einen wichtigen Schritt zur Vergangenheitsbewältigung tun können: Die negativen Schlüsselpositionen werden auch in ihren positiven und lebendigen Aspekten erkannt und neu ins Leben eingeordnet" (Frielingsdorf [4]1993, 180).

Selbst wenn in dieser dritten Phase die Einsicht und die Bereitschaft zur Vergebung vorhanden sind, stellen sich in Zeiten der Belastung und in Krisen oft wieder die gewohnten Verhaltensweisen und Mechanismen ein. Daran wird deutlich, daß das Fundament hierfür noch nicht ausreichend trägt und an verschiedenen Stellen einbricht. Dann halten viele erneut „Gott und der Welt" anklagend ihr schwieriges Leben vor oder kehren in die Verdrängungsphase zurück. Normalerweise endet die Verhandlungsphase, wenn die Betreffenden genügend erfahren und eingesehen haben, daß sie bei allen Bemühungen ihre „schlimme Kindheit" nicht ungeschehen machen oder die Vergangenheit irgendwie verändern können.

4.4.4. Die Phase der „Depression und Trauer"

Wird „Depression" körperlich als Skulptur gestaltet, dann entsteht meist eine am Boden kauernde, liegende, hockende oder kniende Gestalt, den Kopf in den Schoß oder zwischen den Knien versenkt, in sich selbst gefangen, ohne Öffnung und Ausblick, in einer Art „Nabelschau" auf sich selbst fixiert. Sie wird oft erlebt als geschlossene, in sich selbst verstrickte Ich-Haftigkeit.

Solche depressiven Phasen entstehen als Reaktion auf die Einsicht: „Das bisherige Leben ist unwiderruflich vorbei, es läßt sich nichts daran ändern". In diesen Momenten kann noch einmal die anklagende Wut in Form von Selbstvorwürfen aufkommen: „Hätte ich doch", „wäre ich doch früher" etc., oder die dunkle Wolke der Depression läßt uns resignieren, „weil in meinem Leben im Zweifelsfalle doch alles schief läuft", „Ich merke, daß jede Seite meines Bettes die falsche Seite zum Aufstehen ist – und daß ich daher am besten liegen bleibe" (Linn 1984, 154 f).

Nicht selten erfolgt in dieser Phase eine Regression in die negative Schlüsselposition der Kindheit: „Ich bin nicht lebens- und liebenswert."

Es besteht die Gefahr, sich bei einer entsprechenden Disposition in dieser depressiven Phase einzurichten und sich wie ein hilfloses Kind versorgen zu lassen: Manche gehen in die Helferrolle z.B. eines sozialen Berufes, der Gelegenheit bietet, die Erfüllung eigener Wünsche in anderen mitzuerleben. Hier kann dann für andere energisch all das gefordert werden, „was ich für mich nie verlangen würde". Diese Gefahr der Regression ist besonders dann gegeben, wenn die Betroffenen die zweite Phase der Aggression affektiv nicht wirklich durchlebt haben. Das kann zu einer depressiven Grundeinstellung führen, in der sie die Auseinandersetzung – trotz äußerlicher Bemühungen – innerlich aufgeben nach dem Motto: „Ich bin halt von meiner Vergangenheit her so geprägt und mache es lieber so, wie ich es immer gewohnt war." Das bedeutet: Sie verharren in ihrer altbekannten Schlüsselposition. In diesen Fällen sind Menschen oft jahrelang „grundlos" traurig und wissen nicht, warum sie ständig weinen müssen. Aus dieser Sackgasse der Depressionen und des Selbstmitleids kommen sie nur heraus, wenn sie in einer bewußten Auseinandersetzung lernen, ihr vergangenes Leben

Schritt für Schritt anzunehmen und wenn sie Erbarmen und Vergebung für sich selbst und die eigenen Schwächen entwickeln, die für gläubige Menschen letztlich im Glauben an die Barmherzigkeit Gottes begründet sind.

Für den persönlichen Fortschritt ist es wichtig, sich bewußt in den Prozeß der Trauer über die schmerzliche Vergangenheit, die nicht mehr zu ändern ist, einzulassen, sich aber nicht in dieser Trauer depressiv zu verlieren.

„Trauer" unterscheidet sich von Depressionen insofern, als hier die Vergangenheit gezielt und in einer gewissen Zeit (Trauerzeit) betrauert wird, um sie dann zu „lassen". Gerade für depressiv veranlagte Menschen ist diese Unterscheidung wichtig, damit sie nicht Gefahr laufen, zu resignieren und voll Selbstmitleid in die Märtyrerrolle zu flüchten und schließlich in die negative Schlüsselposition der Kindheit zurückzufallen.

Ein wichtiger Schritt auf Vergebung hin ist der Versuch, sich in die Eltern hineinzudenken und -zufühlen und sie aus ihrer je persönlichen Lebensgeschichte her zu verstehen, die oft Parallelen zum eigenen Leben aufweist. Als hilfreich hat es sich erwiesen, wenn ich mich in Mutter/Vater hineinversetze und einen Brief der Mutter/des Vaters an mich selbst formuliere. Als Einstieg kann der "leere Stuhl" dienen, auf den ich mich als Mutter/Vater setze und mich mit mir als Kind unterhalte. Anschließend kann ich dann schriftlich ausdrücken, was ich Mutter/Vater vergeben muß und wofür ich ihnen danken möchte.

Es ist leichter, Mutter und Vater die schlimmen Verletzungen der Kindheit zu verzeihen, wenn ich selbst erfahren habe, wie heilsam es ist, wenn Menschen mich so annehmen, wie ich bin, mit allem, was mich ausmacht, auch mit meinen sogenannten „Macken". Es ist eine wohltuende und befreiende Erfahrung, wenn Menschen mir verzeihen, nachdem ich sie verletzt habe. Für einen gläubigen Menschen kann es zu einer tiefgreifenden Erfahrung werden, daß Gott mich bedingungslos annimmt und wie sehr er mich auch als schwachen und sündigen Menschen liebt und mir immer wieder neu vergibt.

Vielen hilft die gläubige Einsicht, daß alles auf Erden, also auch meine schmerzhafte Vergangenheit, erlöst ist, daß Gottes Herz größer ist als alle menschliche Schuld, und daß er auch den Eltern verzeiht. Dieser Rückblick mit der Dankbarkeit für die Erfahrung der Vergebung durch andere Menschen mit den Augen des Glaubens kann dann aus der Trauerphase zur Annahme und Zustimmung führen. *Zwei Übungen* können erfahrungsgemäß diese Schritte hin zur Versöhnung unterstützen.

In der ersten Übung nehmen die Betroffenen ihre Schlüsselposition entsprechend ihrem Schlüsselwort, z. B. „Abfall, Nebensache, leibeigen, weggetreten, Nichtsnutz" etc. auf dem Boden körperlich ein. Sie verweilen darin und spüren ihren Körper bewußt bis zum Boden hindurch (die Hände, die Füße, den Kopf, den Rücken etc.) und damit, wie ihr Körper in dieser negativen Schlüsselposition vom Boden (symbolisch = der Hand Gottes) getragen wird, daß sie nicht ins Bodenlose fallen. Nach einiger Zeit stehen sie – wie in der „Auferstehungs-Übung" – langsam auf, spüren ihrer Kraft nach und nehmen dann ihren „Standpunkt" ein.

In der zweiten Übung gehen die Betroffenen auch wieder körperlich in ihre negative Schlüsselposition und stellen sich dann die Frage: „Wie wäre Jesus einem Menschen in dieser Schlüsselposition Abfall, Nebensache, weggetreten, leere Hülle, Außenseiter" etc. begegnet? An anderer Stelle haben wir ausführlich diese Übung beschrieben: Alle nahmen in der Gestalt Jesu die am Boden liegende, verleiblichte Schlüsselposition spiegelbildlich ein. Die meisten waren tief davon betroffen, daß sich Erlösung und Befreiung so konkret vollziehen, indem der menschgewordene Gott so weit herunterkommt, daß er mir in meiner schlimmsten und schmerzlichsten Lebenssituation nicht nur nahe, sondern gleichförmig wird. Gleichzeitig wurde für die Betroffenen nicht nur im Glauben erkennbar, sondern auch im Glauben leiblich erfahrbar, daß ihre negative Schlüsselposition von Gott her bereits erlöst ist.

Dieses Erlebnis erleichterte vielen Betroffenen wiederum den Schritt in die letzte Phase der Vergebung und Versöhnung. Sie begannen langsam, die positiven Auswirkungen ihrer negativen Schlüsselerfahrungen der Kindheit zu erahnen und zu sehen, daß Leistung, Anpassung, Verlassenwerden, Tod, Entbehrung, Leid, Krankheit, Behinderungen, Schwächen etc. auch positive und heilsame Seiten haben. Auf diesem Wege erkennen die einzelnen in der vierten Phase ihre korrelativen positiven Schlüsselworte tiefer und existentieller als in der ersten Phase des Wahrnehmens.

4.4.5. Die Phase der „Vergebung und Versöhnung"

Die fünfte Phase *Vergebung und Versöhnung* führt zur Annahme des eigenen Lebens und zum Frieden mit den Eltern und Gott und nicht zuletzt mit sich selbst. Jetzt können die schlimmen Schlüsselerfahrungen aus der Kindheit sogar zu fruchtbaren Lebensgaben werden: Denn wer vermag z. B. einen verzweifelten und geschundenen Menschen besser zu verstehen als die, die selbst Angst und Verzweiflung durchlitten haben? Es gibt gerade in den heilenden Berufen viele Menschen, die aus einer versöhnten Auseinandersetzung mit ihrer Vergangenheit die Kraft und den Mut schöpfen, menschlichem Leid auch in schwierigsten Situationen zu begegnen, auf dem Weg mit auszuhalten, mitzuleiden – ohne sich dabei zu verlieren – und die Not auszuhalten und wo möglich zu lindern. Der Prüfstein für die wirkliche Versöhnung und Annahme des vergangenen Lebens ist der positive, liebevolle und heilsame Umgangsstil im täglichen Leben, besonders in der Begegnung mit den leiblichen Eltern.

Dabei gibt es, wie schon angedeutet, einen *Unterschied zwischen Vergeben und Versöhnen:* Allgemein gesagt ist beim Akt des Vergebens mehr der Kopf und beim Akt des Versöhnens mehr das „Herz" beteiligt. Diese Unterschiede lassen sich im körperlichen Gestalten deutlich herausarbeiten. In der Verhandlungsphase wollten viele die bedrohlichen Hände, die Fäuste, die ablehnende Gestalt etc. noch spontan verändern, was natürlich im Hinblick auf die Vergangenheit nicht möglich ist. Dagegen wurde beim Darstellen des Vergebens z. B. die bedrohliche Faust in die eigene Hand genommen: Das bedeutet „ich vergebe Dir". Bei der Darstellung der Versöhnung wurde die „böse Hand" mit der eigenen Hand ans Herz gelegt oder gar geküßt.

Viele Menschen haben durch die Annahme ihrer schmerzlichen Vergangenheit die negativen Schlüsselerfahrungen der Kindheit in heilsames und positives Leben und Handeln in der Gegenwart umgewandelt und das auch den negativen Schlüsselpositionen innewohnende positive Potential lebensfördernd für sich und andere genutzt. So arbeitet die stark körperbehinderte Frau T. aus ihrer versöhnten Schlüsselposition „Mißgeburt" heraus mit großer Überzeugungskraft in einem Dorf für Behinderte. Der zwischen

Vater und Mutter hin und her gerissene Herr Y. mit dem Schlüsselwort „Kitt" sorgt sich als Scheidungsanwalt um Kinder aus geschiedenen Ehen und bemüht sich um Versöhnung der Ehepartner, bevor sie sich scheiden lassen. Ein Priester mit dem Schlüsselwort „ausgesetzt" kümmert sich mit großem Engagement um Flüchtlinge und Asylanten.

Die Zahl der Menschen, die aus einer schmerzlichen und negativ verlaufenen Vergangenheit durch Vergebung und Versöhnung die Kraft schöpfen, das Leid anderer Leidensgenossen zu lindern, ist gerade in den sozialen und pastoralen Berufen groß. Sie sind HoffnungsträgerInnen für alle, die sich auf den Weg zu sich selbst, zu den Menschen und zu Gott machen wollen und lebendiges Beispiel für die Erfahrung: Jeder, der sich versöhnen will, kann an seiner negativen Vergangenheit wachsen, wenn er sie als heilsame, von Gott gegebene Entwicklungschance sieht. Wenn wir uns mit unserer Vergangenheit versöhnt haben, d.h. wenn wir – auch im Glauben – erkannt haben, daß dieses Leben uns von Gott als das beste zugefallen ist, dann können wir diese Vergangenheit für die Gegenwart und Zukunft fruchtbar machen, dem alten Pilgergebet entsprechend:

„Gott, schenke uns Gelassenheit,
das hinzunehmen, was wir nicht ändern können.

Gott, schenke uns den Mut, das zu ändern,
was wir ändern können.

Gott, schenke uns Weisheit,
das eine vom andern zu unterscheiden."

Das eigene Leben wird durch die Vergebung und Versöhnung befreiter und fruchtbarer, nicht zuletzt in einer vertieften Beziehung zu Gott. Zu wandeln und zu erneuern ist nur das, was zuvor wahrgenommen und angenommen ist. Für diese Neugestaltung des Lebens gibt es nach meiner Erfahrung keine Altersgrenze, wenn sich Menschen zu dieser Veränderung und eigenständigen Zukunftsgestaltung entschließen und konsequent diesen Weg gehen.

5. Ziele der Schlüsselmethode

5.1. Bewußte Auseinandersetzung und Versöhnung mit der eigenen Vergangenheit

Ein wichtiges *Ziel* der Schlüsselmethode besteht darin, Menschen durch die bewußte Auseinandersetzung mit der eigenen Vergangenheit in ihrer Persönlichkeitsentwicklung und Selbstwerdung zu helfen, damit sie vom Überleben und Gelebtwerden mehr zu einem eigenständigen Leben kommen. Menschen, die in aktuelle oder phasenbedingte Lebenskrisen geraten, will die Schlüsselmethode Hilfen anbieten, die Mechanismen dieser Krisen zu durchschauen, ihren lebenshindernden Regelkreis da, wo möglich, zu durchbrechen, um aus dieser Krise herauszukommen und den Weg ins eigenständige Leben weiterzugehen. Die Arbeit mit der Schlüsselmethode will die Betreffenden darüber hinaus befähigen, selbst geeignete Maßnahmen ergreifen zu können, um präventiv neuen Krisen vorzubeugen und Reinszenierungen zu vermeiden. Sie will in diesem Selbstwerdungsprozeß die Menschen sensibilisieren sowohl für etwaige Gefahrenpunkte, an denen sich neue, fremdbestimmte Lebens- und Verhaltensmuster verfestigen könnten, als auch für die Offenheit auf eine fortschreitende Wandlung im eigenen Lebensprozeß hin.

So ist die Schlüsselmethode zunächst eine Lebenshilfe für Menschen, die ihren eigenen Lebensweg suchen. Sie will ihnen z. B. mit Hilfe des Lebensskripts, von Einzelgesprächen und Gruppenarbeit helfen, in den ursprünglichen Schlüsselerfahrungen und Schlüsselpositionen ihren eigenen Lebenswurzeln nachzuspüren, um aus diesem Potential von Möglichkeiten und Defiziten ihre Gegenwart und Zukunft selbständig zu gestalten. In diesem Sinne ist die Schlüsselmethode prophylaktisch angelegt, indem sie eine „gesunde" Ablösung aus der Eltern-Symbiose einleitet und eine freie Entscheidung zu einem eigenständigen Leben vorbereiten will. Dabei schließt sie den religiösen Aspekt bewußt mit ein, so daß die je eigene Persönlichkeitsentwicklung mit der religiösen Identitätsfindung eng verbunden ist.

Das Ziel der Schlüsselmethode ist also zunächst, allgemein Hilfen für die Persönlichkeitsentwicklung und speziell für die Auseinandersetzung mit der Vergangenheit und für die persönlichen Lebensentscheidungen anzubieten. Damit kommt die Schlüsselmethode auch einem aktuellen Bedürfnis entgegen. Denn im Unterschied zur traditionell verfaßten Gesellschaft orientiert sich die Wahl der Biographie heute „weit weniger als früher an vorgegebenen Normen, die gesellschaftliche Instanzen aufdrücken und einklagen, sondern an subjektiven Kriterien der Sinnfindung, des individuellen Glücks, der stimmigen Gefühle usw. Der einzelne selbst und nicht irgendwelche äußeren Instanzen entscheidet letztlich darüber, ob sein Leben gelungen oder mißlungen ist" (Müller 1991, 385 f).

So führt die Notwendigkeit der selbständigen Lebensentscheidung und Lebensführung, die immer mehr frei ist von traditionellen Vorgaben, zu einem wachsenden Bedürfnis nach Orientierungshilfen für ein sinnvolles und erfülltes Leben. Für diese Aufgabe einer selbständigen Lebensgestaltung (aus dem Glauben) bietet die Schlüsselmethode vielfältige Hilfen, angefangen von den differenzierten Impulsen des Lebensskripts bis zur Erarbeitung der Schlüsselposition und der entsprechenden positiven und negativen Schlüsselworte. Die Hinführung zu einer größeren Selbständigkeit und einem kritischen Entscheidungsvermögen soll die einzelnen befähigen, sich in unserer pluralistischen Gesellschaft besser zurechtzufinden und Kriterien für das eigene Leben in dieser Gesellschaft zu finden. Darüber hinaus möchte die Schlüsselmethode durch die angestrebte größere Selbständigkeit auch bewirken, daß sich die einzelnen kritisch mit den vielfältigen Lebensangeboten und Werten auseinandersetzen und ihr eigenes Urteil bilden können und daß sie da, wo nötig und möglich, Verantwortung übernehmen, bis hin zur politischen Verantwortung.

Über dieses präventive, therapeutische Ziel hinaus findet die Schlüsselmethode auch Anwendung bei psychischen Lebensstörungen im psychiatrischen Sinne. So hat sie sich z.B. gut bewährt bei neurotischen Störungen, die u.a. aufgrund aktueller oder phasenbedingter Lebens-Krisen auftreten. Hier kann neben dem Lebensskript besonders das Schlüsselwort helfen, die unter dem Druck der Krise entstandenen Wiederholungen und destruktiven Lösungsversuche zu entlarven und konstruktive, verhaltensändernde Maßnahmen zu ergreifen, um nicht immer wieder in der alten Schlüsselposition zu landen. Vor allem bei depressiven und zwanghaften Reaktionen konnten Menschen durch die leibliche Arbeit der Schlüsselmethode gute und heilsame Erfolge in ihrem Heilungsprozeß erzielen. Bei schweren neurotischen oder psychotischen Störungen scheint eine gewisse Grenze der konfrontierenden Schlüsselmethode erreicht zu sein. Wie der Beitrag aus dem psychiatrischen Bereich und andere Erfahrungen von PsychiaterInnen mit der Schlüsselmethode zeigen, läßt sich die Schlüsselmethode aber auch auf die jeweilige Situation zugeschnitten, modifiziert in der Psychiatrie anwenden.

5.2. Einordnung in einen größeren Sinnzusammenhang

Die Schlüsselmethode konzentriert sich nicht auf Teil- und Einzelprobleme oder bleibt bei ihnen stehen, sondern sie versucht, die verschiedenen Mosaiksteine der aktuellen Störung in das gesamte bis dahin erschlossene und sichtbare Lebensmosaik einzuordnen, indem sie die Teilprobleme in einen *größeren Verstehens- und Sinnzusammenhang* bringt.

Die ganzheitlich ausgerichtete Schlüsselmethode beschränkt sich nicht auf vordergründige Fragen und Probleme. Sie versucht, die komplexe Gesamtpersönlichkeit des Menschen in den ganzheitlichen Heilungsprozeß mit einzubeziehen, da sie davon ausgeht, daß die existentiellen Lebensstörungen nur von Grund auf, d. h. von den tieferen Wurzeln der Lebensgeschichte her zu verstehen und zu heilen sind.

5.3. Hilfe zur Selbsthilfe

Die Schlüsselmethode will *Hilfe zur Selbsthilfe* sein, indem sie auf die Selbstheilungskräfte in den KlientInnen vertraut. In der Beziehung der TherapeutInnen zu KlientInnen sollen die Selbstheilungskräfte und die eigenen Möglichkeiten angesprochen, geweckt und begleitet werden. Dabei achtet die Schlüsselmethode die persönliche Freiheit und Würde der einzelnen und vermeidet Abhängigkeiten. Das schließt ein, daß die KlientInnen entscheiden, was, wann, in welchem Tempo und wie bearbeitet werden soll oder nicht, wie lange sie welche Wegbegleitung, Hilfen und Unterstützung wünschen. Die Schlüsselmethode will helfen, die eigene Vergangenheit aufzuarbeiten, die je eigene Schlüsselposition und das persönliche Schlüsselwort zu finden, damit die KlientInnen mit diesem Instrumentarium auf Dauer möglichst selbständig störende Übertragungsmuster und lebensbehindernde Wiederholungen erkennen und vermeiden können. Daher ist der Transfer in das Alltagsleben ein wichtiges Anliegen der Schlüsselmethode.

Die Schlüsselmethode versucht mit einem Minimum an Beratungsstunden auszukommen, die zunächst wöchentlich, dann zweiwöchentlich etc. stattfinden, bis zu der Abmachung: „Wenn Sie Probleme haben, die Sie gern bearbeiten möchten, melden Sie sich wieder." Bei religiös orientierten Menschen kann eine regelmäßige „geistliche Begleitung" weiter den Weg mitbegleiten.

Nach Abschluß der Einzelgespräche, der Gruppenarbeit und der Kurse ist die Möglichkeit einer weiterführenden stützenden Wegbegleitung im Prozeß der Stabilisierung und Veränderung in Form von Selbsthilfe in „Teilhabegruppen" möglich. Es gibt unterdessen mehr als 150 solcher „selbständigen" Gruppen mit 5–10 Mitgliedern, die meist aus Kursgruppen entstanden sind, die sich regelmäßig treffen (monatlich einen Tag oder mehrere Wochenenden im Jahr). Die einzelnen Gruppenmitglieder stehen sich auch in plötzlich auftauchenden Krisensituationen zur Seite und unterstützen sich auf vielfältige Weise. In schwereren Krisensituationen nehmen sie, wenn nötig, weitere Hilfe in Anspruch.

In diesem Zusammenhang ist eine sogenannte *Krisenprophylaxe* bedeutsam, eine „vorbeugende Therapie", die u.a. durch ein „geordnetes Leben" erreicht werden kann: Z.B. ein ausgewogenes Verhältnis von Arbeitszeit und Freizeit, eine regelmäßige „psychische Hygiene", die Zeiten des Zurückgezogenseins, der Ruhe und Stille kennt. Das können für gläubige Menschen Meditations- und Gebetszeiten sein, z.B. jährliche „stille Tage" oder Exerzitien, bei denen das ganze Leben in den Blick kommt, sowie eine regelmäßige persönliche Wegbegleitung oder eine geistliche Begleitung (alle vier bis acht Wochen). Diese und andere „Lebens-Mittel" können helfen, Krisensituationen vorzubeugen oder sie besser durchzustehen.

5.4. Gemeinschaft konstruktiv leben

Ein anderes Ziel der Schlüsselmethode ist es, die einzelnen zu befähigen, mit anderen Menschen im Wechsel von Geben und Nehmen, von Anpassung und Widerstand, von Nähe und Distanz, von Selbst- und Fremdvertrauen *Gemeinschaft konstruktiv zu leben*. Dieses Ziel kann nur erreicht werden, wenn auch die Herkunftsfamilie, das soziale Umfeld, die berufliche Situation etc. im Prozeß berücksichtigt werden. Sonst besteht die Gefahr, daß erlernte Beziehungsmuster, Verhaltensweisen und Vorurteile der Familie und des Umfeldes abhängig wiederholt oder gegenabhängig boykottiert werden. Natürlich geht es hier nicht um eine erschöpfende Analyse der einzelnen Bereiche. Sie werden insoweit mit einbezogen, wie es für das „Wohl" der einzelnen notwendig und sinnvoll erscheint.

Dieser zwischenmenschliche, soziale Aspekt kann gut in der Kombination von Einzel- und Gruppenarbeit, wie sie die Schlüsselmethode anwendet, eingeübt werden. Hier ist es u.a. möglich, das eigene soziale Verhalten in der Gruppe wahrzunehmen, Stärken und Schwächen zu erkennen, Mechanismen und Verhaltensweisen zu überprüfen und destruktive Verhaltensweisen, falls gewünscht und angebracht, zu verändern bzw. neue einzuüben.

5.5. Die persönliche Lebensgeschichte mit Gott in Berührung bringen

Mit dem Begriff der *Mystagogie* (K. Rahner) als Hinführung zu dem Geheimnis „Gott in uns", wird ein weiteres Ziel der Schlüsselmethode für religiös sozialisierte Menschen angesprochen. „Angesichts eines gewissen Objektivierungswahns, in dem sich der heutige Mensch die Welt rationalistisch verfügbar machen will, hält es Rahner für um so wichtiger, daß dem Menschen statt der ideologisierten, verobjektivierenden Indoktrination von Glaubensinhalten gleichsam als Kontrapunkt eine persönliche und individuelle Erfahrung von Religiosität vermittelt wird, von der sich der Mensch in seiner konkreten Existenz angesprochen fühlt" (Haslinger 1991, 60f; vgl. Rahner 1966, 11–31). Wenn die Schlüsselmethode die persönliche Lebensgeschichte mit Gott in Berührung zu bringen sucht, dann geht sie davon aus, daß in jedem Menschen das Bild Gottes zu finden ist, mag es auch noch so sehr unter den aktuellen Problemen verschüttet sein. Entsprechend der Mystik des Ignatius von Loyola, „Gott finden in allen Dingen", versucht die Schlüsselmethode mit den Betreffenden die Spuren Gottes in ihrer persönlichen Lebensgeschichte zu entdecken. Denn der Mensch ist eine Sprache, in die Gott nicht nur übersetzt, sondern aus der er auch herausgelesen werden kann (R. Guardini).

6. Weitere Charakteristika der Schlüsselmethode

Neben dem Erarbeiten der Schlüsselposition, des Schlüsselwortes und der Auseinandersetzung mit der Vergangenheit mit Hilfe des Phasenmodells wollen wir noch auf einige andere Charakteristika der Schlüsselmethode hinweisen: der ganzheitliche Ansatz, das leibliche Gestalten, die Verbindung von Einzel- und Gruppenarbeit sowie die Beziehung zwischen TherapeutIn und KlientIn.

6.1. Der ganzheitliche Ansatz der Schlüsselmethode

Ein wesentliches Merkmal der Schlüsselmethode ist ihr *ganzheitlicher Ansatz*. Der Wunsch nach ganzheitlichem Heilsein entspricht offensichtlich einem Grundbedürfnis des heutigen Menschen, „der auf der Suche nach seinem Lebensglück ist" (Frielingsdorf/Kehl 1990, 7).
Der Schlüsselmethode liegt folgendes Verständnis von „Ganz-Sein" zugrunde:
„Ganz-Sein" (vgl. im Englischen die Ähnlichkeit von: whole, to heal und holy; d. h. im Deutschen: ganz, heilen und heilig) bedeutet in unserem Zusammenhang: als Mann und Frau leben – soweit möglich – mit allem, was ich bin und habe an Leib, Geist und Seele; dieses Potential kreativ gebrauchen und sinnvoll einsetzen in der jeweiligen sozialen, kulturellen und naturalen Umwelt, so daß ich

Erfüllung im Leben finde, dabei aber gleichzeitig in Berührung stehe mit der gesamten Wirklichkeit meines Lebens, d. h. auch mit den Tragödien und Grenzen. Das schließt meine Gebrochenheit und Schwäche mit ein, die mir meinen unverwechselbaren Charakter geben.

Also nicht die Summe der Faktoren macht das „Ganze" aus, sondern zum Ganz-Sein gehören die wechselseitigen Beziehungen des „sowohl-als-auch", die in sich eine Spannung bergen, die Neues entstehen läßt (Lanfermann 1990, 203 ff).

Anschaulich wird dies in den anthropologischen Konstanten menschlicher Identität, die z. B. E. Schillebeeckx näher analysiert und als eine Art Koordinatensystem sieht. Alle Determinanten gehören zur Personidentität des Menschen. Erkrankt irgendeine von ihnen, so zieht das jede andere in Mitleidenschaft. Erfährt eine Heilung, so schlägt sich dies nieder auf alle anderen Determinanten. In dem Prozeß der Selbstwerdung erhält jeder Mensch sein unvergleichliches Gesicht in:

– dem Verhältnis zur menschlichen Leiblichkeit, zur Natur und zur ökologischen Umwelt, sowohl in der aktiven und weltbeherrschenden Dimension als auch in der kontemplativen und erotischen Dimension;

– dem Verhältnis zum Mitmenschen, das auch die universale Mitmenschlichkeit einschließt;

– der Beziehung zu gesellschaftlichen und institutionellen Strukturen;

– der Zeit- und Raumstruktur von Theorie und Praxis, eingebunden in einen geschichtlichen Prozeß;

– dem gegenseitigen Verhältnis von Theorie und Praxis, das eine Dauerhaftigkeit der Welt und des Menschen gewähren muß;

– dem religiösen und parareligiösen Bewußtsein, das sowohl das utopische Element mit einschließt als auch Glaube und Hoffnung;

– der unreduzierbaren Synthese dieser sechs Dimensionen (Vgl. Schillebeeckx 1977, 715 ff).

Unverzichtbar für die ganzheitliche Selbstwerdung des Menschen und für das der Schlüsselmethode zugrundeliegende Menschenbild ist die transzendente Dimension: „Der Mensch ... möchte sich ... stärker erfahren als ein Teil eines ihn übersteigenden Ganzen, die Kluft zwischen der Natur und dem von Menschen Geschaffenen will er verkleinern" (Nientiedt 1987, 27).

Gehen wir vom christlichen Glauben aus, so findet auf diesem Hintergrund die Suche nach Ganzsein, nach Sinn ihre Antwort in Gott, die den „ganzen Menschen" einbezieht. Im Glauben hat der Mensch Anteil an dieser Sinndeutung in dem unendlichen Ja, das alle Formen des Lebendigen einschließt und Einheit unter ihnen stiftet. Wichtig ist in diesem Verständnis, daß nicht der Mensch sich die ersehnte Ganzheit verheißt, sondern daß er nur ganz werden kann in dem von Gott angesagten Heil.

Christlicher Glaube sieht den Menschen in seiner Abhängigkeit von Gott, der ihn erlöst, „ganz und heil" in Jesus Christus. So ist „Ganz-Sein nach christlichem Verständnis nicht das Ergebnis einer elitären Anstrengung, eines Immer-mehr, Immer-tiefer auf dem Weg zu einer vermeintlichen ganzheitlichen Selbstwerdung. Es ist Geschenk" (Nientiedt 1987, 103; Lanfermann 1988, 20–22; 72–76). In der Schlüsselmethode wird dieser ganzheitliche Ansatz u. a. in folgenden Aspekten sichtbar und konkret.

6.1.1. Davon ausgehend, daß eine ganzheitliche, integrative Therapie versucht, den ganzen Menschen mit Leib, Geist und Seele in der Beziehung zu sich selbst, zu anderen, zur Welt und zu Gott in den Blick zu nehmen, stützt sich auch die Schlüsselmethode nicht nur auf die in unserem Kulturbereich überschätzte Vernunft mit dem Idealbild eines „denkenden Menschen". Auch die Gefühle, die Triebe und vitalen Bedürfnisse des Menschen, sein Herz und seine „Mitte" und sein Leib haben ihren Platz im therapeutischen Prozeß.

Meine pastoraltherapeutische Arbeitsweise hat dem entsprechend im Laufe der Jahre einen stärkeren leiblichen Akzent erhalten, da der Körper alle Erfahrungen und die damit verbundenen Gefühle speichert und erinnert. So drücken die Körperhaltung und im besonderen die nonverbale Sprache in Gesten und Mimik sowie die Stimme und z. B. die Augen unverfälschter, d. h. direkter (weil nicht gefiltert durch Reflexion und Wortwahl) das aus, was in der Tiefe eines Menschen vor sich geht. Die Körperarbeit ist hier vor allem für das Erarbeiten der unbewußten, frühkindlichen Schlüsselerlebnisse und im religiösen Bereich für das Erarbeiten der unbewußten Gottesbilder wichtig.

Wie schon beschrieben, bezieht auch der therapeutische Prozeß die verschiedenen Ebenen menschlichen Erlebens auf der Körper-,

Geist- und Gefühlsebene in ihrer Wechselwirkung mit ein. Kurz gesagt verläuft der therapeutische Prozeß in der Regel folgendermaßen:

Durch das Lebensskript und die je eigene Schlüsselposition, die im Schlüsselwort zusammengefaßt ist, wird zuerst versucht, das Unbewußte zu erinnern und bewußtzumachen. Dann wird das abstrahierte Schlüsselwort verleiblicht, körperlich gestaltet, und beim Nachspüren dieser Gestalt kommen die Betreffenden mit den im Schlüsselwort und den Schlüsselerfahrungen vorhandenen Gefühlen in Kontakt. Sie werden spürbar erfahren und damit neu durchlebt.

Nachdem das Schlüsselwort durch den Körper und die Gefühle hindurch erfahren und erlebt worden ist, kann es wieder über das „Sprechen-Lassen" der einzelnen Körperteile und der ganzen Gestalt differenziert und inhaltlich detailliert ins Wort gebracht, und dann im Wechsel von Körperübungen und Bewußtmachen der einzelnen Schritte verändert und ergänzt werden.

6.1.2. Eine heilsame Wirkung übt auch das Einbeziehen der Natur, der Schöpfung, auf den Heilungsprozeß aus. Das erlebe ich intensiv in den seit 17 Jahren stattfindenden pastoraltherapeutischen Kursen in Positano, einer kleinen Stadt südlich von Neapel, in einer wunderschönen Küstenlandschaft (die Italiener nennen sie „die göttliche Küste"), direkt am Meer gelegen.

Das Meer, die Sonne, die prachtvolle Pflanzenwelt, der Wein, die stürmische Brandung, der weite Horizont des Wassers, wo Himmel und Meer sich berühren, laden die Menschen ein, die kleine Welt des „Ich" zu verlassen, die in der Dichte der Arbeit an der eigenen Lebensgeschichte Gefahr laufen kann, den Horizont einzuengen auf die erlittenen Wunden und Verluste – die hier vielleicht zum ersten Mal bewußt und schmerzvoll nacherlebt wurden – und sich darin zu verlieren. Wer sich hier auf das Spiel von Sonne, Wind und Meer einläßt, kann in den ursprünglichen Kräften der Natur gleichzeitig ihre heilende Wirkung erfahren. Wer sich darauf einläßt, kann hineingenommen werden in den Energiestrom des Wechsels von Tag und Nacht, Licht und Dunkel, Wärme und Kälte etc. und gewissermaßen „eins" werden mit dem, was Leben in seiner Ursprünglichkeit und Natürlichkeit ist. Das wirkt heilend, im Sinne von ganzmachend. Gleichzeitig sind Sonne, Wind und Wasser religiöse Ursymbole, von denen es zu lernen gilt und die sich für ergänzende naturale Übungen und Erfahrungen im therapeutischen Prozeß geradezu anbieten.

Zur Veranschaulichung sei eine Übung vorgestellt: *„Gottesbegegnung am Meer"* genannt, bei der schon viele Menschen tiefe Erfahrungen von Vertrauen, Getragensein und Sich-fallen-Lassen (auf Gott hin) gemacht haben. Diese Übung setzt voraus, daß die TeilnehmerInnen für sich selbst die religiöse Ursymbolik annehmen und daß sie schwimmen können: Gott gibt sich in den Symbolen von Wasser, Sonne, Wind etc. zu erkennen. Auf dem Rücken am Strand liegend, dem Boden nachspürend, ist zunächst zu erfahren: Der Strandboden (= die Hand Gottes) trägt mich, so wie ich bin. Ich kann mich dem Boden überlassen. Ich darf mich dem Boden, Gott, anvertrauen. Auf dieser „Grundlage" des Vertrauens (für viele eine existentiell wichtige Erfahrung) kann ich mich langsam erheben, mich auf meine eigenen Füße stellen und Stand gewinnen. Doch auch aus dieser „Standfestigkeit" kann ich mich lösen. Gehe ich dann langsam ins Wasser, kann ich nachspüren und erleben, wie das Meer (Gott) zuerst die Füße, dann den ganzen Körper berührt, umfängt (Ps 139, in dem es von Gott heißt: Du umfängst mich von allen Seiten) und zärtlich umspielt, ohne einzuengen. Wenn ich dann langsam, Schritt für Schritt, den Boden unter den Füßen lasse, kann ich die Erfahrung machen, daß ich nicht, wie vielleicht ängstlich befürchtet, versinke, sondern vom Meer getragen werde. Diese Erfahrung ist allerdings nur möglich, wenn ich den eigenen Stand aufgebe und mich ganz dem Meer anvertraue. Manche wagen nicht, den Boden unter den Füßen zu lassen. Sie bleiben stehen und werden dann von den Wellen hin und her geworfen. Für andere ist die Erfahrung wichtig, sich nicht am Meer, d. h. an Gott festhalten zu können, sondern sich dem Wasser ganz überlassen zu müssen, wenn sie das Getragensein erleben wollen.

Gerade auch körperlich behinderte Menschen haben im Wind, in der Sonnenwärme und im Meer die Nähe und Zärtlichkeit Gottes „leibhaftig" erfahren dürfen. Für manche bis dahin religiös indifferenten Menschen sind diese naturalen, körperlichen Übungen ein erster Schritt auf dem Weg zu einer persönlichen Gottesbegegnung gewesen.

Wie bereits angedeutet, bieten die Kurse in Positano auch die Möglichkeit, daß bei vielen Menschen gestörte Verhältnis zu ihren *Aggressionen* ganzheitlicher zu bearbeiten, d.h. auch körperlich ausagieren zu können. Hier ist es möglich, daß die Beteiligten nach einigen Vorübungen gerade in der Auseinandersetzung mit ihren Eltern und mit Gott die angestaute und verdrängte Wut unkontrolliert und ungestraft herauslassen: indem sie stellvertretend z.B. Steine auf Felsen werfen, Felsbrocken zertrümmern, mit Stöcken auf Felsen einschlagen und die Wut hinausschreien.

6.1.3. Aus den oben genannten Beispielen wird deutlich, daß zum ganzheitlichen Ansatz der Schlüsselmethode auch das *korrelative Verhältnis zwischen Theologie und Psychologie* gehört. Das Zweite Vatikanische Konzil nimmt dazu Stellung: Es kann niemals einen echten Konflikt zwischen der Wahrheit der irdischen Realität und der Realität des Glaubens geben, weil „die Wirklichkeiten des profanen Bereiches und die des Glaubens in demselben Gott ihren Ursprung haben" (Gaudium et spes, 36). D.h. die psychische und soziale Wirklichkeit des Menschen (Psycho-Logik) steht nicht im Gegensatz zur Wirklichkeit des Glaubens (Theo-Logik). Vielmehr korrespondieren diese miteinander.

Dem theologischen Grundsatz entsprechend: „Die Gnade baut auf der Natur auf und vollendet sie" (Thomas von Aquin), gehen wir davon aus, daß die religiösen Erfahrungen und die Glaubensgeschichte des Menschen zutiefst in den natürlichen, alltäglichen Wirklichkeiten des menschlichen Lebens verwurzelt sind. Das bedeutet konkret: Diese „natürlichen" biologischen, psychischen und sozialen Schlüsselerfahrungen wirken sich von Lebensbeginn an auf die religiöse Persönlichkeitsentfaltung aus, so z.B. bei der Entwicklung der Grundeinstellungen zum Leben, der Werte und der Gottesbilder (Frielingsdorf [4]1993, 55 ff). Wir versuchen also im Sinne einer „elementaren Theologie" (Werbick 1987) einerseits die Wirklichkeit des christlichen Glaubens in den konkreten Lebensgeschichten und -ereignissen zu finden. Andererseits möchten wir mit der „Seh-Hilfe" der Humanwissenschaften zur Lösung persönlicher Probleme und sozialer Konflikte beitragen.

6.1.4. Zum ganzheitlichen Ansatz der Schlüsselmethode gehört, daß *lebensgeschichtlich* das *gesamte Leben* des Menschen mit seiner Herkunftsfamilie einbezogen wird. Die Zeugung, die Geburt und die frühe Kindheit, das Jugend- und Erwachsenenalter bis hin zum Alter und Sterben sind für die Persönlichkeitsentwicklung bedeutsam. Die pränatale Phase und die frühe Kindheit spielen dabei eine besonders prägende Rolle, weil das Kind in der Zeit vor und nach der Geburt den Schlüsselbotschaften der Eltern hilflos ausgesetzt ist, da es sich noch nicht damit auseinandersetzen kann.

Das bedeutet für das pastoraltherapeutische Vorgehen im Sinne der Arbeit mit der Schlüsselmethode: Zunächst die durchweg unbewußten, vielfach negativen Schlüsselerfahrungen der Vergangenheit, die sich in einem negativen „Schlüsselwort" kristallisieren, bewußt wahrzunehmen und in einer konstruktiven Auseinandersetzung zu bearbeiten. Erst auf dieser Basis kann ich mich endlich mit meinem Leben versöhnen, das auch die Tragödien und Bruchstellen mit einschließt. Hinter dieser Versöhnung mit der eigenen Vergangenheit steht der Glaube: In unserem Leben gibt es keine Zufälle, sondern Gott hat uns genau diese Lebensgeschichte zufallen lassen, und wir können mit diesem Potential und diesen Defiziten unser Leben gut und frei gestalten.

Gott hat den Schlüssel zu unserem ganzen Leben in unsere persönliche Geschichte gelegt. Es gilt, ihn im „Schlüsselwort" zu suchen, dem „negativen", das uns in schmerzliche Tiefen unseres Lebens führt, und dem „positiven", das unser Leben für die Zukunft erschließen kann.

6.1.5. Aus der Sicht der Schlüsselmethode gehört, wie gesagt, die transzendente Dimension wesentlich zu einer ganzheitlichen Sicht des menschlichen Lebens, das in seiner zeitlichen Begrenztheit gleichsam in die Unbegrenztheit Gottes eingebunden und aufgehoben wird. Zu ergänzen ist: Die christliche Anthropologie geht davon aus, daß Gott den Menschen aus Liebe und in Freiheit nach seinem Bild geschaffen hat, daß er das Leben jedes Menschen bejaht und von Anfang an begleitet und daß er ihn einlädt, sein Leben in der Gemeinschaft mit ihm zu vollenden. Diese Heilsgeschichte Gottes mit dem Menschen umfaßt alle, auch die leidenden, die gescheiterten und versagenden Menschen, die ihre von Gott geschenkten Möglichkeiten nicht so verwirklichen können, wie wir Menschen es uns und ihnen vielleicht wünschen. Gottes Pläne und Ratschlüsse, seine Maßstäbe sind oft andere als unsere. Die Ermächtigung zum Leben von Gott her geschieht also vor aller menschlichen Leistung und Schöpferkraft, vor aller Selbstverwirklichung und Sinngebung durch Menschen.

Es gilt die *positive Grundannahme:* Gott hat den Menschen nach seinem Bild geschaffen. Dieses positive Bild Gottes ist in jedem Menschen zugegen, allerdings oft verborgen unter dem Schutt von Problemen und Unzulänglichkeiten. Das Fazit lautet: Es gibt also letztlich keine „hoffnungslosen Fälle".

6.1.6. Die Schlüsselmethode berücksichtigt neben dem individuellen auch den sozialen Aspekt recht konkret: Einzelhilfe kann nicht ohne Einbeziehung der Herkunftsfamilie erfolgen, in deren Geschichte, Lebensprinzipien und sozialem Umfeld jeder einzelne eingebunden ist. Ebenso gilt es, das berufliche Umfeld mit seinen Ein- und Auswirkungen auf die einzelnen zu berücksichtigen. Informationen darüber werden in der Beantwortung der Fragen des Lebensskripts gegeben, oftmals wichtige Grundeinsichten für die KlientInnen, die ihnen helfen können, ihr sogenanntes „positives und negatives Erbe" der Lebensgeschichte aufzuschlüsseln, es in einem größeren Zusammenhang zu sehen und verstehen zu lernen, um sich damit auseinanderzusetzen und es dann bearbeiten zu können.

Der zwischenmenschliche, soziale Aspekt wird in der Schlüsselmethode vor allem in der *Kombination von Einzel- und Gruppenarbeit* berücksichtigt. Hier ist u. a. die Möglichkeit gegeben, soziales Verhalten in der Gruppe einzuüben bzw. zu verändern in der Beziehung zu einem einzelnen Menschen, zu mehreren Gruppenmitgliedern oder zu einer ganzen Gruppe.

6.1.7. Die Schlüsselmethode bemüht sich, nicht bei Teilaspekten und Einzelproblemen stehen zu bleiben, sondern die einzelnen Phänomene auf ihre tieferen Ursachen und Hintergründe hin zu untersuchen. Sie versucht, die verschiedenen Mosaiksteine z. B. einer aktuellen Störung in das gesamte jeweilige Lebensmosaik einzuordnen, indem sie die Teilprobleme in einem *größeren Sinnzusammenhang* zu verstehen sucht.

6.2. Das leibliche Gestalten

6.2.1. Zum leiblichen Gestalten bin ich vor allem durch die Begegnung mit verschiedenen Körpertherapien und bioenergetischen Methoden gekommen. Wegen der vielfältigen Möglichkeiten, die im Gestalten durch den eigenen Körper liegen, sind andere kreative Methoden wie Malen, Töpfern, Masken bilden etc. zugunsten des leiblichen Gestaltens in den Hintergrund meiner pastoraltherapeutischen Arbeit mit der Schlüsselmethode getreten. Der Leib ist im Selbstwerdungsprozeß gleichsam das Ursymbol der Selbstoffenbarung. „Jede geistige Haltung wird erst voll sie selbst, wenn sie sich im Körperlichen ausdrückt" (Sudbrack 1971, 1–138). Es gibt keine Ganzheit des menschlichen Subjekts ohne Einbezug des Leibes. Die leibliche Gestalt wird zu einem Symbol, zu einer die vielen Elemente umfassenden ganzheitlichen Struktur (Merl 1991, 446–457).

Es ist bekannt, daß menschliche Kommunikation hauptsächlich nonverbal über Mimik, über Blicke, Gesten der Hände, über die Gestalt des gesamten Körpers geschieht. Die „leiblich-gestaltende-Schlüsselmethode" geht, den Erfahrungsmöglichkeiten des Kleinkindes entsprechend, vor allem von leiblichen und emotionalen Erinnerungen aus, was z. B. für das Erarbeiten der Schlüsselposition und das Nacherleben frühkindlicher Schlüsselerfahrungen von Bedeutung ist. Weiter drücken sich in spontanen Gesten und Haltungen des Körpers der Erfahrung nach verborgene Gefühle und innere Haltungen des Menschen unverfälschter, d. h. direkter und differenzierter aus als in anderen Ausdrucksweisen.

6.2.2. Wird z. B. jemand gebeten, das augenblickliche Lebensgefühl, ein existentielles Problem oder das eigene Selbstwertgefühl darzustellen, dann ist oft zu erleben, daß die spontane körperliche Gestalt, wie sie sich gerade z. B. in der Sitzhaltung auf dem Stuhl, der Kopf- oder Handhaltung darbietet, genau dieses existentielle Gefühl, diese Stimmung wiedergibt. Natürlich gilt es dann für die

Betreffenden, von ihrem Körperempfinden her (am besten mit geschlossenen Augen) die Übereinstimmung von leiblicher Gestalt und innerem Gefühl zu überprüfen. Als Hilfe zur Entscheidung können auch andere Gestalt-Formen ausprobiert und die erste Haltung korrigiert werden, bis sie als stimmig erlebt wird.

Nicht selten haben sich die kindlichen *Überlebensstrategien* längst im Gesicht oder der ganzen Körpergestalt eingeprägt. So kann sich die erlernte „Leistungsschiene" in einem „gestreßten Gesichtsausdruck" oder im unruhigen Umhereilen zeigen. Die Überlebensstrategie „Liebes Kind sein" zeigt sich häufig in einem gesenkten Blick oder in einer Zurückhaltung des ganzen Körpers. Gebeugte und hängende Schultern sprechen oft von der erlernten Devise: „Mach dich nützlich. Sei unser Lastesel. Du bist nur etwas wert, wenn du dich nützlich machst." Unterdrückte Gefühle (z. B. Wut und Ärger) können sich hinter einem ständigen Lächeln verstecken. Psychosomatische Beschwerden wie Herzschmerzen, Magen- und Darmleiden, Kopfschmerzen, Nieren- und Gallensteine, Asthma etc. ergänzen die „Sprache", in der der Körper über die seelischen Leiden Auskunft geben kann.

Ähnlich geht es in der Arbeit an der *unbewußten Schlüsselposition*. Ist das jeweilige Schlüsselwort gefunden, so gilt es, diesem Schlüsselwort (z. B. „Abfall, Zufallsprodukt, Füllsel, Nebensache, Puppe, Vorübergehend, Kleingehalten, Muster ohne Wert") im Raum mit dem Körper eine Gestalt zu geben. In den meisten Fällen finden die einzelnen spontan „ihren Platz" im Raum und nehmen ohne Zögern oder mit leichten Korrekturen nach eigenem Ausprobieren ihre Schlüsselposition ein. Manche probieren verschiedene körperliche Gestalten durch, bis sie die für sie passende Gestalt gefunden haben: „Ja, so wie hier in der Ecke liegend fühle ich mich immer wieder". Andere entdecken ihre Schlüsselposition, wenn sie als „Double" für andere Gruppenmitglieder deren Gestalt der Schlüsselposition einnehmen. Längeres Suchen deutet meist darauf hin, daß das eigene, persönliche Schlüsselwort und auch die tiefste Schlüsselerfahrung noch nicht gefunden ist.

Manchmal stellen in der Anfangsphase der Arbeit mit der Schlüsselmethode, z. B. in einem Kurs, alle Gruppenmitglieder häufiger vorkommende Schlüsselworte (z. B. nichts-wert, unnütz, abgelehnt, mißbraucht etc.) dar, um sich auf diese Weise für die Körperarbeit zu sensibilisieren.

6.2.3. Die Erfahrung zeigt, *alle Gefühle, inneren Haltungen und Einstellungen oder Beziehungen sind leiblich zu gestalten.* Wird z. B. Gruppenmitgliedern nach einer Entspannungs- und Körperwahrnehmungsübung die Aufgabe gestellt, für ihr momentanes Gefühl, sei es Trauer, Freude, Wut, Verzweiflung, Sehnsucht etc. mit ihrem Körper eine Gestalt zu finden, dann gibt es soviele leibliche Darstellungen wie TeilnehmerInnen. Ähnliches gilt für das leibliche Gestalten von zentralen Begriffen wie Vertrauen und Mißtrauen, Liebe und Haß, Hochmut und Demut, Schuld und Befreiung u.a.m.

6.2.4. Ebenso ist die *persönliche Gottesbeziehung* mit dem ganzen Körper, sei es im Stehen, Knien oder Liegen vor Gott mit unterschiedlicher Haltung der Hände, des Kopfes, der Augen etc. oder nur mit den Händen, körperlich gut und differenziert darzustellen, vorausgesetzt eine Gruppe kann sich auf eine solche Übung einlassen und ist in der Arbeit der Gestaltung mit dem Körper genügend sensibilisiert. Auch hier kann die jeweilige Gestalt sehr unterschiedlich und differenziert ausdrücken, was im allgemeinen der Reflexion ohne Hilfe der Körperdarstellung kaum möglich ist, da hier auch die unbewußten Anteile mit „zur Sprache kommen". Allein eine offene Hand auf Gott hin kann Bereitschaft, Vertrauen, Gehorsam, Offenheit, Sehnsucht, Fordern, Leere, Ergebenheit, Hingabe, Demut etc. bedeuten, je nach Person und Situation. Eine geringe Drehung der Hand genügt, und dieselbe Hand kann Mißtrauen, Abwehr, Vorbehalt, Verweigerung etc. ausdrücken.
Als ein Beispiel sei auf eine leibliche Übung hingewiesen, mit deren Hilfe die eigene *Gottesbeziehung* bestimmt werden kann (Frielingsdorf 1992 (c), 269–280; weitere leibliche Übungen zur Gottesbeziehung finden sich in Frielingsdorf 1992 (a)). Sie besteht in einer Aneinanderreihung von Grundhaltungen des betenden Menschen Gott gegenüber: stehen, knien, sitzen und liegen vor Gott. Dabei stelle ich mir Gott mir gegenüber vor, möglicherweise in einer vorher festgelegten Haltung, z. B. als barmherzigen Vater mit offenen Armen.
Zuerst nehme ich die Haltung des *Stehens* vor Gott ein. Ich spüre meiner aufrechten Gestalt nach von den Füßen an, die fest auf dem

Boden stehen, über den Körper bis hinauf zum Scheitel, ausgespannt „zwischen Himmel und Erde". Ich begleite meinen Atem im Körper, wie er ein- und ausströmt. Dann spüre ich meiner eigenen Kraft nach, die mich aufrecht stehen läßt, spüre meinem Stand nach und erfahre meinen „Standpunkt". Nun nehme ich meine Arme und Hände wahr, lasse sie zunächst am Körper herunterhängen, hebe dann langsam eine, dann beide Hände und halte sie in den unterschiedlichsten Haltungen Gott entgegen. Ich nehme die Empfindungen bei den einzelnen Haltungen wahr, spüre ihnen nach und mache mir bewußt, was die einzelnen Haltungen bedeuten: Leer, bittend, fordernd, sehnsüchtig, ablehnend, vorwurfsvoll, wütend, liebevoll, erwartungsvoll, resignierend, enttäuscht etc. Anschließend spüre ich nach, welche Haltung meiner Gottesbeziehung zur Zeit am nächsten kommt und was sie ausdrückt.

Dann gehe ich weiter zur Haltung des *Kniens*. Zuerst beuge ich ein Knie. Ich spüre auf dem Weg nach unten nach, wie ich meinen Stand aufgebe, wie ich mich dabei empfinde und was das für mich bedeutet. Ich spüre meiner Beziehung zu Gott in dieser knienden Gestalt nach: Das „Knie beugen" kann Ehrfurcht, Demut, Anbetung, Unterwürfigkeit u.a.m. besagen. Sich auf beiden Knien vor Gott niederknien kann heißen, den eigenen Stand noch mehr aufzugeben, sich stärker festzulegen z.B. in einer anbetenden, ehrfürchtigen Haltung vor Gott. Ich spüre nochmals meiner Empfindung in dieser knienden Haltung nach, bringe sie mit Gott in Berührung und versuche sie als Gottesbeziehung differenzierter durch die unterschiedliche Haltung der Hände auszudrücken. Nachdem ich verschiedene Handhaltungen ausprobiert habe, verweile ich eine Zeit lang bei derjenigen, die meiner Beziehung zu Gott im Knien am nächsten kommt.

Ehe ich meiner Beziehung zu Gott in der Haltung des *Liegens* nachgehe, kann ich sie in einem Zwischenschritt, der Haltung des „*Fersensitzes*", gestalten und dabei mit Hilfe der Handhaltung auch ihr einen differenzierten Ausdruck geben.

Aus dieser knienden bzw. sitzenden Haltung heraus beuge ich mich vornüber, zunächst meinen Kopf, meinen Nacken, dann meinen Rücken, bis meine Stirn den Boden berührt. Dann versuche ich, diese Gestalt mit Gott in Berührung zu bringen. Ich versetze mich in jeden Körperteil hinein und beginne, über diesen Körperteil meine

Beziehung zu Gott in Worte zu fassen. So kann ich mit der Stirn auf dem Boden die Haltung ausprobieren, „Gott die Stirn zu bieten". Oder ich spüre nach, was es für mich heißt, „hartnäckig" oder „halsstarrig" Gott gegenüber zu sein.

Die Haltung mit dem gebeugten Rücken kann ich weiter nach vorn hin auflösen in die Haltung der „Prostratio": Ich liege ausgestreckt vor Gott auf dem Bauch, eine liturgische Haltung, die bei der Priesterweihe oder bei den feierlichen Gelübden von Ordensleuten eingenommen wird. Auch hier spüre ich meinen Empfindungen im Körper nach, frage mich, ob diese Haltung meine „Hingabe" an Gott ausdrücken kann oder nicht. Ich spüre nach, wo sich im Körper Widerstände regen. Dann drehe ich mich aus der Bauchlage in die Rückenlage und versuche, in dieser Körperhaltung meine Beziehung zu Gott nachzuempfinden, vielleicht auf diese Weise die „Hingabe" an Gott. Viele spüren in dieser Rückenlage, daß die „Prostratio" (auf dem Bauch liegen) für sie noch keine letzte Hingabehaltung ist, vielmehr ein „Ja mit Vorbehalt". Erst in Rückenlage ist der Körper mit allen Sinnen, dem Herzen, der Leib-Mitte, der Geschlechtlichkeit offen auf Gott hin. Die „Umkehr" des Körpers von der Bauch- in die Rückenlage führt zur letzten Hingabe in der Kreuzeshaltung, in der beide Arme vom Körper ausgestreckt sind, entweder zu den beiden Seiten oder nach oben.

Ich spüre nach, wie es mir in dieser Haltung ergeht und nehme abschließend jene Haltung aus den verschiedenen Übungen noch einmal ein, die meiner aktuellen Beziehung zu Gott am meisten entspricht. Ich verweile eine Zeitlang darin und versuche, über diese Körperhaltungen mit Gott ins Gespräch zu kommen.

6.2.5. Weiterhin kann – wie schon beschrieben – an Hand der Gestaltung durch den Körper differenziert der sogenannte „aktuelle Stand" der Selbstentwicklung aus der Schlüsselposition deutlich gemacht und in einer kleinen Bewegung der Füße, Beine, Arme, Hände oder im Anschauen der nächste Schritt in der Selbstwerdung klarer werden. Hierfür ist notwendig, daß die Betreffenden versuchen, der Haltung nachzuspüren, sie auf ihre Stimmigkeit zu überprüfen und dann jeden Körperteil „sprechen" zu lassen, was sie empfinden: „Was sagt die Hand? Was sagt der Kopf, die Schulter, der Rücken, der Fuß? Was sagen die Augen?" etc.

6.2.6. Auch in der Arbeit an Beziehungen und Beziehungsproblemen, wie der *Nähe-Distanz-Problematik,* kann die körperliche Gestalt differenziert die Kernfragen und -probleme aufzeigen. Sehr unterschiedlich stellen z. B. Ehepartner oder Freunde den Satz: „Ich liebe dich" oder „Ich mag dich" in einer Beziehungsskulptur dar. Den größten Unterschied in der Selbst- und Fremdeinschätzung der Liebesbeziehung habe ich bei einem Ehepaar erlebt. Der Mann gestaltete den Satz „Ich liebe dich" als innige Umarmung. Die Frau gestaltete denselben Satz, indem sie ihren Mann auf den Rücken nahm und ihn durch den Raum schleppte.

Ein häufiges Beispiel: Eine enge Umarmung wird als Gestalt für die Gesamtbeziehung gewählt. Der Blickkontakt, ein wichtiges Element in Beziehungen, ist in einer engen Umarmung nicht möglich. Meist sind in einer solchen Darstellung die Augen geschlossen oder schauen über die Schultern des anderen hinweg. Wohin? In die Ferne, auf den nächsten Partner, auf Gott, in die Leere? Will in dieser engen Umarmung einer der beiden vorwärts gehen, also vielleicht „Fortschritte machen", geht es nur, wenn der oder die andere rückwärts geht, also „Rückschritte macht". Das wird in dieser Übung leibhaftig spürbar und deutet oft auf eine *Paaridentität* hin, die die individuelle Entwicklung der beiden behindert.

Eine gute Beziehung, in der beide ihren je persönlichen Weg partnerschaftlich gehen können, deutet eine Beziehungsskulptur an, in der beide nebeneinander, „Seite an Seite" stehen, sich gegenseitig an der Hand nehmen oder mit einem Arm um die Schulter oder um die Mitte des anderen und im Blickkontakt die Nähe spüren. Die Skulptur zeigt, daß der Körper der beiden in dieser Beziehungsgestalt frei ist für ein gemeinsames Ziel und der zweite Arm, die zweite Hand frei ist für anderes, für Beruf, andere Menschen und auch für den Partner, z. B. dann, wenn eine enge Umarmung angesagt ist und beide sie mit Lust und Freude genießen wollen, um dann wieder einander freizulassen.

Nur eine offene, freie Beziehung kann dauerhaft sein, weil sie Nähe und Liebe spüren läßt, ohne besitzergreifend zu „klammern". In der gemeinsamen Ausrichtung mit Blick und Körper kann auch Gott als gemeinsames Lebensziel in die Beziehung mit hineingenommen werden und die gegenseitige Liebe auf ihn und seine Liebe hin bezogen werden.

In dieser leiblichen Beziehungs-Übung kann gerade Menschen, die in der Kindheit Nähe und Zärtlichkeit vermißt haben und auf einer ständigen Suche danach sind, was dann oft in einer klammernden Umarmung endet, die Gefahr deutlich werden, alles für den Traum einer „ganz erfüllten Sehnsucht nach Nähe und Liebe zu opfern" bis hin zur Aufgabe der Familie, des Priestertums, des Ordensberufes, des Glaubens oder anderer wichtiger Lebenselemente. Doch dieser Beziehungstraum geht nie in Erfüllung, weil die Vergangenheit nicht korrigierbar ist, die unerfüllten Wünsche und Sehnsüchte nicht erfüllt und Verluste nachträglich nur schwer eingeholt werden können. Außerdem können die Urwünsche nach unendlicher Liebe, Nähe und Zärtlichkeit in der menschlichen Endlichkeit überhaupt und erst recht nicht von *einem* Menschen erfüllt werden. Die Überforderung des oder der anderen („Du bist mein Ein und Alles") zwingt sie oder ihn, auf Distanz zu gehen, und so wird letztlich wieder die Distanz und Ablehnung erreicht, die vielleicht schon in der negativen Schlüsselposition vorgegeben ist.

6.2.7. In der Auseinandersetzung mit der Vergangenheit wird von vielen die *Beziehung der eigenen Eltern* zunächst als „normal und gut" bezeichnet. Versuchen dann die Betreffenden diese so beschriebene Beziehung leiblich in einer sogenannten „Eltern-Skulptur" darzustellen, ergeben sich sehr unterschiedliche Gestalten für dieselbe Beschreibung „normale und gute Beziehung".
In dieser Übung wählen die Betreffenden unter den Gruppenmitgliedern stellvertretend eine(n) Vater/Mutter (eventuell auch Groß-vater/Großmutter) aus und versuchen die Worte „normale und gute Beziehung" in einer lebenden Skulptur darzustellen. Es erstaunt immer wieder, wie mit denselben Worten und Ausdrücken unterschiedliche Erfahrungen und Erlebnisse benannt werden, was aber erst in der Gestaltung mit dem Körper deutlich wird. So stehen für die einen Vater und Mutter nebeneinander und fassen sich locker an der Hand. Bei anderen schauen sich die Eltern an und berühren sich leicht mit den Fingern. Andere stellen dieselben Worte „normale und gute Beziehung" so dar, daß die Mutter im Kreis der Kinder steht oder sitzt und der Vater abgewandt und ohne Kontakt seiner Arbeit nachgeht. Andere sehen in dieser Beziehung Vater und Mutter in einer innigen Umarmung. Eine weitere Version zeigt die Mutter auf dem Stuhl

stehend, dominierend und Anweisungen gebend. Der Vater schaut zu ihr auf oder steht hinter ihr. Manchmal werden auch Vater und Mutter nebeneinander sitzend und sich anschauend dargestellt. Darüber hinaus gibt es noch viele andere Darstellungen dieser sogenannten „normalen und guten Beziehung", letztlich soviele unterschiedliche Gestalten wie es beteiligte Personen gibt.

6.2.8. Wichtig ist bei dieser Methode der körperlichen Gestaltung die anschließende „Auswertung" der Beziehungs-Skulpturen. Dabei versuchen die Beteiligten, die einzelnen Körperteile z.B. Hände, Füße, Kopf, Augen, Finger, Rücken, Hals etc. der betreffenden Gestalt zunächst bewußt wahrzunehmen und ihnen nachzuspüren. Dann gilt es, sich in sie hineinzuversetzen und sie in der „Ich-Form" sprechen zu lassen. Dabei werden die Gefühle, Assoziationen, Erinnerungen und Empfindungen in den einzelnen Körperteilen ins Wort gebracht. Dadurch wird versucht, der „inneren Wirklichkeit" des Dargestellten näherzukommen.

Mit Hilfe des körperlichen Gestaltens können auch die Möglichkeiten und Grenzen von Nähe und Distanz in der Beziehung zwischen TherapeutInnen und KlientInnen oder zwischen seelsorglichen BeraterInnen und Ratsuchenden recht differenziert herausgearbeitet werden.

6.2.9. Fassen wir zusammen: Die Schlüsselmethode ist eine ganzheitlich ausgerichtete Methode, die den eher „abstrakt" zu nennenden Schlüssel-Worten, mit denen wichtige, frühkindliche Erfahrungen, Werthaltungen, Einstellungen und emotionale Überlebensstrategien beschrieben werden, durch leibliches Gestalten ihren unvergleichbaren „Sitz im Leben" des jeweiligen Menschen gibt. Durch das Einlassen dieser Worte in den Körper und das begleitende Nachspüren werden Erinnerungen und Gefühle wach, die der Körper bisher gespeichert hatte und die er oftmals erst jetzt bewußt werden lassen und freigeben kann. Diese Gefühle werden in den einzelnen Körperteilen wahrgenommen, nachgespürt und anschließend verbalisiert, indem sich die Betreffenden in die einzelnen Körperteile hineinversetzen und versuchen, sie sprechen zu lassen: ein wechselwirksamer, inkarnatorischer Kreislauf, der versucht, die Wirklichkeit des betreffenden Menschen, soweit möglich, zu erkennen und anzugehen.

6.3. Die Verbindung von Einzelgespräch und ergänzender Gruppenarbeit

Die Schlüsselmethode verbindet die Einzelgespräche mit einer ergänzenden Arbeit in der Gruppe, sei es ambulatorisch oder in Kursen. Folgende Gründe hierfür sollen kurz benannt werden.

Allgemein bietet eine Gruppe, in der eine vertrauensvolle Atmosphäre gewachsen ist, einen idealen Rahmen und Hintergrund für eine therapeutische Arbeit mit einzelnen. Neben der Einzelarbeit und der Beziehung zwischen TherapeutInnen und KlientInnen sind in der Gruppe erfahrungsgemäß Gespräche der Gruppenmitglieder untereinander gleich wichtig, ja manchmal sogar entscheidend im therapeutischen Prozeßverlauf. Natürlich ist immer sorgfältig zu unterscheiden, welche Fragestellungen und Probleme besser in einer Gruppe und welche nur in einem Einzelgespräch bearbeitet werden können, u. a. aus Diskretionsgründen.

Das Lebensskript wird z. B. von den einzelnen GruppenteilnehmerInnen erstellt und zunächst in Einzelgesprächen mit einem Therapeuten oder einer Therapeutin besprochen und bearbeitet. Geht es weiterführend darum, die Erkenntnisse der Vergangenheit leiblich darzustellen, z. B. in einer Elternskulptur, in der Schlüsselposition, in Schlüsselbotschaften und -erfahrungen, dann ist eine zusätzliche Gruppe hilfreich und notwendig. Die entsprechenden Rollen von Mutter und Vater, Geschwistern oder anderen Bezugspersonen werden dann von den Gruppenmitgliedern stellvertretend übernommen, wobei sie in diesen Rollen oftmals wichtige eigene Erfahrungen machen, bezüglich ihrer persönlichen Schlüsselposition, aber auch im Hinblick auf ihre Mutter- und Vateranteile. Deshalb ist es empfehlenswert, wenn die in bestimmte Rollen gewählten TeilnehmerInnen nach der Übung mit den Betreffenden sprechen, warum er oder sie gerade in diese Rolle gewählt wurde. Das bringt oft bedeutsame Aufschlüsse über die eigenen Anteile.

Ebenso wichtig ist die Gruppe bei Beziehungs-Skulpturen z. B. von Ehepaaren oder wenn typische Familien- oder Berufssituationen aus dem Alltagsleben gestalterisch verdeutlicht werden sollen.

Weiter wird die Gruppe benötigt, wenn z. B. Übungen zur Darstellung von Überlebensstrategien wie Leistung, Anpassung, Rückzug oder zur Verdeutlichung von Selbstwertgefühlen, Lebensprinzipien, beruflichen Konflikten etc. durchgeführt werden. Hier sind immer wieder „Double" nötig, die die entsprechenden Rollen im therapeutischen Lernprozeß der einzelnen übernehmen und ihnen so helfen, zunächst aus der „Distanz des Zuschauers" und als RegisseurIn die eigene Situation zu betrachten bzw. zu gestalten und damit aus dieser Perspektive Informationen und Eindrücke zu gewinnen.

Es hat sich bewährt, daß diese von den „Doubles" dargestellten Rollen in einem zweiten Durchgang dann von den Betreffenden selbst übernommen werden, was eine andere Dimension des Erlebens und Erkennens anspricht.

Wie schon gesehen, ist die Gruppe notwendig für das Herausarbeiten der Schlüsselposition und zur Darstellung einzelner Entwicklungsschritte aus der negativen Schlüsselposition sowie zur Bestimmung des „aktuellen Standorts" in diesem Selbstwerdungsprozeß.

Dasselbe gilt für die Übungen, in denen die unbewußten dämonischen Gottesbilder mit Hilfe der körperlichen Darstellung deutlich gemacht, d. h. entlarvt und bearbeitet werden, indem z. B. versucht wird, die Schlüsselposition und das dazu korrespondierende dämonische Gottesbild bzw. Jesus darzustellen und in einem zweiten Durchgang das positive Schlüsselwort, das ergänzende und positive Gottesbild etc. zu gestalten (Vgl. Frielingsdorf 1992 (a)).

Ein weiterer Vorteil von Gruppenarbeit für den therapeutischen Prozeß liegt in den vielfältigen Übertragungsmöglichkeiten. Einzelne können sich in den Problemen der anderen Gruppenmitglieder wiederfinden oder selbst in der Übernahme einer Rolle als Vater und Mutter, als EhepartnerIn oder als „Double" in der Schlüsselposition eines anderen Gruppenmitgliedes Informationen und Erkenntnisse für die Bearbeitung der eigenen Lebensgeschichte sammeln. Bei der Übernahme der fremden Rollen werden häufig Widerstände und Abwehrmechanismen deutlich, die auf eine eigene Problematik hinweisen und die dann direkt angegangen und vielleicht schon gezielt bearbeitet werden können.

Außerdem bietet die Gruppe gute Möglichkeiten, kommunikative und soziale Verhaltensweisen und Beziehungen in einem geschützten Raum auszuprobieren, einzuüben und zu korrigieren.

Die Schlüsselmethode braucht also die ergänzende Gruppenarbeit, um die intensiven therapeutischen Prozesse zu ermöglichen, die vielfach über die Erfahrungen der Gestalt, die Erfahrungen im Körper laufen. Die Gruppe ist nicht nur erforderlich, um die Übungen überhaupt durchführen zu können, sondern auch, um die einzelnen in ihrem Prozeß mitzutragen und zu begleiten, z. B. wenn sich die Betreffenden in den Übungen bewußt in ihre körperlich gestaltete negative Schlüsselposition begeben (z. B. „Abfall, leere Hülle, Nebensache"), sie für eine Weile aushalten und somit erneut „durchleiden". Dasselbe gilt für die aggressive Auseinandersetzung mit den Eltern und mit Gott. Es hat sich bewährt, diese oft tiefgreifenden, in der Gruppe gemachten Erfahrungen z. B. in einem Tagebuch aufzuschreiben und in Einzelarbeit mit einem Therapeuten oder einer Therapeutin „auszumünzen", d. h. erneut anzuschauen und in ihren zahlreichen Facetten und Hintergründen zu bearbeiten, um sie für den gelebten Alltag fruchtbar machen zu können.

6.4. Die Beziehung TherapeutIn-KlientIn

6.4.1. Die Beziehung zwischen TherapeutIn und KlientIn ist wie in allen therapeutischen Prozessen auch bei der Schlüsselmethode von entscheidender Bedeutung. Das Sich-Einlassen auf die Schlüsselmethode erfordert u. a. wegen der körperlichen Gestaltungsarbeit eine gute Vertrauensbeziehung zwischen KlientIn und TherapeutIn. Diese mehr personale Sichtweise berücksichtigt die Tatsache, daß es in Heilungsprozessen nicht um Defizite, Krankheiten, Krisen, Probleme und Fragen als Abstrakta geht, nicht um die Reparatur von Defekten mittels einer Methode, sondern um die Menschen selbst, die bestimmte Anliegen und Probleme mitbringen.

Neben Wissen und Fachkompetenz ist auch in der Schlüsselmethode die Persönlichkeit und Authentizität der TherapeutInnen gefragt, da die heilenden Auswirkungen der positiven menschlichen Beziehungen zu den wichtigsten Faktoren einer erfolgreichen Therapie zählen (Furrer 1970, 92; Funke 1990, 236–244; Schleyer [4]1987).

Die Trias Empathie, bedingungsloses Akzeptieren der KlientInnen und Authentizität der TherapeutInnen (Rogers) sind immer wieder gefährdet durch „Ungeduld, Aufdrängen der als richtig erkannten

Lösung, Arbeiten auf der Sach- statt auf der Beziehungsebene, Schwierigkeiten im Umgang mit den Widerständen des Klienten, Umgang mit dem eigenen Betroffensein und der Enttäuschung zwischen erhofften Fortschritten und der realen Therapiesituation, die zu einer starken narzißtischen Kränkung führen kann (Engeli 1991, 164 f).

Die TherapeutInnen suchen also mit den KlientInnen nach Erkenntnis, indem sie sich zum Dolmetscher für die Sprache des Unbewußten der KlientInnen machen und sich und sie in einer Grundhaltung der Hoffnung stärken. Auch bei einer Konfrontation sind die TherapeutInnen in der Beziehung Mitbetroffene.

Erleichtert wird für viele KlientInnen das Sich-Einlassen und Sich-Verlassen auf die TherapeutInnen durch das Wissen um die anthropologisch-theologischen Grundvoraussetzungen der Schlüsselmethode.

Nach diesem Grundverständnis haben TherapeutIn und KlientIn nämlich einige *Gemeinsamkeiten*.

Sie sind beide von Gott nach Seinem Bild geschaffen und sind beide erlösungs- und heilungsbedürftig. Die TherapeutInnen sind selbst verwundete HeilerInnen. Sie erfahren sich zunächst selbst so wie die KlientInnen als verletzt an Leib, Geist und Seele:

– durch die negativen Schlüsselbotschaften und Schlüsselpositionen der persönlichen Lebensgeschichte;

– durch die Erfahrungen der eigenen Grenzen und persönlicher Schuld;

– durch die krankmachenden sozialen, gesellschaftlichen, kulturellen und religiösen Vorstellungen, Regeln und Systeme, denen sie genau so ausgesetzt sind wie die KlientInnen;

– als Menschen, deren konkrete Fragen nach dem Sinn von Leid und Tod letztlich nicht beantwortet werden, es sei denn im Glauben.

– als Menschen, die den Weg der Heilung schmerzhaft erfahren und sich doch entschieden haben, den Weg der ganzheitlichen Heilung zu gehen und sich auf diesem Weg Gott und Menschen anzuvertrauen.

Diese Verwundungen und Defizite wirken sich bei den TherapeutInnen wie bei jedem Menschen in ihrem gesamten (Da-)Sein aus, in ihrem Verhalten und Wirken in der Beziehung zu sich selbst, den anderen, der Welt und zu Gott. So ist genauso und erst recht für die

TherapeutInnen die Auseinandersetzung und Bearbeitung der eigenen Lebensgeschichte mit ihren Verwundungen an Hand des Lebensskripts notwendig. Die Kenntnis und die Erfahrung im Umgang mit den Wirkweisen der eigenen positiven und negativen Schlüsselbotschaften ist ebenso unerläßlich wie das Durchleben des Heilungsprozesses in seinen verschiedenen Phasen auf dem Weg der Versöhnung mit der eigenen negativen Schlüsselposition. Unabdingbar ist für die TherapeutInnen die kritische Auseinandersetzung mit den Überlebensstrategien der Kindheit und die Suche nach dem eigenen positiven Schlüsselwort. Hinzu kommt die Auseinandersetzung mit dem unbewußten, dämonischen Gottesbild, das durch entsprechende positive Gottesbilder der biblischen Offenbarung ergänzt werden sollte, vor allem dann, wenn sie in ihrer therapeutischen Arbeit an den unbewußten Gottesbildern mit ihren KlientInnen arbeiten.

Durch diese eigene Erfahrung von Heilung auf dem Weg des persönlichen Heilungsprozesses begegnen die TherapeutInnen den KlientInnen so, daß in ihnen die eigene Heilkraft angesprochen und bewegt wird. Dabei rechnen die TherapeutInnen in der Schlüsselmethode mit den von Gott gegebenen „Selbst-Heilungs-Kräften" der KlientInnen. Sie gehen davon aus, nehmen sie zu Hilfe und fördern ihre Entfaltung und ihr Wachstum (vgl. auch Lanfermann 1988, 110–116).

Eine heilende Beziehung kann also entstehen, wenn die positive Lebenskraft der TherapeutInnen die KlientInnen anrührt und anregt, ihre Selbstheilungskräfte zunehmend mit ins Spiel zu bringen und zu lernen, immer mehr eigenständig ihren Weg zu gehen.

6.4.2. Die Schlüsselmethode ist wesentlich geprägt von der Grundannahme: Die TherapeutInnen sind bei aller Fachkompetenz und Verantwortung nicht die „letzte Instanz", sondern selbst *verwundete HeilerInnen* (Nouwen 1983). Auch in der Schlüsselmethode gleicht der dynamische Prozeß einer Therapie einem „Drahtseilakt". Aber darunter ist sozusagen „das gläubige Netz" der Hoffnung und Zuversicht gespannt, daß letztlich alles von Gott getragen und aufgefangen wird.

Das wird folgendermaßen anschaulich: Der Boden, auf dem die TherapeutInnen und KlientInnen stehen, sitzen oder sich in der

Schlüsselposition kauern, der Boden, auf dem die Probleme z. B. körperlich gestaltend bearbeitet werden, dieser Boden (symbolisch gesprochen: die Hand Gottes) trägt beide, bzw. die gesamte Gruppe. Dieses spürbare Getragenwerden ermöglicht es den TherapeutInnen, den KlientInnen das erneute Durchleben und Durchleiden der schmerzvollen und angstmachenden Schlüsselpositionen wie z. B. „Abschaum", „letzter Dreck", „verdammt", „lebendig-begraben" zuzumuten. Die Erfahrung zeigt, daß es oftmals Vertrauen weckt, wenn für die KlientInnen deutlich wird, daß die TherapeutInnen selbst an einen letzten Halt in Gott glauben und davon ausgehen, daß Gott die „letzte Instanz" für alles menschliche Heilwerden ist.

Diese Tatsache machte mir ein Teilnehmer deutlich, der mir nach der Schlußeucharistie in Positano mit einem Augenzwinkern sagte: „Zu dem Cheftherapeuten da oben müssen Sie doch auch gelegentlich zur Beratung gehen?" Was ich nur bestätigen konnte.

6.4.3. In der Schlüsselmethode ist die *initiale positive Übertragung* der KlientInnen auf die TherapeutInnen von großer Bedeutung, da diese positive Übertragung eines der wichtigsten Motive für die Betreffenden ist, sich den Mühen und Belastungen, die mit dem Aufdecken der unbewußten Schlüsselpositionen und den damit erinnerten Lebenswunden verbunden sind, zu stellen.

Anders als in der Psychoanalyse geht es in der Schlüsselmethode nicht nur darum, daß die KlientInnen in den Übertragungen die Chance erhalten, an der Person der TherapeutInnen die entscheidenden, unbewußten Beziehungserlebnisse ihrer Vergangenheit zu erfahren und auszuleben. Diese wichtige Möglichkeit der Übertragung wird in der Schlüsselmethode auch benutzt als die „Erfahrung von Gefühlen, Trieben, Einstellungen, Phantasien und Abwehr gegenüber einer Person der Gegenwart, die dieser Person gegenüber unangemessen sind und eine Wiederholung, eine Verschiebung von Reaktionen darstellen, die der Beziehung zu entscheidenden Personen der frühen Kindheit entstammen" (R. R. Greenson, zitiert Hoffmann, Bd. 2. 1983, 986). Damit werden wichtige Erkenntnisse und Erfahrungen vermittelt, die den therapeutischen Prozeß fördern. Und es geht über den Weg der Übertragung hinaus um Korrektur und Ergänzung bisher gemachter Erfahrungen.

Auch zielt die Schlüsselmethode auf die Erhellung und Entdeckung der unbewußten, in der frühen Kindheit entstandenen *Schlüsselposition* ab, die im je *persönlichen Schlüsselwort* zusammengefaßt ist. Die leibliche Gestaltung der Schlüsselposition ist ohne eine gute und vertrauensvolle Beziehung zwischen KlientInnen undTherapeutInnen nicht möglich, zumal die therapeutische Arbeit in körperlicher Nähe geschieht. Gerade hier gilt es, sorgsam auf Abwehr und Widerstände zu achten, sie ernstzunehmen und einfühlsam mit ihnen zu arbeiten. Hinzu kommt, daß die Möglichkeiten von Übertragung und Gegenübertragung in der Arbeit mit dem Körper vielfältiger und intensiver werden können, was von den TherapeutInnen eine besondere Aufmerksamkeit erfordert.

Wenn die KlientInnen gewöhnlich auch in einem sogenannten „Arbeitsvertrag" sozusagen offiziell ihre Zustimmung zur Therapie in Form der Schlüsselmethode geben, ist darüber hinaus eine Vertrauensbasis nötig. Erst auf diesem Hintergrund ist es möglich, mit den fachlichen Kenntnissen der Schlüsselmethode den KlientInnen in Beziehung und Begleitung Schritte auf ihrem Weg der Heil- und Selbstwerdung zu ermöglichen. Dabei werden auch die TherapeutInnen wie in einem wechselseitigen Prozeß des Gebens und Empfangens durch die Heilkraft der sich Anvertrauenden berührt, was eigene Heilung schenken kann.

Mit G. Egan kann der therapeutische Prozeß der Schlüsselmethode als ein dynamischer Prozeß in vier Phasen verstanden werden (vgl. G. Egan 1975, 139). Das Verhalten der BeraterInnen wird von Egan in der ersten Phase als antwortend, in der zweiten als stimulierend, in der dritten als auf neues Verständnis Einfluß nehmend und in der vierten Phase als Aktivitäten ermöglichend beschrieben. Die den vier Phasen zugeordneten KlientInnenprozesse finden sich m. E. auch in der Schlüsselmethode. Selbstexploration, Vertrauensbildung und Rapport (Erstellung und Bearbeitung des Lebensskripts) in der ersten Phase; Entdecken (Erarbeiten der negativen Schlüsselposition, Suchen des negativen Schlüsselwortes und der Überlebensstrategien) in der zweiten Phase; dynamisches Selbstverstehen (Umschreiben der Schlüsselbotschaften, Suchen des positiven Schlüsselwortes und eigener Lebensprioritäten) in der dritten Phase; und Handeln in der vierten Phase (Aggressive und versöh-

nende Auseinandersetzung mit der Vergangenheit und darauf auf-
bauend eine eigene Lebensentscheidung und Lebensplanung).

6.4.4. Im dynamischen Prozeß der therapeutischen Arbeit mit der
Schlüsselmethode sind KlientInnen und TherapeutInnen weitgehend PartnerInnen auf einem gemeinsamen Weg. Die TherapeutInnen geben Impulse, stellen Fragen und ermöglichen den KlientInnen, sie aufzunehmen und zu reflektieren. Dabei entscheiden
letztlich immer die KlientInnen, worauf sie sich einlassen wollen
und können. In der Arbeit mit der Schlüsselmethode sind die TherapeutInnen wesentlich angewiesen auf die Mitarbeit der KlientInnen, auf ihre Wahrnehmung der Gefühle und Regungen bei der
Körperarbeit, ihre Körpererinnerungen. Allein die KlientInnen
entscheiden, ob das Angebot oder der Impuls der TherapeutInnen
z. B. im Hinblick auf die Schlüsselposition für sie stimmig ist oder
nicht. Sie geben diesen Anregungen Ausdruck in der Körpergestalt,
spüren nach und entscheiden über die „Stimmigkeit" z. B. des ange-
botenen Schlüsselwortes, ob das Schlüsselwort vorläufig oder endgültig ist, oder ob ein anderes geeigneter ist. Dies geschieht in wech-
selseitigem Gespräch mit den TherapeutInnen und eventuell mit
der Gruppe. Danach entscheiden die KlientInnen, ob und an welcher Fragestellung sie weiterarbeiten wollen.
Die Loslösung von dem/der TherapeutIn wird u. a. dadurch erleichtert, daß die KlientInnen nach Intensiv-Kursen z. B. die „Ausmün-
zung" und Aufarbeitung der in den Kursen gemachten Erfahrungen
teilweise mit anderen TherapeutInnen durchführen. Außerdem ist
die Schlüsselmethode mit dem Lebensskript, den Schlüsselworten
und Schlüsselerfahrungen so verständlich angelegt, daß die KlientInnen mit diesem Instrumentarium im Alltag gewöhnlich selbständig arbeiten können und lernen, auf Dauer selbst schneller zu
erkennen und wahrzunehmen, wann und wie sie in die negativen
Grundgefühle der Schlüsselposition regredieren und die Gefühls-
und Verhaltensmuster der Kindheit in der aktuellen Situation
unangemessen wiederholen und wie sie da wieder herauskommen.
Eine Hilfe ist das positive Schlüsselwort und die Erinnerung an in
bisherigen Fällen angewandte Schritte, aus dem Teufelskreis herauszukommen und dann bewußt geeignete Gegenmaßnahmen zu
ergreifen (agere contra), die helfen, wieder zu einem konstruktiven

und angemessenen Verhalten in der Gegenwart zu kommen. Wie bereits gesagt, zeigt die Erfahrung, daß nach der intensiven Bearbeitung der Vergangenheit meist eine persönliche (geistliche) Wegbegleitung (alle 4–6 Wochen) und/oder eine Selbsthilfegruppe, die mit der Schlüsselmethode arbeitet, hilfreich und unterstützend wirken kann, um das alltägliche Leben gut zu meistern.

7. Die Schlüsselmethode in der Praxis

Im folgenden möchte ich an Hand eines Beispiels aus meiner Praxis die *pastoraltherapeutische Arbeitsweise der Schlüsselmethode* erläutern. (Die Namen und persönlichen Daten sind verändert und typisiert).

Als Herr H., ein 49jähriger Priester, zu mir kam, litt er unter Depressionen. Ein Jahr zuvor hatte er einen mißglückten Suizidversuch unternommen. Nach Verlassen der Klinik wurde H. von einem Psychiater mit Medikamenten weiter behandelt. Die Krise war ausgelöst worden durch die Indiskretion eines Freundes, der H.s homosexuelle Beziehungen den höheren Vorgesetzten in einem anonymen Brief mitteilte. H. mußte daraufhin „Hals über Kopf" das Land verlassen, in dem er über 10 Jahre erfolgreich gewirkt hatte. Nach diesem „schändlichen Verrat des Freundes" fühlte H. sich wieder heimatlos, obwohl er in sein „Heimatland" zurückkehrte, dorthin, wo er geboren und aufgewachsen war.

In zwei Einzelgesprächen entschied sich H., mit mir an seinen Fragestellungen und Problemen therapeutisch zu arbeiten. Die sogenannte „initiale Übertragung" war positiv und wir konnten in einer Art „Arbeitsvertrag" klären, daß H. sich auf die Schlüsselmethode einlassen wollte. Vereinbart wurden neben ca. 25 wöchentlichen Einzelgesprächen die Teilnahme an zwei ergänzenden Wochenkursen.

Als ich H. fragte, was er von den Gesprächen erwarte, antwortete er spontan: „Ich will kein künstlich gedämpftes Leben führen. Entweder will ich richtig leben oder ich mache Schluß."

Auf die Frage, aus welchem Teil seines Körpers er bisher vorwiegend gelebt habe, zeigte er auf seinen Kopf und machte mit der linken Hand eine abschneidende Bewegung am Hals: „Bei mir lebt eigentlich nur der Verstand, und so habe ich den Kopf über Wasser gehalten, bis es nicht mehr ging. Meinen übrigen Körper, mein Herz und meine Leibmitte kann ich nicht spüren. Gefühle sind mir fremd." Und tatsächlich entdeckte ich in der Wahrnehmung seiner Körpersprache, daß sich bei H. das „Leben" in den lebhaften Augen und in der Mimik des Gesichts widerspiegelte, während sein übriger Körper eher wie leblos im Stuhl saß. Die nonverbale Begleitung des Gesprächs durch Gesten etc. war fast ausschließlich im Gesicht und im Kopfbereich zu beobachten. Die Körperpartien unterhalb des Kopfes machten im Gespräch kaum eine Bewegung. Um in Kontakt mit seinem Körper zu kommen, empfahl ich ihm einige entsprechende Körper- und Atem-Übungen und schlug ihm vor, beim täglichen Meditieren die Hände auf seine Leib-Mitte bzw. aufs Herz zu legen.

Nach einigen Gesprächen über die aktuelle Situation und seine Hauptprobleme versuchte H. zum ersten Mal mit seinem Körper sein augenblickliches Lebensgefühl zu gestalten. Er kauerte sich in eine Zimmerecke, auf den Füßen hockend, in gebeugter Haltung, den Rücken zur Wand und die Hände so vor das Gesicht haltend, daß er durch die gespreizten Finger schauen konnte. H. meinte, der „Fortschritt", d. h. die Veränderung seit dem Suizidversuch bestehe für ihn darin, daß er damals mit dem Rücken zur Umwelt und mit dem Gesicht zur Wand gekehrt saß, den Kopf im Schoß begraben, ohne jeden Ausblick. H. hatte also inzwischen die Ausrichtung seiner Gestalt gewechselt, damit die Blickrichtung geändert und sozusagen eine „Umkehr" vollzogen, sich aus dem In-sich-Verschließen wieder der Umwelt zugewandt. Den Blick durch die Finger deutete er als beginnendes Vertrauen, einen Hoffnungsschimmer für sein Leben entdecken zu können.

Wir vereinbarten, an Hand des Lebensskripts zu arbeiten und bis auf weiteres ein Gespräch pro Woche zu führen. So schrieb H. in den nächsten Monaten sein Lebensskript. Thema der Gespräche waren hauptsächlich seine negativen Schlüsselerfahrungen in der frühen Kindheit. Als erstes entdeckte H. seine Überlebensstrategie, die ihm sein Vater vorgelebt hatte: „Durch Leistung und Erfolg erhalte ich Anerkennung und Zuwendung von den Eltern." Schon in den ersten Lebensjahren wurde H. als „Wunderkind" betrachtet, das die Mutter im Bekanntenkreis voller Stolz vorzeigte. Im Kindergarten, in der Schule, im Studium, im Beruf setzte sich diese „Primus-Rolle" fort. Im Lauf der Zeit entdeckte H. mit Wut und Entsetzen den „Verrat" der Mutter an ihm. H. fühlte sich von der Zeugung an von ihr um sein persönliches Leben betrogen. Ihm war bewußt geworden: „Eigentlich liebte die Mutter nicht mich, sondern meinen verstorbenen Bruder Heinz in mir." H. mußte schmerzlich erkennen, daß sein Leben mit einer Todesgeschichte begann. Dabei erinnerte er sich an folgende Fakten und sah ihre Zusammenhänge neu.

H. wurde zwei Jahre nach dem Tod seines Bruders Heinz geboren, der im Alter von 15 Monaten an plötzlichem Kindstod starb. Die Mutter war untröstlich nach dem Tod ihres einzigen Sohnes (sie hatte bereits drei Töchter) und wollte unbedingt einen „Ersatz" für den verstorbenen Sohn, an dessen Tod sie sich irgendwie schuldig fühlte. So wurde H. gezeugt und geboren. Er erhielt wie selbstverständlich den Namen des toten Bruders Heinz und wurde so erzogen, daß er ganz in dessen Identität und Rolle schlüpfen mußte. H. wurde also von Anfang an nicht als er selbst gesehen, sondern als der „wiedergeborene Heinz", dessen Leben H. nun übernehmen sollte.

Das Leiden von H. verschlimmerte sich zusätzlich dadurch, daß die Mutter jeden Tag mit dem kleinen H. das Grab des toten Bruders besuchte, wo sie immer wieder weinte und dessen Tod beklagte: „Er war mein ein und alles." Dabei drückte sie H. fest an sich. Der kleine H. sah auf dem Grabstein seinen eigenen Namen mit dem entsprechenden Todesdatum stehen. In Träumen und imaginativen Übungen wurde deutlich, daß H. als Kind auf dem Friedhof nicht mehr wußte, wer eigentlich tot im Grab lag und wer lebend vor dem Grab bei der Mutter stand, er oder sein Bruder Heinz.

So war der Tod des Bruders zum Ursprung seines „Lebens" geworden, das doch nicht sein eigenes Leben war in dem Sinne, daß er es mit seiner Persönlichkeit und den ihm innewohnenden Anlagen ausgestalten durfte. H.'s Lebensberechtigung war gleichzeitig das „Todesurteil" für sein persönliches Leben geworden. Seine Existenzberechtigung war geknüpft an die Bedingung, das Leben seines verstorbenen Bruders zu führen und in das entsprechende Idealbild seiner Mutter zu schlüpfen. Für H. wurde deutlich, daß alle Zuwendung und Zärtlichkeit, die er von der Mutter erhalten hatte, eigentlich nicht ihm, sondern in der Vorstellung der Mutter dem Toten galten. Beim Schreiben eines „pränatalen Tagebuches" wurde klar, daß die Mutter bereits während der Schwangerschaft, als H.s Leben langsam heranwuchs, mit ihm als dem toten Heinz Zwiesprache gehalten hatte. So begann schon im Mutterschoß der für H. verhängnisvolle Identitätstausch.

H. erkannte für sich: Als Kind nahm er die Zuwendung der Mutter an, um zu überleben. Gleichzeitig spürte er instinktiv, daß er nur ein „Ersatz" war und daß ihm keine eigene Lebensberechtigung zugeschrieben wurde. Diese verschaffte er sich durch überragende Leistungen und durch seine vielen Erfolge.

H. entwickelte schon früh ein Urmißtrauen, denn er konnte sich weder auf die anderen verlassen, die ihn um sein Leben „betrogen" hatten, noch auf sich selbst, weil er seine eigene Identität nicht kannte und nicht entwickeln konnte. Das führte zu einer existentiellen Verunsicherung.

Bemerkenswert schilderte H. auch seine Geburt. Während des Geburtsvorganges schlang sich die Nabelschnur um seinen Hals, so daß H. mit einer Notoperation ins Leben geholt werden mußte. Bei der sogenannten Nottaufe legte die Mutter in ihrer Angst um das Leben des Kindes ein Gelübde ab: „Mein Sohn soll später einmal Priester werden, wenn Gott ihn leben läßt." Mit dieser „Hypothek" im Nacken wurde es für H. noch schwerer, zu seinem eigenen Leben zu finden. Später entwickelten sich dann unbewußte Schuldgefühle, am Tod seines Bruders durch sein Leben schuldig geworden zu sein. Und in seinen Träumen tauchten immer wieder dunkle Räume auf, die er nicht verlassen konnte.

Als Schlüsselworte nannte H. zunächst „nichts-wert", „verraten", „betrogen". Nach etwa 20 Einzelsitzungen arbeiteten wir in einem ersten Wochenkurs an seiner Schlüsselposition weiter. In der Gruppe stellte er seine Familienskulptur dar, in der der Vater fast beziehungslos und halb abgewandt neben der „dominanten Mutter" stand, „mit seiner Arbeit und Karriere verheiratet". Die Mutter stellte. H. stehend, mit erhobenem Kopf die Kinder übersehend dar, umgeben von den drei Töchtern und dem verstorbenen Sohn Heinz, den sie in ihre Arme nahm, an ihr Herz drückte, ohne ihn anzublicken.

Bei der Auswertung bemerkte zunächst die Gruppe, daß H. sich selbst in dieser Familienstruktur vergessen und seinen verstorbenen Bruder in die Arme der Mutter gelegt hatte. Plötzlich sah H. mit eigenen Augen, was ihm bisher auch gedanklich nur schwer zugänglich war. Es fiel ihm sozusagen „wie Schuppen von den Augen": „Ich selbst war eigentlich gar nicht vorhanden, denn meine Existenz verdanke ich nur dem Tod meines Bruders Heinz, dessen Namen ich trage. Die Mutter hat eigentlich nie mich, sondern immer nur den Toten gemeint, der in mir zu einem neuen Leben ‚auferstanden' war." In dieser Situation konnte H. zum ersten Mal weinen. Er war zutiefst erschüttert und schrieb in den folgenden Wochen seine Lebensgeschichte von der Zeugung bis zur Gegenwart auf. Er kam immer mehr zu der Erkenntnis, daß die Mutter in ihm nur den toten Bruder gesehen und geliebt hatte. H. erinnerte sich, daß er bereits im Kindergarten, nicht wie sein Bruder, „Heinz", sondern Heinrich gerufen werden wollte. Selbst der Spottname „Heini" war ihm lieber als „Heinz". Jetzt wußte H., warum er den Namen Heinz innerlich so ablehnte und warum es ihn immer wieder zutiefst schmerzte, wenn seine Familie ihn „Heinz" nannte. In diesem Zusammenhang war eine dramatische Auseinandersetzung mit seiner Mutter in der Kindheit bedeutsam. Als die Mutter H. eines Tages wieder einmal „Heinz" rief, obwohl er sie gebeten hatte, ihn doch Heinrich zu nennen, stürzte sich der 8jährige H. wütend auf seine Mutter und schlug sie mit den Fäusten. Die anschließenden Schläge vom Vater hinterließen nicht so tiefe Spuren bei H. wie der Fluch der Mutter, Gott werde ihn furchtbar bestrafen, weil er seine Hand gegen die eigene Mutter erhoben hatte. Obwohl H. diese (seinem Gefühl nach) „Todsünde" mehrmals gebeichtet hatte, rief diese Szene immer wieder starke Schuldgefühle in ihm hervor. Das führte u. a. zur Unterdrückung seiner Aggressionen, die er im Laufe der Jahre entweder gegen sich selbst gerichtet bzw. in Arbeitswut umgesetzt hatte. In den folgenden Gesprächen vermutete H., eine unbewußte Motivation für den Priesterberuf sei für ihn der Sühnegedanke gewesen. D. h.: Alle Schuld, die er meinte von der Zeugung an auf sich geladen zu haben, könne durch sein Priestersein vor Gott gesühnt und wieder gut gemacht werden. Das Ausleben seiner Homosexualität in verschiedenen Beziehungen deutete H. als versteckte Aggression und Rache an seiner Mutter.

Allerdings hatte eine wirkliche Auseinandersetzung mit der Mutter bis dahin nicht stattgefunden. Als die Mutter nach der Priesterweihe den Wunsch äußerte, mit H. in ein Pfarrhaus zu ziehen und ihm den Haushalt zu führen, gab H. den Plan, Gemeindepfarrer zu werden, ohne Begründung auf und entschied sich für eine Promotion, die ihn in ein anderes Land führte, wohin die Mutter nicht mit ihm umziehen wollte. Daran anschließend meldete er sich für einen internationalen Einsatz. Rückblickend meinte H.: „Ich wollte die Mutter los werden, deren Gegenwart ich nicht mehr ertragen konnte."

Nachdem wir die vorläufigen Schlüsselworte „verraten", „Ersatz", „funktionierender Roboter" und „Marionette" in einigen Übungen leiblich gestaltet und überprüft hatten, erwiesen sie sich für H. letztlich nicht als stimmig, obwohl er in ihnen etwas von seinem Lebensgefühl wiederentdeckte. Auf dem zweiten Wochenkurs fand H. schließlich an Hand seiner Träume, Phantasiereisen und Bilder die eigentliche Schlüsselposition: Er legte sich auf den Bauch mit dem Gesicht zum Boden, zog eine Decke über sich und ließ die Mutter oben auf den Rücken sitzen, „damit ich ja nicht aufstehen und zu eigenem Leben kommen kann". Das verkörperte Schlüsselwort lautete: „lebendig-begraben" und dann „lebend-tot". Die Schlüsselbotschaft der Mutter formulierte H. so: „Ins Grab mit dir! Mein Heinz soll leben, nicht du."

In diesen Tagen nahm H. immer wieder bewußt diese Schlüsselposition ein, spürte ihr nach in den verschiedenen Körperteilen, nahm die Körpererinnerungen und die damit verbundenen Gefühle wahr und durchlebte und durchlitt somit erneut und bewußt die Todesängste und Schmerzen seiner frühen Kindheit. Dabei war für H. die leibhaftige Erfahrung wichtig, daß der Boden (für ihn die Hand Gottes) ihm auch in dieser schweren und früher lebensbedrohenden bis lebensvernichtenden Situation Halt gab. H. durfte erfahren, daß er nicht ins Bodenlose fiel und sich dem Boden und der ganzen Gruppe mit seinem Leid Boden anvertrauen konnte. In dieser Zeit begleitete ihn der Psalm 139. Allmählich konnte H. die „tödliche Wut" auf die Mutter nicht nur denken, sondern auch fühlen und zulassen. H. schrieb seine Aggressionen in einen Wutbrief an die „betrügerische und hinterlistige Hexe, die mich dem Tod geweiht hat" nieder und las dann den Brief der Gruppe vor. (Hänsel und Gretel war H.s Lieblingsmärchen.) Der letzte Satz des Wutbriefes war entscheidend für die nächsten Schritte: „Ich habe deine Täu-

117

schungsmanöver durchschaut, Mutter. Ich bin Heinrich und nicht dein toter Heinz. Ich will mein eigenes Leben leben!"

Der nächste Schritt auf seinem Weg der Auseinandersetzung mit seiner Mutter und zu einem selbstbestimmten, eigenen Leben sollte mit Hilfe einer leiblichen Übung vorbereitet werden: H. nahm seine Schlüsselposition „lebend-tot" ein, um sich von der „Todesdecke" und der daraufsitzenden Mutter zu befreien. Während dieser Übung spürte H. aber auch gleichzeitig seine Grundtendenz, unter der warmen Decke liegen zu bleiben und „alles beim Alten zu lassen". Als er dann seinen neuen Leitsatz wiederholte: „Ich will mein eigenes Leben leben!" konzentrierte sich H. auf seine aggressiven Kräfte, die er langsam wie einen Energiestrom in sich aufsteigen fühlte und in bewegende Kraft umsetzte: Er konnte sich zu seinem Erstaunen von fünf stellvertretenden „Müttern" befreien, die er bat, sich auf seinen Rücken zu legen, da sie je einen wichtigen Anteil der Mutter symbolisierten, die ihm den Weg ins eigene Leben versperrt hatten. Diese kompakten Erlebnisse wurden in den folgenden Einzelgesprächen aufgegriffen und bearbeitet, wobei auch der Vater als „Lebensmodell", das H. imitierte, eine wichtige Rolle spielte.

In dem Maß, wie H.'s Wut gegen die Eltern verebbte und sich in Trauer und später auch ansatzweise in Verständnis wandelte, wuchsen der Ärger und die Wut auf *Gott,* der ihm dieses Leben zugemutet hatte. Seine Fragen: „Warum mußte mein Bruder Heinz sterben? Warum mußte ich ein ‚Ersatz-Leben' führen? Warum hat dieser Gott, dem ich bisher immer als dem Hirten und Retter meines Lebens vertrauen konnte, dieses böse Spiel mit mir getrieben?" Wütend schrieb H. seinen bisherigen Lieblingspsalm 139 in einen „Fluchpsalm" um. Wenn H. diesen „Fluchpsalm" Gott ins Angesicht schrie, dann hob er die Fäuste gegen Gott und kämpfte wie Jakob und Ijob mit Gott um sein Leben. H. wollte eine Antwort auf seine Fragen. Er wollte Gott eine Art Geständnis abringen, eine Anklage einbringen, sein „gestohlenes Leben" zurückbekommen, eine Wiedergutmachung. Seine Erfahrungen schrieb er in einem Tagebuch auf und besprach sie dann alle drei Wochen mit seinem geistlichen Begleiter. Eines Tages spürte H. deutlich, daß dieser Kampf mit Gott ihm kein neues Leben mit einer anderen Vergangenheit bringen würde. Eher würde eine Fortsetzung dieses Kampfes ihn in eine Sackgasse führen. Was war die Lösung? Ihm wurde klar, daß die Vergangenheit nicht zu ändern, zu „beschönigen" ist. Sie blieb wie sie war. Also galt es, eine neue Weise des Umgangs mit ihr zu finden. Die alte Auflehnung gegen sein Leben und Versuche, sie mit „neuen Augen" zu betrachten, wechselten sich ab, ein Gemisch von Wut und Trauer. Doch H. hatte sich entschieden. Er lernte, seine Eltern mehr zu verstehen, positive Dinge in der Vergangenheit zu entdecken, selbst in den schmerzvollen Schlüsselerlebnissen.

Und H. machte sich auf den Weg, sein Leben so anzunehmen, wie es ihm „zugefallen" war. In diesem Prozeß nahm er auch Abschied vom „Lückenbüßer-Gott" der Kindheit, an dem er sich bisher festgehalten hatte. Jetzt galt es, loszulassen in dem Vertrauen: „Gott ist mehr und anders. Er läßt mich nicht fallen. Er nimmt mich so wie ich bin und schließt mich in seine Arme wie der barmherzige Vater den verlorenen Sohn. Er, der gute Gott, hat mich schon immer, von Anfang an, geliebt."

In der Phase der Trauer waren die körperlichen „Vertrauensübungen" auf dem Boden, der trägt, für H. sehr wichtig. Hier konnte er sich mit all seiner Trauer und seinem Schmerz dem Boden (d.h. für H. Gott) und den Menschen überlassen.

In dem zweiten Wochenkurs machte H. in der Gruppe noch eine Übung zur „Unterscheidung der Geister", die ihm geholfen hat, sein unbewußtes, dämonisches Gottesbild zu erkennen, zu entlarven und bewußt durch Gottesbilder des Alten und Neuen Testamentes zu ergänzen. In dieser Übung nahm ein Gruppenmitglied stellvertretend die oben beschriebene Schlüsselposition von H. auf dem Boden ein. H. gestaltete zuerst selbst mit seinem Körper das zu dieser am Boden liegenden Gestalt passende Gottesbild und formulierte eine entsprechende Schlüsselbotschaft. In einer ersten Variante stand er als „Gott" dicht neben dem am Boden Liegenden und blickte verächtlich auf ihn nieder. Er setzte seinen Fuß in den Nacken des am Boden Liegenden und sagte: „Weg, ins Grab mit Dir"! Dann wurden die Rollen getauscht. H. nahm seine eigene Schlüsselposition ein, und ein anderer übernahm die Rolle dieses dämonischen Gottes, der seinen Fuß in den Nacken setzte und die vernichtende Schlüsselbotschaft sprach. H. spürte nach, was dieser Fuß in seinem Nacken auslöste, welche Erinnerungen hochkamen und welche Gefühle er damit verband. Eines war klar: Dieser Gott war kein Gott des Lebens. H. entlarvte ihn als „Todes-Gott", der ihn nie zum Leben gerufen hatte. Er nannte ihn seine „Todes-Mutter". Danach entwickelte H. noch eine andere Variante von seinem dämonischen Gottesbild. In dieser Darstellung thront „Gott" auf dem Stuhl, schlägt die Hände vors Gesicht, bis H. ihm kniend seine „Opfergaben" bringt. In diesem Moment nimmt „Gott" einen Augenblick lang die Hände vom Gesicht, schaut H. fordernd an, nimmt, wie H. sagt, seine „Sühnopfer" und Leistungen entgegen und verdeckt dann wieder sein Angesicht vor ihm bis zum nächsten „Opfergang". H. meinte: „Wahrlich ein sadistischer Dämon, der unersättlich alles verschlingt und mit Schuldgefühlen erpreßt wie ich es durch meine Mutter erlebt habe."

Der zweite Teil dieser Übung war für H.s neue Gottesbeziehung noch wichtiger, weil er hier „Jesus als meinem Heiland" begegnete. Der Ausgangspunkt war wieder die Gestaltung der Schlüsselposition „lebend-tot", die ein Gruppenmitglied stellvertretend einnahm. H. versuchte sich jetzt in die Person Jesu hineinzuversetzen, der diesem Menschen am Boden begegnet und anschließend, das Verhalten Jesu mit seinem Körper gestaltend darzustellen. Dabei beugte sich H. zunächst mit dem Kopf, dann mit dem Rücken über den am Boden Liegenden. Dann hielt er inne und zögerte, ohne tiefer zu gehen. Er sagte leise: „Es muß doch eine Distanz bleiben, weiter kann Gott nicht zu mir herunterkommen." Diese Bemerkung löste in der Gruppe unterschiedliche Reaktionen aus. Es folgte ein gemeinsamer geistlicher Austausch über Jesus, den „heruntergekommenen Gott". Thematisiert wurden der Erlösungsweg Jesu, der durch Sterben und Tod hindurch zur Auferstehung und zum Leben führt, das leere Grab als erstes Zeichen von Auferstehung und Leben ... Dadurch angeregt und ermutigt, versuchte H. als Jesus spiegelbildlich die gleiche Gestalt einzunehmen, die durch das Double in der eigenen Schlüsselposition vorgegeben war, und eine positive Lebensbotschaft zu formulieren, die sein positives Schlüsselwort „leben" enthält. Dann wechselten die Rollen. H. nahm seine eigene Schlüsselposition ein, und das Double legte sich spiegelbildlich als Jesus ihm gegenüber auf den Boden. Diese Übung war für H. eine einschneidende Erfahrung: „Jesus spricht mir mein *positives Schlüsselwort* zu: „Heinrich, Du sollst *leben* und das Leben in Fülle haben, auch wenn du im Grab ‚lebend-tot' gezeugt und geboren bist. Entscheide dich für das Leben!"

H. brauchte einige Monate, um zu erahnen und zu glauben: „Ich bin für Gott so wertvoll, daß Jesus mir in meiner leidvollen Schlüsselposition gleichförmig wird, meine Gestalt annimmt und mich dadurch erlöst und zum Leben befreit."

Folgende meditative Übung half H. mit der Zeit, an seine eigene Auferstehung „mitten im Leben" zu glauben. Nach einigen Minuten der Sammlung und des Gebetes nimmt H. seine Schlüsselposition „lebend-tot" am Boden liegend ein und verharrt 5–10 Minuten darin. Dabei spürt er bewußt nach, daß der Boden auch diese scheinbar aussichtslose Situation trägt. So kann H. seinen Körper und damit seine Schlüsselposition immer mehr dem Boden, der für ihn symbolisch die Hand Gottes bedeutet, überlassen. Dabei erinnert sich H. immer wieder an die Zusage-Worte Jesu vom Leben und an die eigene Taufe, wo ihm schon zu Beginn das Leben in Fülle verheißen ist. Er spürt im Körper nach, was diese Zusagen in ihm freisetzen und diese „neuen Kräfte" in Bewegung bringen. Bei meditativer Musik löst H. dann langsam einen Körperteil nach dem andern, bis er steht, „auferstanden" ist. Er nimmt wahr und spürt nach, daß und wie er jetzt zu seinem eigenen Leben und dem Glauben an das Leben „stehen" kann. D. h. er spürt seine Selbständigkeit oder seinem Standort nach. Die Übung endet häufig in einer freien Tanzbewegung z. B. der Freude am Leben und zum Lobe Gottes.

H. hat sich inzwischen bewußt für sein Leben mit dieser „schlimmen Vergangenheit" entschieden, das Gott ihm hat „zufallen" lassen. Seine Lebenswunde bleibt und schmerzt noch immer, wenn er z. B. an seine emotionalen Grenzen stößt. Die negativen Grundgefühle des „Lebendig-begraben-Seins" stellen sich besonders in Belastungssituationen immer wieder ein. Aber H. durchschaut schneller die Übertragungen und Wiederholungen und kann konstruktiver mit den negativen Gefühlen umgehen. Er hat sich auf den Prozeß der Selbstwerdung mit der Schlüsselmethode eingelassen und sich auf diesem Weg, der sich an dem Fünf-Phasen-Modell orientiert, über einen Zeitraum von ca. 2 1/2 Jahren intensiv mit seiner Vergangenheit auseinandergesetzt. Während dieser Zeit halfen ihm etwa 50 Einzelsitzungen und 2-Wochenkurse bei der Aufarbeitung seiner Schlüsselprobleme.

Inzwischen genügen ihm in der Regel ein monatliches Gespräch, täglich eine halbe Stunde Meditation und die Eucharistiefeier, jährliche Einzelexerzitien und nicht zuletzt eine gut gestaltete Freizeit, um mit einer geordneten Selbstliebe den selbstzerstörerischen Kräften entgegenzuwirken, die auch nach der Auseinandersetzung und Versöhnung mit der Vergangenheit immer noch in der Tiefe wirksam sind. Eine Selbsthilfegruppe, die sich alle zwei Monate an einem Wochenende trifft, unterstützt seine Bemühungen um ein eigenständiges Leben. Unterdessen kann H. den lebensbejahenden Botschaften Gottes mehr glauben als den lebensvernichtenden Schlüsselbotschaften seiner frühen Kindheit, ein Glaube, der immer wieder neu belebt und bejaht werden will.

8. Die Geschichte vom verstoßenen Adler

Die folgende Geschichte vom „verstoßenen Adler" faßt auf ihre Weise die vorausgehenden Gedanken über die Schlüsselmethode zusammen.

Es war einmal eine Adlermutter, die hatte schon einige Eier ausgebrütet und die geschlüpften jungen Adlerkinder ernährt und großgezogen. An einem schönen Sommertag verließ sie früh morgens das Nest und flog der Morgensonne entgegen. Da spürte sie, daß heute die Zeit gekommen war, wieder ein Ei ins Nest zu legen und auszubrüten. Als sie so hoch in den Lüften über die Berge und Abgründe dahinflog, stieg in ihrem Inneren eine große Abneigung gegen das Ei auf. Wie schwer war für sie die letzte Brutzeit gewesen. Wochenlang hatte sie im Nest gesessen, und ihr Adlermann hatte sich auch nicht viel um sie gekümmert. Er hatte sie gerade mit dem Nötigsten versorgt. Jetzt würde sie lange Zeit auf diese herrlichen Flüge verzichten und später auch noch zusätzlich Nahrung für das Junge besorgen müssen. Und was brachte ihr eigentlich die Brut: Alle Kinder hatten sie verlassen, als sie flügge wurden. So keimte langsam in ihr der Gedanke, die Last des Brütens und Aufziehens in diesem Jahr nicht auf sich zu nehmen: Man sollte schließlich auch mal an sich selbst denken.

Deshalb entschloß sich die Adlermutter, das Ei nicht ins Nest zu legen, sondern einfach fallen zu lassen. Im Gleitflug gelangte sie in ein Bergtal, wo sie das Ei aufs geratewohl fallen ließ und mit leichten Gewissensbissen davonflog.

Der Zufall wollte es, daß das Adlerei in einen großen Heuhaufen fiel, wo es weich aufgenommen wurde. Eine alte Hühner-Amme, die schon viele fremde Eier ausgebrütet und die Brut aufgezogen hatte, sah voll Staunen, daß da etwas vom Himmel gefallen war. Neugierig wie sie war, schaute sie sich dieses „Etwas" näher an, pickte leicht mit dem Schnabel daran und beäugte es von allen Seiten. Schließlich kam sie zu dem Ergebnis, daß es sich hier um ein sehr groß geratenes, frisch gelegtes Ei handeln müsse.

Ob ihr Gefieder und ihre Flügel wohl reichen würden, um dieses Riesenei auszubrüten? Ihr Mutterinstinkt regte sich leise, vorsichtig machte sie einen ersten Versuch, und siehe da, sie konnte mit ihren Federn und ihrem Körper dem Ei die richtige Brutwärme geben, so daß sich nach einigen Wochen im Ei etwas Lebendiges bewegte, und leicht gegen die Schale klopfte. Da schlug ihr Hennenherz höher, denn jetzt folgte schon bald das für sie immer wieder neue Wunder: Aus dem Ei schlüpfte ein großes Küken, wie sie es noch niemals gesehen hatte. Aber es verhielt sich genau so wie ihre eigenen, kleinen Hühnerküken, die allerdings zuerst etwas Angst vor dem Adlerküken zeigten und in respektvoller Entfernung blieben. Als sie aber merkten, daß das Riesenküken selbst Angst hatte und unsicher war, spielten und tollten und pickten sie mit ihm um die Wette.

So verging manches Jahr, und der Adler lebte mit den Hühnern friedlich zusammen, pickte die Körner und verschlang manchmal zum Erstaunen der Hennen einen sehr großen Wurm oder ähnliches Getier. Wenn er auch nicht fliegen konnte, war es ihm mit seinen breiten Schwingen doch möglich, viel weiter zu hüpfen als die normalen Hühner und der Hahn. Er gewann viele Wettkämpfe, aber gerade in den Augenblicken des Sieges fühlte sich der Adler fremd und einsam.

Die Adlermutter dachte gelegentlich mit etwas Schuldgefühlen an das fallengelassene Ei. Aber das Leben ging für alle weiter, so lange, bis eines Morgens der Adler mit Hilfe des Windes und seiner Schwingen auf das Dach des Hauses gelangte und in die aufgehende Sonne blickte. Da verspürte er tief drinnen in seinem Adlerherzen ein unendliches Sehnen nach der Ferne und nach den Bergen, die er

vom Dach zum ersten Mal sehen konnte. Als er aber die Hühnerge-
schwister unter sich picken und spielen sah, kehrte er schnell in die
gewohnte Umgebung zurück. Und doch fühlte er sich hier im Tiefsten allein und – bei allem Wohlwollen der Hühner – als Außenseiter.

Dieses Gefühl verstärkte sich, als eines Tages ein naturkundiger
Mann auf Besuch kam. Er hörte ihn zum Bauern sagen: „Dieser
große Vogel ist ein Adler und kein Huhn." Obwohl der Bauer dies
verneinte, spürte der Adler wieder tief im Innern, daß der Mann
recht hatte und daß sein Lebensziel über diesen Hühnerhof hin-
ausging. Jetzt kannte er endlich seinen richtigen Namen. Er war ein
„Adler", und es erfaßte ihn wieder diese unheimliche Sehnsucht
nach einer anderen Lebenswelt, die er noch gar nicht kannte.
Instinktiv flog er jetzt öfter mit großer Anstrengung auf einen nahe
gelegenen Baum und beobachtete den Sonnenaufgang. Und je länger er in den Himmel und in das Sonnenlicht blickte, um so mehr
spürte er die Kraft in sich, fortzufliegen, hinein in seine ureigene
Lebenswelt als Adler.

Offensichtlich hatte ihn seine eigentliche Adlermutter nicht gewollt
und verstoßen. Seine Stiefmutter, die ihn ausgebrütet und aufgezogen hatte, erzählte ihm, wie er als Ei plötzlich vom Himmel in den
Heuhaufen gefallen war und wie sie ihn ausgebrütet hatte. Jetzt
kannte der Adler seine grausame Lebensgeschichte. Und er spürte
zutiefst: Das ist es. Ich bin von meiner Adlermutter fallengelassen
und „verstoßen" worden. Beim Nachdenken fiel ihm auf, daß genau
dies immer wieder seine Situation war: fallengelassen und verstoßen zu werden. Das war eine Art Schlüssel für viele Erfahrungen,
die so schmerzlich und bisher unverständlich waren. Ja, „verstoßen", das war die Situation, die sich im Hühnerhof letztlich wiederholt hatte. War er als Adler hier nicht von seinen Artgenossen, den
Adlern, ausgeschlossen? Er war zwar den Hühnern dankbar, daß
sie ihn aufgenommen hatten und daß er bei ihnen bis jetzt im Hühnerhof sein Leben fristen konnte. Aber er gehörte letztlich nicht zu
ihnen. Das hatte er jetzt begriffen.

Je länger der Adler überlegte, desto mehr kam er zu der klaren
Einsicht, nicht zu einem Leben auf dem Hühnerhof berufen zu sein.
Sicher, die Hühner waren lieb, und er hatte hier seine Versorgung
und Anerkennung. Besonders schwer würde ihm der Abschied von

seiner Stiefmutter fallen, die ihn ausgebrütet und aufgezogen hatte. Aber welchen Preis hatte er dafür bezahlt? Letzten Endes den Preis seiner Freiheit und seiner Identität als Adler.

Daher entschloß sich der Adler eines Tages, in der Morgendämmerung, bevor der Hahn aufwachte und krähte, aufs Dach zu fliegen. Als die Sonne hinter den Bergen aufging, blickte er lange ins Sonnenlicht und auf die Berggipfel. Dann spürte er einen Ruck durch sein Inneres gehen, und er stieß zum ersten Mal laut den Schrei der Adler aus, so daß der ganze Hühnerhof in Panik geriet. Er warf noch einen dankbaren Blick auf den Hühnerhof zurück, der bis dahin sein bergender Lebensraum, aber auch sein Gefängnis gewesen war. Dann erhob er sich mit einem weinenden und einem lachenden Auge in die Lüfte und flog der Sonne entgegen, die auch für einen Adler die Quelle und das Ziel des Lebens ist.

Ob der junge „Hühner-Adler" je seine Adlermutter gefunden hat, ist nicht bekannt. Er lernte mit seinem „Spitznamen" zu leben und war manchmal sogar froh über seine Erfahrungen auf dem Hühnerhof. Seine Flügel waren zwar nicht so breit und er hatte weniger Übung und Erfahrung im Fliegen als die anderen Jung-Adler, die im Adlernest ausgebrütet und flügge geworden waren. Doch der „Hühner-Adler" fühlte sich in der Bergwelt unter seinesgleichen schon bald zu Hause und fand immer mehr zu seiner eigentlichen Identität als Adler. Manchmal schmerzte es ihn, wenn die anderen Adler höher und ausdauernder fliegen konnten als er. Aber er war in ihrer Nähe und gehörte zu ihnen. Schließlich mußten die anderen auch wieder auf die Erde zurückkehren, auf der er sich besser zu bewegen wußte.

Gelegentlich macht der „Hühner-Adler" auch heute noch einen Abstecher zum Hühnerhof, den er immer in großer Höhe überfliegt, um die Hühner nicht zu erschrecken. Dann kehrt er wieder zufrieden in seine eigentliche Heimat, in die Berge zurück. (Anregungen für diese Geschichte gab mir P. Bleeser 1982, 10f)

Diese Geschichte vom verstoßenen Adler möchte Mut machen, sich mit der eigenen Vergangenheit und der persönlichen Schlüsselposition auseinanderzusetzen und im Vertrauen auf die Verheißungen Gottes das je eigene Leben zu bejahen und anzunehmen. Denn in jedem Leben gibt es Dächer und Bäume, um die Berge und die

Sonne zu entdecken und im Blick auf sie die persönlichen Möglichkeiten und Grenzen kennenzulernen. Dann ist es auch möglich, sich frei zu entscheiden, den „Hühnerhof der Vergangenheit" zu verlassen und mit den gemachten Erfahrungen neue und eigene Lebenswege zu beschreiten.

Abschließen möchte ich mit einer persönlichen Lernerfahrung. Während ich früher überzeugt war, daß es bessere und schlechtere Dispositionen für das Leben gibt, bin ich heute nicht mehr so sicher. Ist nicht jede Ausgangsposition genau die richtige für das Leben jedes Menschen, wenn wir daran glauben, daß sie uns von Gott, der uns liebt und unser Bestes will, zugefallen ist?

„Mein Leben ist das beste!" Dieser Satz wird immer wieder indirekt bestätigt, wenn ich am Ende von Kursen oder Beratungen frage: Möchten Sie Ihr Leben gegen das eines anderen tauschen? Und siehe da: Gerade diejenigen, die vorher ihr Leben noch beklagten, die es loswerden wollten und ihre Vergangenheit bejammerten, sie halten plötzlich daran fest und wollen es um keinen Preis hergeben. Daraus ziehe ich dann den Schluß: Also ist Ihr Leben doch das beste unter allen!"

Eugen Roth drückt diese Weisheit auf seine etwas pessimistische Weise humorvoll aus:

> *„Oft führ' man gern aus seiner Haut.*
> *Doch wie man forschend um sich schaut,*
> *erblickt man ringsum lauter Häute,*
> *in die zu fahren auch nicht freute".*
> *(Zit. nach Feige 1984, 121).*

Die christliche Antwort auf diese etwas pessimistische Einschätzung des menschlichen Lebens könnte lauten:

> *Drum lieber Mensch, bescheide dich*
> *mit deiner Haut und neide nicht.*
> *Denn Gott schuf in die andern Häute,*
> *wie du und ich: normale Leute.*

2. Teil

Die Schlüsselmethode
in der seelsorglichen Praxis

Einleitung

Die Schlüsselmethode – ein Impuls für die Seelsorge heute in einer Zeit, in der die Therapie immer mehr seelsorgliche Aufgaben zu übernehmen scheint?

Was finden wir im Jahrzehnt der spirituellen Therapie vor?

Vor allem einen ungestillten Hunger nach Heil und Heilung, der den ganzen Menschen betrifft. Und „Hunger" tut weh. Längst ist vielen klar, daß der Mensch sich und seinen Sinn, Liebe und Arbeit, Vergnügen und Spiel, Kultur und Religion nicht nur selbst herstellen, erarbeiten oder käuflich erwerben kann.

In dem ausgeklügelten System von Angebot und Nachfrage in unserer Gesellschaft, das sich mehr und mehr verselbständigt und den Menschen zum Produkt seiner selbst werden läßt, funktionieren Hunderttaussende und verlieren dabei auf der Flucht vor der Wahrheit ihres eigenen Menschseins ihre Menschlichkeit, ihre Gesundheit und letztlich ihr Leben.

Orientierungs- und Sinnlosigkeit prägen das Gesicht unserer Gesellschaft und machen auch vor den Kirchen und Gemeinden nicht halt, vor Menschen, die sich auf das Evangelium berufen und von Gott her versuchen, ihren Alltag zu leben.

So ist die allgemeine Verunsicherung der Menschen in ihrer Identität in allen Lebensbereichen zu finden und wird dementsprechend in den verschiedenen Praxisfeldern der Seelsorge laut:

Ich weiß nicht, wer ich bin.

Ich weiß nicht, was ich soll.

Ich weiß nicht, was ich glaube.

Ich weiß nicht, was ich tue.

Seelsorge als „Praxis des Evangeliums" ist herausgefordert, „diesen krisengeschüttelten, von Entscheidungen gequälten und von körperlichen und seelischen Nöten gehetzten" Menschen in den Blick zu nehmen (Wachinger 1990, 108).

Doch ist die heutige Seelsorge „vor Ort" auf diese existentielle Verunsicherung der Menschen in Gesellschaft und Kirche eingestellt? Hat sie dort ihren „Sitz im Leben"? Oder orientiert sie sich noch häufig an einer geschlossenen christentümlichen Gesellschaft mit entsprechenden pastoralen Handlungskonzepten, die diese Fragen als Symptome mangelnden Glaubens und mangelnder Kirchenzugehörigkeit behandelt und dementsprechende Antworten und Praktiken empfiehlt? Sind die Seelsorger und Seelsorgerinnen in den verschiedenen pastoralen Praxisfeldern genügend ausgebildet und vorbereitet auf die anstehenden Fragen, die gleichzeitig Rückfragen an die eigene Identität herausfordern? Sind sie sich der eigenen Verunsicherung bewußt und haben sie gelernt, konstruktiv mit ihr umzugehen?

Die Schlüsselmethode versucht, im Rahmen von Seelsorge diesen Unsicherheiten und den damit verbundenen Fragen nachzugehen. Sie möchte ihnen auf den Grund gehen und den „Schlüssel" suchen, der zu den Unsicherheiten führt und gleichzeitig die Chance birgt, Schritt für Schritt zu gelebten Antworten zu kommen. Sie gibt sich nicht zufrieden mit „äußerlichen" Veränderungen, sondern will zu Entscheidungen, Standortbestimmung und Übernahme von Verantwortung für jeden Schritt auf dem Weg zur Identitäts- und Glaubensfindung führen.

Dabei ist sie wie die Seelsorge nicht einfach identisch mit Lebenshilfe, und sie ist nicht Reparaturwerkstatt für die, die im Sinne der Gesellschaft mit deren Anforderungen nicht zurechtkommen. Seelsorge will Menschen einen Sinnhorizont geben, der ihrem Leben eine Richtung weist, der ihnen einen Wert auch dann noch zuspricht, wenn sie nach menschlichen Maßstäben gescheitert sind. In diesem Sinn hat die Seelsorge und damit auch die Schlüsselmethode eine sozialkritische und damit transzendierende Funktion (vgl.Luther 1986, 2–17).

So setzt sich die Schlüsselmethode kritisch auseinander mit den heutzutage allgemein beliebten Auswegen aus dem Identitätsverlust in unserer Gesellschaft und auch in der Kirche, die meinen, entweder auf dem Weg der Selbstentleerung oder Selbststeigerung oder auf dem Weg in fundamentalistische Randgruppen das eigene „Ich" und das „Du" zu finden.

Der erste Weg der Selbstentleerung und Selbststeigerung verspricht ein immer gesünderes, ganzheitlicheres und stärkeres Bewußtsein, gekoppelt mit einer nicht enden wollenden Selbsterfahrung, die letztlich in die Ungebrochenheit, Zweifelsfreiheit und Ganzheit führen soll.

An dieser Stelle möchte die Schlüsselmethode die Übernahme von Verantwortung einüben, Verantwortung für das „Mehr" der Menschen als ihre Erfahrung im „Hier und Jetzt", die oft auf diesem Weg als einziges Kriterium der eigenen Identität zählt, gerade auch in den verschiedenen Formen von spiritueller Therapie. Die Erfahrung im Hier und Jetzt ist wichtig, doch sie ist nicht das „Ganze" und rechtfertigt nicht die Handlung aus der eben gemachten Erfahrung. So bezieht die Schlüsselmethode in ihrer Arbeit die Vergangenheit und Zukunft mit ein. Denn in dieser „Erfahrungsbesessenheit" des „Hier und Jetzt" besteht die Gefahr von Gedächtnisverlust, die die Vergangenheit ausklammert. Aber nur aus der Vergangenheit können in der Gegenwart Ideen für die Zukunft erwachsen.

Der zweite Weg in fundamentalistische Randgruppen sucht nach Erklärungen und schlüssigen Systemen, nach Zweifelsfreiheit und Klarheit, und auch er verspricht „Ganzheit".

An dieser Stelle setzt die Schlüsselmethode auf den „Mut zum Fragment", in dem schon das „Ganze" sichtbar wird, und sie ermutigt so, den Weg in die persönliche Verantwortung für das eigene Leben zu gehen.

Dabei kommt sie zu den Fragen, die in unserer Gesellschaft, auch in der Kirche, oft mehr vermieden, abgespalten oder an den Rand gedrängt werden:

Wo leiden die Menschen? Wo leide ich?

Woran leiden sie? Woran leide ich?

Wer oder was macht die Menschen leiden, macht mich leiden?

Die Schlüsselmethode fragt nach den tieferen Ursachen dieser Leiden und eröffnet gleichzeitig den Weg durch die Leiden hindurch in einen Prozeß der Heilung.

Wer diese Fragen stellt und nach Antworten sucht, braucht Grundlagen. Zwei wesentliche Grundlagen hierfür sind die Annahme der Würde des Menschen und das Gedächtnis. Beide sind vom Evangelium her zu verstehen und von der Geschichte Jesu her zu lernen.

Die folgenden Beiträge zeigen, wie die Impulse der Schlüsselmethode in unterschiedlichen Praxisfeldern der heutigen Seelsorge aufgenommen und verwirklicht werden können.

Hermann Kügler

Die Schlüsselmethode in Persönlichkeitsarbeitsgruppen nach TZI

Seit einigen Jahren arbeite ich in der Aus- und Fortbildung von – zumeist kirchlichen – Mitarbeitern und Mitarbeiterinnen. In den Gruppen haben die Teilnehmenden Gelegenheit, sich selbst besser kennenzulernen und an den Bedingungen zur Weiterentwicklung ihrer Persönlichkeit zu arbeiten. Verstand, Gefühle, äußere und innere Wahrnehmung sowie körperliche Ausdrucksweisen werden einbezogen, damit die Ganzheit der Persönlichkeit ernst genommen wird. In Lern- und Ausbildungsgruppen für angehende Priester und Ordensleute, in Arbeitsteams und Supervisionsgruppen verbinde ich das Anliegen der Schlüsselmethode mit dem der themenzentrierten Interaktion.

1. Die themenzentrierte Interaktion nach Ruth Cohn

Die themenzentrierte Interaktion (TZI) ist aus den Erfahrungen und Erkenntnissen der Psychoanalyse und Einflüssen der Gruppentherapie in den 50er und 60er Jahren in den USA entstanden. Sie wurde von Ruth C. Cohn initiiert und in den Workshops Instituts for Living Learning (WILL) von ihr und ihren Kollegen weiterentwickelt (Cohn 1975, 120–128; Raguse 1987, 117–143).

Als Konzept von Gruppenarbeit läßt sich TZI in Situationen anwenden, in denen Gruppenarbeit sinnvoll ist. Das Konzept von TZI ist für kleinere Gruppen entworfen und erprobt. Für Großgruppen fehlt es noch an gesicherten methodischen Erkenntnissen, und für Einzelarbeit und Paarbeziehungen ist dieses Konzept eher ungeeignet.

Als Rahmenkonzept erfordert TZI bei seiner Anwendung für bestimmte Aufgabenstellungen zusätzlich entsprechende Fachkompetenz. Hier ist es beispielsweise mit der Schlüsselmethode verbindbar. Als Universalmodell, das auf jede Form von Gruppenarbeit angewendet werden kann, ist seine Anwendung nur ausgeschlossen, wenn sich die Werthaltung von TZI mit denen der Gruppenteilnehmer nicht vereinbaren läßt.

TZI bezweckt,

– sich selbst und andere so zu leiten, daß wachstumsfreundliche und heilende statt gefährdende Tendenzen im Menschen angeregt werden,
– das Lernen von Sachinhalten mit der Förderung der Persönlichkeit zu verbinden,
– in sozialen und kommerziellen Institutionen und Betrieben Arbeitsnotwendigkeit mit Achtung vor der Person und zwischenmenschlichen Beziehungen zu verbinden,
– Kommissionen von Organisationen, Kongressen etc. im Sinn lebendiger Kommunikation zu führen und Rivalitäten zugunsten von Kooperation zu vermindern.

Zu diesem Zweck praktiziert TZI ein Interaktionsmodell, das die Person (ich), die Gruppe (wir) und die Aufgabe, das Thema (es) als gleichwertig behandelt und das Umfeld – im engsten und weitesten Sinne – (den „Globe", die Kugel) stets mitberücksichtigt.

Zu den Grundlagen der themenzentrierten Interaktion zählen Ruth Cohns humanistische Axiome, Postulate und Hilfsregeln (Heigl-Evers/ Heigl 1973, 237–255). Ruth Cohn nennt als grundlegende Axiome:

1. Der Mensch ist eine psychobiologische Einheit, er ist auch Teil des Universums, er ist darum autonom und interdependent. Autonomie (Eigenständigkeit) wächst mit dem Bewußtsein der Interdependenz (Allverbundenheit).
2. Ehrfurcht gebührt allem Lebendigen und seinem Wachstum. Respekt vor dem Wachstum bedingt bewertende Entscheidungen. Das Humane ist wertvoll, Inhumanes ist wertbedrohend.
3. Freie Entscheidung geschieht innerhalb bedingender innerer und äußerer Grenzen. Erweiterung dieser Grenzen ist möglich. (Matzdorf 1985, 48–58)

Daraus folgen zwei grundlegende Postulate:

1. Sei deine eigene Chairperson; das bedeutet: Die Wahrnehmung nach innen und außen zu schärfen und sich verantwortlich gemäß den eignen Wünschen und Bedürfnissen und denen der anderen zu entscheiden.
2. Beachte Hindernisse auf deinem Weg, deine eigenen und die von anderen. Störungen und Betroffenheiten haben Vorrang.

Zur Methode gehören auch Hilfsregeln, die die Axiome und Postulate unterstützen.

Eine TZI-Gruppe läßt sich durch folgende Merkmale charakterisieren (Bramstädt/Cords 1985, 73–75):
- Eindeutige Leitung
- Klare Strukturierung
- Hinterfragbare Verhaltensnormen
- Deutliche Aufgabenstellung
- Möglichkeit der Prozeßreflexion
- Offenheit des Systems

Die Rolle des/der TZI-LeiterIn ist aktiver, sichtbarer und teilnehmender, als es im klassischen gruppendynamischen Training der Fall ist (Langmaack 1991, 48–55).

In der TZI wird der/die LeiterIn als ModellteilnehmerIn verstanden. Ihre Echtheit und ihre ausgewählte Offenheit setzen Maßstäbe für die TeilnehmerInnen, die sie auch als Herausforderung erleben sollen.

Diese Haltung in der Leitung geht von der Überlegung aus, daß niemand erwarten kann, daß TeilnehmerInnen von selbst etwas zeigen, wenn der/die LeiterIn sich selbst als Mensch versteckt. Steuern die LeiterInnen ihre eigenen Gedanken und Gefühle bei, und zwar nicht nur die guten, sondern ausgewählt echte, so machen sie damit den TeilnehmerInnen Mut, selbst echt zu bleiben und von sich auch nicht nur die Sonnenseite zu zeigen, sondern auch solche Anteile ihrer Person, denen sie sich sonst nicht stellen, die aber wichtige Funktionen haben.

2. Schlüsselmethode und TZI: die Arbeit mit der Schlüsselmethode in Persönlichkeitsarbeitsgruppen nach TZI

2.1. Die Beziehungsaufnahme in der Gruppe

Eine erste Beziehungsaufnahme zwischen LeiterIn und TeilnehmerInnen beginnt bereits vor Seminarbeginn mit der Ausschreibung. Eine klare und präzise Einladung hilft den TeilnehmerInnen, sich auf den Kurs einzustellen und vorzubereiten. Je klarer und präziser die Ausschreibung, desto mehr Sicherheit haben die KursteilnehmerInnen: Jede(r) weiß besser, was auf ihn/sie zukommt.

Bei mehrtägigen, also etwa fünf- bis siebentägigen Seminaren, hat es sich als günstig erwiesen, am ersten Tag mit dem Abendessen zu beginnen und am letzten Tag mit dem Mittagessen zu schließen. In der ersten und evtl. noch in der zweiten Gruppensitzung ist es mir wichtig, ein Klima zu schaffen, in dem die TeilnehmerInnen miteinander vertraut werden und eine heilsame, für alle förderliche Atmosphäre entstehen kann – gemäß Paul Watzlawicks Axiom, daß in menschlicher Kommunikation die Beziehungsebene die Inhaltsebene bestimmt (Watzlawick [4]1974).

Wenn eine Gruppe sich bereits gut kennt, ist es in der Regel nicht notwendig, noch intensive Kennenlernübungen zu machen. Ich stelle statt dessen dann z.B. die Fragen: Wann hat dieses Seminar für mich begonnen, wofür will ich hier für mich sorgen? Was befürchte ich?

Anders ist es, wenn eine Gruppe aus einander unbekannten TeilnehmerInnen besteht, oder sich nur einige kennen. Dann fordere ich z.B. dazu auf, daß jede(r) aus dem eigenen Zimmer drei Gegenstände mitbringt und sich über diese Gegenstände den anderen TeilnehmerInnen vertraut macht. Diese sehr persönliche Kontaktaufnahme führt in aller Regel schnell dazu, daß die TeilnehmerInnen miteinander vertraut werden und ins Gespräch kommen. Gern stelle ich an den Anfang eines gemeinsamen Gruppenseminars auch eine Übung, die ich „die Seele nachkommen lassen" genannt habe: Zu meditativer Musik bitte ich die TeilnehmerInnen, den Tag vom Aufstehen angefangen noch einmal gedanklich durchzugehen und positive und negative Erfahrungen des Tages in sich aufsteigen zu lassen, bis sie innerlich nach dem Gang durch den Tag im Gruppenraum angekommen sind (Vgl. Frielingsdorf/Stöcklin 1983).

2.2. Die Explorationsphase

Die Kontaktaufnahme untereinander und ein gutes, heilendes Gruppenklima sind notwendige, aber nicht hinreichende Voraussetzungen für eine Gruppenarbeit mit der Schlüsselmethode. Da es darum geht, verschüttete, oft angstmachende Lebensthemen „aufzustöbern" und einer Bearbeitung zugänglich zu machen, arbeite ich darauf hin, möglichst schnell in die zweite Gruppenphase überzuleiten, in der dies geschehen kann (Rubner/Rubner 1991, 34–48).

Eine Methode, die sich für diese Phase bewährt hat, ist die Rekonstruktion der Herkunftsfamilie mit Hilfe dreidimensionaler Figürchen aus einer großen Sammlung alter Spielfiguren, Bauernhoftiere, Playmobilfiguren, Schachfiguren u. ä. oder zum Selbermachen aus Knete oder Plastilin. Die TeilnehmerInnen werden aufgefordert, aus den vielen hunderten von Einzelteilen ihr Herkunftsfamiliensystem zu rekonstruieren. Vater, Mutter, die Geschwister, evtl. die Großeltern und andere wichtige Figuren der Herkunftsfamilie sollen anhand von Figuren, Tieren und Symbolen in einem Familiensystem zusammengestellt werden.

Dies geschieht am einfachsten, wenn jede(r) TeilnehmerIn dafür einen eigenen Tisch zur Verfügung hat. Wichtig ist, genügend Zeit zu geben, mindestens eine Stunde. In der Regel mache ich für die TeilnehmerInnen ein Photo von ihrer Familienrekonstruktion, das sie zum Abschluß des Kurses mit nach Hause nehmen können.

Wenn Gruppen noch nicht so erfahren, aber doch motiviert sind, können sie zur Vorbereitung darauf in einer vorgängigen Sitzung ihren Familienstammbaum aufschreiben oder aufmalen. Dies hilft oft, in Kontakt mit der Herkunftsfamilie zu treten und die häufig schwierigen Beziehungen zu ordnen.

Soll noch nicht allzu „tief" eingestiegen werden – etwa wenn nicht sehr viel Zeit zur Verfügung steht – lasse ich die einzelnen auch ein Familienwappen malen. Auf einem großen Karton (mindestens DIN A 2) malt jede(r) ein Wappen mit den vier Feldern: Wie erlebte ich mich selbst in der Familie? Welches sind älteste Geschichten und Mythen der Familie? Was war meine Delegation durch die Familie? Wie stellte sich die Familie nach außen dar? Und als Überschrift schreibt er/sie das Motto der Familie in die Stirnleiste.

2.3 Die Problembearbeitungsphase

Die intensive Arbeit an der Familienrekonstruktion oder am Familienwappen berührt in der Regel die TeilnehmerInnen emotional tief. Meist ergibt sich von daher schon die Motivation, das Angefangene nun zu vertiefen und zu bearbeiten. Die Zeit ist so eingeteilt, daß jede(r) TeilnehmerIn in der Gruppe Gelegenheit hat, eine ganze Gruppensitzung (in der Regel 1 1/2 Stunden) für sich in Anspruch zu nehmen. Jede(r) kann das persönliche Familiensystem der Gruppe vorstellen. Die Gruppe fragt zurück, was sie nicht verstanden hat. Bewährt hat sich die Arbeit mit den freien Assoziationen der Gruppe zu den vorgestellten Rekonstruktionen.

Meist fordere ich die Protagonisten auf, die Position, die sie sich selbst im Familiensystem gegeben haben, nun auch körperlich einzunehmen und darzustellen. Die eigene körperliche Ausdrucksform hat den Vorteil, daß sie sich tief im Gedächtnis einprägt. So erinnern sich die meisten noch nach Jahren an ihre körperlich ausgedrückte Familienposition. Zu dieser im Körper empfundenen und dargestellten emotionalen Schlüsselposition in der Herkunftsfamilie läßt sich dann ein passendes Schlüsselwort finden, das sich oft in Einfällen zu Schlüsselerfahrungen aus der frühen Kindheit als stimmig erweist.

Ein Beispiel: Schwester Anna (Die persönlichen Daten sind verändert) ist knapp 30 Jahre alt und arbeitet als Altenpflegerin in einem ordensinternen Alten- und Pflegeheim. Sie ist die jüngste von vier Geschwistern. Ihre Eltern führten eine Gastwirtschaft und hatten dadurch nicht viel Zeit für die Kinder. Als Schlüsselbotschaft der Eltern an sie benennt Schwester Anna: „Sei still und halt dein Maul, denn du bist der letzte Dreck." Diese Schlüsselbotschaft hat sie anhand des Lebensskripts bereits vor dem Seminar herausgearbeitet. Über die Arbeit an der Familienrekonstruktion kommen wir auf eine für ihre Kindheit typische Szene: Anna sieht sich klein und zusammengekauert unter der Theke in der Gaststube sitzen, wohin der letzte Dreck gekehrt wurde.

Anhand dieser Schlüsselerfahrung fällt es ihr wie Schuppen von den Augen. Bislang hat sie sich immer so verhalten, daß sie sich den Mitschwestern und der Oberin gegenüber wie der letzte Dreck fühlt. Auch in ihrer Arbeit im Alten- und Pflegeheim übernimmt sie die letzten Drecksarbeiten.

Nachdem Schwester Anna diese Zusammenhänge klargeworden sind und sie sich entschieden hat, aus diesen lebensbehindernden und -zerstörenden Teufelskreisen der Elternbotschaft auszusteigen, gelingt es ihr mit Hilfe der Gruppe, ein Gespräch mit ihrer Oberin vorzubereiten, in dem sie eine Versetzung beantragt, die ihr auch zugestanden wird. Schwester Anna kann nun in einem anderen Haus ihres Ordens einen neuen Anfang wagen.

Ein zweites Beispiel: Barbara ist 24 Jahre alt und studiert Theologie. Sie bringt in der Seminargruppe ein paar Angstträume ein: In einem Traum verfolgen sie wilde Tiere, in einem anderen Traum befindet sie sich in einer brennenden Halle, und in einem dritten Traum verfolgt sie ein Mann auf nächtlicher Straße.

Die SeminarteilnehmerInnen assoziieren u. a. zu den wilden Tieren die archaischen und triebhaften Gefühle, zu der brennenden Halle die Sexualität, und fragen schließlich nach wichtigen Erfahrungen mit Männern in ihrem Leben.

Als diese Stichworte fallen, erzählt Barbara nach heftigem Weinen, ihr Vater habe sie in der Kindheit und Jugend sexuell mißbraucht, und noch im Alter von 14 Jahren habe sie im väterlichen Bett schlafen müssen. Im Alter von 15 Jahren unternahm sie, nachdem einmal ihre Regel ausblieb, einen mißglückten Suizidversuch.

Barbaras Lebensschlüsselwort heißt „mißbraucht". Als Schlüsselposition dazu nimmt sie eine Haltung ein wie die der berühmten Skulptur „Russische Bettlerin" von Barlach. Diese vornüber gebeugte Haltung in Verbindung mit der Handlung drückt für Barbara am deutlichsten aus, was sie in ihrer Schlüsselposition „mißbraucht" im Tiefsten empfindet:

„Das, was ich am intensivsten ersehne, befürchte ich am stärksten." So fürchtet sie sich am meisten vor menschlicher Nähe, die es ihr ermöglichen würde, ihre Gefühle zuzulassen, denn gerade hier erlebte sie den Mißbrauch und wurde geschädigt. Barbara erfährt die Gruppe als eine wichtige Hilfe und Unterstützung in diesem Prozeß. Sie sagt: „Allein hätte ich es nie geschafft."

Eine Nähe- und Distanzübung vermittelt Barbara die Erfahrung, daß sie sich heute als erwachsene Frau nicht weiter von anderen mißbrauchen lassen muß. Hier entdeckt sie, daß sie über Nähe und Distanz in Beziehungen mitentscheiden kann. Sie selbst kann ihre Grenze bestimmen und im Dialog Beziehungen verantwortlich mitgestalten. Später erfahre ich, daß Barbara ihr Theologiestudium aufgegeben und statt dessen ein Pädagogikstudium begonnen hat. Ein Grund für diese Entscheidung ist ihre Erfahrung, daß ihr in der „männlich dominierten Kirche" als Theologin meist einseitig und ohne Dialog Grenzen gesetzt werden und sie sich so in ihrer Selbstbestimmung und Identität als „Frau in der Kirche" „mißbraucht" fühlt.

2.4. Die Phase der „Unterscheidung"

TZI lehrt, auf den „Globe" zu achten: auf den „inneren Globe" dieses Seminars – z. B. die Zeit ist nicht beliebig lang – und auch auf den „äußeren Globe" des Lebens. Die Vergangenheit kann niemand umzaubern, aber ebenso ist keiner verdammt, in Zukunft ständig die alten Macken und Rillen zu wiederholen.

Hier gilt es, die „Geister" zu unterscheiden (Stöcklin [2]1981).

Die TeilnehmerInnen sollen weder unrealistischen Allmachtsphantasien verfallen, noch die Flinte ins Korn werfen und alles beim alten belassen. Wenn die Schlüsselposition einmal „aufgestöbert" und mit einem Schlüsselwort benannt ist, legen sich oft die Fragen nahe: Welche Seiten meines Mann- oder Frauseins lebe ich heute? Wovon will oder muß ich mich verabschieden? Und was ersehne ich mir noch?

Ziel ist es, realistische Perspektiven für die Zukunft in den Blick zu nehmen, um immer mehr vom „Überleben" zum „Leben" zu finden (Frielingsdorf [4]1993, 172–200).

Clemens ist 29 Jahre alt und Kaplan in einer Pfarrei. In einem ersten Seminar hat er über die Frühzeit seines Lebens die Einsicht gewonnen: Er ist „der zweite Versuch, nachdem es beim ersten Mal nicht geklappt hat". Seine um ein Jahr ältere Schwester starb am Tage nach der Geburt.

In den Erzählungen der Familie war die tote Schwester ständig gegenwärtig. Ihm ist klar, daß er sich nur als „Ersatz" für diese Schwester erlebt. Clemens hielt „Ersatz" auch zunächst für sein Schlüsselwort, da er sich gefühlsmäßig immer wieder als „Ersatz" vorfand. Im Gespräch in der Gruppe und in der Nacharbeit anhand einer Familienskulptur kommt er allerdings tiefer an seine Schlüsselposition heran und findet für sich das Lebensschlüsselwort: Zerrissen. Plötzlich ordnen sich auch bisher schwer verstehbare Lebenserfahrungen einander zu. Die Familie wurde, als er drei oder vier Jahre alt war, durch Scheidung zerrissen. Die damit verbundenen schmerzlichen Gefühle durften zu Hause nicht gelten und geäußert werden, da die Mutter genug zu tun hatte, die inzwischen drei Kinder „über Wasser zu halten". Scheidungsgrund war eine Liaison des Vaters mit einer jungen Asiatin, die er auf einer Urlaubsreise nach Ostasien kennengelernt hatte. Daraufhin galt zu

Hause der Bereich der Erotik, Sexualität und Partnerschaft als tabu. Clemens erlebte sich seit der Pubertät wie innerlich „zerrissen". Eine intensive homosexuelle Beziehung während der ersten Kaplansjahre blieb nach außen hin verborgen. Dadurch fühlte er sich erneut innerlich zerrissen. „Das wühlt in mir wie ein Krebsgeschwür und zerreißt mich innerlich", sagte er im Seminar.

Die Gruppe hilft ihm, diese Beziehung näher anzuschauen, und er deutet sie selbst als Rache an seinen Eltern, die ihm sein „zerrissenes Leben" „eingebrockt" haben. Für Clemens, der übrigens auch seinen Namen das eine Mal mit „C", das andere Mal mit „K" schrieb, steht an diesem Punkt die Einsicht, daß er einerseits seine Vergangenheit nicht ändern kann und andererseits in der Gegenwart darauf nicht festgelegt ist, sie weiter zu wiederholen. Deshalb nimmt er sich vor, in Zukunft eine qualifizierte Begleitung zu suchen, mit der er die Verwundungen seines Lebens nach dem Seminar bearbeiten kann. Eine Vereinbarung wird getroffen, wer ihn einige Zeit später anruft, um die Verabredung zu überprüfen.

Daniel und Eva, 28 und 25 Jahre alt, sind beide im kirchlichen Dienst beschäftigt. Seit zwei Jahren sind sie befreundet und wollen heiraten. Doch kommt es in letzter Zeit immer wieder zu Unstimmigkeiten zwischen ihnen, weshalb sie ihre Beziehung klären und überprüfen wollen.

Die Bearbeitung ihrer Schlüsselerfahrungen ergibt das folgende Bild: Daniel ist das uneheliche Kind einer 45jährigen Mutter, die ihn wegen völliger Überforderung zur Adoption freigegeben hat. In der Adoptivfamilie blieb er das einzige Kind.

Als Lebensschlüsselwort benennt er für sich „nicht gewollt". Überlebt hat er mit der Maxime: „Nur auf mich selbst ist Verlaß." Mit Hilfe der Gruppe entdeckt Daniel, wie sehr sein Schlüsselwort: „nicht gewollt" und die Überlebensstrategie: „Nur auf mich selbst ist Verlaß" die Beziehung zu Eva prägen.

Evas Schlüsselwort ist fast gegenläufig. Eva ist die jüngste von drei Geschwistern und findet für sich das Schlüsselwort: „Schmuckstück". Nach zwei Kindern wollten ihre Eltern unbedingt noch ein drittes Kind haben, dem sie alle Aufmerksamkeit widmeten und das sie im Familienkreis als „Schmuckstück" vorzeigten. Eva merkt, wie sehr sie bislang diese Rolle übernommen und sich den Wünschen und Erwartungen der anderen angepaßt hat.

Auf dem Seminar entdecken beide, wie sich ihre Lebensmuster auch in ihrer Beziehung wiederholen. Am Ende der Kurstage halten sie als Ergebnis für sich fest: Er „muß" und möchte mehr auf Eva und ihre Freundschaft achten und darf sich auf sie verlassen. Sie „muß" und möchte nicht länger „Schmuckstück" für ihn und die Freundschaft sein und darf mehr auf sich selber, ihre Wünsche, Bedürfnisse, Vorstellungen und Erwartungen an ihn und die Freundschaft achten.

2.5. Der Abschied

In der Abschlußphase gilt es, die Erfahrungen jedes/r einzelnen noch einmal zusammenzufassen, um sie für die Situation zu Hause im gewohnten Umfeld nutzbar zu machen. Mehr oder weniger ausdrücklich werden noch einmal die Bereiche thematisiert:
- Was waren für mich die wichtigsten Erfahrungen in diesem Seminar?
- Was habe ich daraus für mich und meine Beziehungen gelernt?
- Wie kann ich konkret diese Erfahrungen zu Hause im Alltag umsetzen?
- Welche Hilfen brauche ich dazu?

„Gelungen" ist ein Kurs oder Seminar dann, wenn jede und jeder gut den anderen Adieu sagen und nach Hause fahren kann in der Gewißheit, etwas für sich und seine Lebens- und Arbeitswelt gelernt zu haben, selbst wenn noch vieles ungeklärt bleibt.

3. Möglichkeiten und Grenzen der Schlüsselmethode in Persönlichkeitsarbeitsgruppen nach TZI

Anders als die Schlüsselmethode, die vor allem im Bereich der Pastoralpsychologie anzusiedeln ist, ist die themenzentrierte Interaktion ein religionsoffenes System. Ruth Cohn sagte einmal in einem Interview: „Da TZI-Gruppen sich mit den grundlegenden menschlichen, auch ethischen Bedürfnissen und Fragen beschäftigen, kommen – zusammen mit anderen oft verdrängten oder unbewußten – auch religiöse Fragen auf, die den Sinn und Ursprung menschlichen Lebens betreffen."

TZI hat keine eigene Aussage über Gott oder Göttliches zu machen. Sie vergottet sich auch nicht selbst. – Im Gegensatz zu sogenannten Ideologien betont sie, daß menschliche Perspektiven von unseren innewohnenden Fähigkeiten und unseren jeweiligen Wissensstandorten und unserem Glauben abhängen. TZI ist religionsoffen. Ihre Axiomatik kann religiös, philosophisch oder wissenschaftlich vertreten oder abgelehnt werden" (Cohn 1978). So kann das System der TZI ohne weiteres im Sinne der christlichen Botschaft konturiert und inhaltlich gefüllt werden.

Dies geschieht implizit dadurch, daß die Teilnehmer meiner Persönlichkeitsarbeitsgruppen meist eine religiöse Sozialisation mitbringen, die dann die Inhalte der Gruppensitzungen mitbestimmt. Ausdrücklich geschieht dies in den – meist abendlichen – Eucharistiefeiern, die die oft schwer Themen des ganzen Tages noch einmal aufgreifen und einer Deutung vom Glauben her zugänglich machen.

Daß Menschen einander nicht „erlösen" können, weil sie damit hoffnungslos überfordert wären, ist für manche Kursteilnehmer eine ernüchternde Erfahrung, ebenso wie die befreiende Erfahrung, daß auch der bestausgebildete Trainer oder Therapeut zusammen mit den Teilnehmern eines Seminars vor Gott als dem „Cheftherapeuten" aller Menschen steht.

Wenn das Geschehen des Tages in Gebet und Eucharistiefeiern mit Gott in Berührung gebracht werden kann und dies in den Tagesablauf integriert wird, geschieht oft eine ideale Vernetzung von pastoralpsychologischer Arbeit und gelebter Spiritualität.

Insgesamt möchte ich die Methoden der TZI als „sanfter", „werbender", „behutsamer" bezeichnen als die der Schlüsselmethode. TZI ermöglicht eine langsame Hinführung zu den oft „harten" Themen der individuellen Lebensgeschichte. Die TeilnehmerInnen bestimmen selbst das Maß der Vertiefung, das sie sich zumuten wollen oder können. Sie werden eingeladen, bei sich selbst nachzuschauen und zu entscheiden, an welchen Themen sie arbeiten und worauf sie sich einlassen wollen. Darüber hinaus bringen sich der Leiter oder die Leiterin als ModellpartizipantIn selektiv-authentisch mehr selbst mit ein. Dies fordert von ihm/ihr ein hohes Maß an Selbstwahrnehmung und Selbstreflexion.

In der TZI ist vor allem der Gruppenprozeß wichtig. Die Gruppe als solche hat einen hohen Wert. Sie ist nicht nur der Resonanzboden für die Deutungen der LeiterInnen, sondern nimmt aktiver an der Arbeit teil.

Die Schlüsselmethode in TZI-Gruppen ermöglicht es, gezielt „auf den Punkt" zu kommen. Dies setzt allerdings die nötige Bereitschaft bei den TeilnehmerInnen voraus, sich auch darauf einzulassen. Wenn die Widerstände in der Gruppe und beim einzelnen zu groß sind, ist es nicht ratsam, mit dem Instrumentarium der Schlüssel-Methode zu arbeiten. Dies würde die TeilnehmerInnen überfordern und an ihnen vorbeigehen und dadurch mehr schaden als nutzen.

Ziel aller pastoralpsychologischen Arbeit bleibt in jedem Fall, Menschen zu einer geordneten Selbstliebe, Gottesliebe und Nächstenliebe zu verhelfen; oder anders ausgedrückt, dazu beizutragen, daß Menschen auf dem Weg ihres Lebens sehend werden, Gott als den Gott ihres Lebens erkennen und in geschwisterlicher Gemeinschaft mit Wort und Tat erzählen, wie sehr er den Menschen heilen will und kann (Baumgartner 1990, 671).

Siegfried Esch

Die Schlüsselmethode in der Krankenhausseelsorge

1. Krankenhaus und Seelsorge – ein Blitzlicht

Das Hospital von einst mit seiner ganzheitlichen Sorgestruktur hat sich zu einer Einrichtung für kranke Menschen mit einer hochspezialisierten Medizin und technisch perfekten Apparatur entwickelt. Das medizinisch-therapeutische Team eines Krankenhauses setzt sich heute aus einer Anzahl fachkompetenter Spezialisten zusammen. Bei zunehmender Dominanz apparativer Medizin wird es demzufolge immer schwieriger, den Kranken noch als ganzen Menschen mit seinen Gedanken, Gefühlen, Nöten und Ängsten wahrzunehmen. „Dabei erleben die meisten Menschen ihr Kranksein als Krise, die häufig ihr bisheriges Selbst- und Weltverständnis in Frage stellt. Wer stellt sich diesen Fragen und ist bereit, die Kranken zu begleiten?", fragt sich A. Rainer (1989, 102).

Die Krankenhausseelsorge versucht, sich der Entwicklung und Herausforderung eines modernen Krankenhauswesens zu stellen. Sie sieht ihre Aufgabe nicht länger in einer instrumentalisierten Sakramentenpastoral, sondern in einer begleitenden Seelsorge (Mayer-Scheu ²1981, 35.) Grundlage heutiger Krankenhausseelsorge ist entsprechend christlicher Tradition der Krankenbesuch – verstanden als offenes Angebot (vgl. Mt 25, 31–49; Lk 10, 9; Jak 5, 14). Der Kranke entscheidet, ob er sich auf das „personale Angebot" des Seelsorgers oder der Seelsorgerin einlassen will. Auf Wunsch des Patienten kann sich dann ein intensives Gespräch oder eine seelsorgliche Begleitung ergeben. Thematisch geht es dabei hauptsächlich um die Krankheit des Patienten, seine körperlichen und seelischen Erfahrungen, die Folgen für die Zukunft, Fragen nach den Ursachen und ihrem möglichen Sinn. Hat der Seelsorger oder die Seelsorgerin ein Gespür dafür, ob der Glaube für den Kranken eine Verstehens- oder Deutungshilfe bietet, kann dies zu einer wichtigen spirituellen Kraftquelle für den Heilungs- und ggf. auch für den Sterbeprozeß werden.

Zeitgemäße Krankenhausseelsorge vertritt nach erneuter bibeltheologischer Orientierung und Rückbesinnung auf ihre Tradition einen ganzheitlichen Ansatz.

2. Krankenhausseelsorge als heilende Seelsorge

2.1. Anfrage an das Neue Testament

„Heilende Seelsorge" fordert die Frage heraus: Wie hat Jesus geheilt und wie hat er sein Tun verstanden? Die Grundaussage von Mt 4, 23–25 (vgl. Lk 4, 40–44; Mk 1, 39) beruht nach Ansicht der Bibelwissenschaftler auf historischen Fakten: Jesus lehrte, verkündete seine Botschaft und „heilte im Volk alle Krankheiten und Leiden ..." Man brachte Kranke mit den verschiedensten Leiden zu ihm, und er heilte sie. Er benutzte dabei keine speziellen Heilungs- und Behandlungsmethoden. Das Heilen gehörte für ihn wesensnotwendig zum Angebrochensein des Reiches Gottes (Mayer-Scheu/ Kautzky, [2]1982, 138 ff).

Heilung bezieht Jesus immer auf die Ganzheit des Menschen. Er erlöst den Menschen aus der Gebrochenheit an Leib und Seele, aus dem Verlust seiner Mitte, aus seiner verlorenen Geborgenheit in Gott.

In vielen meiner Gespräche mit Patienten über ihre Krankheit taucht das Thema „Sünde" auf: „Womit habe ich das verdient?" „Was habe ich nur falsch gemacht?" „Ich möchte wissen, warum Gott mich so straft." Hintergrund dieser Fragen ist meist ein verkürztes Verständnis von „Sünde", das die Übertretung von Normen und Geboten beinhaltet und mit „Schuld" verwechselt wird im Sinne einer konkreten Normverletzung.

„Sünde" spricht im biblischen Sinn aber eine tiefere Schicht im Menschen an. Jesus deutet Sünde im Sinne einer falschen Lebensausrichtung.

Berichte von Heilungen zeigen deutlich: Die Krankheit kann ein Hinweis sein auf eine tiefere Krise im betroffenen Menschen.

„Auf diesem Hintergrund verstehen wir auch, warum sich Jesus nicht einfach mit der Heilung von Krankheitssymptomen begnügte, sondern die Krise der Krankheit ganzheitlich, insbesondere mit ihrem wurzelhaften Ursprung des Sünderseins angeht" (Mayer-Scheu ²1982, 164). Jesus ruft die Menschen – gesunde und kranke – zum Umkehren auf: in ihrem Gelähmtsein zum Gehen (Joh 5, 1–18), im Blindsein zum Sehen (Lk 18, 53 ff), in ihrem Verkrümmtsein zum Aufrecht-Gehen (Lk 13, 10–17). Die Lebenskrise, gerade eine Krankheit, kann zur Chance einer neuen Lebensausrichtung werden. Jesus meint damit nicht ein „braves" angepaßtes Befolgen der Normen und Gesetze.

Umdenken (Metanoia), die Lebensrichtung ändern heißt: eine neue Einstellung zum eigenen Leben, zu den Mitmenschen, zur Welt und zu Gott zu finden, die eine Heilung des ganzen Menschen bewirkt. Jesus heilt den Menschen an der Wurzel, indem er ihn zu einem neuen Vertrauen in die göttliche Geborgenheit führt und damit der tiefsten Sehnsucht des menschlichen Herzens nach Leben eine neue Ausrichtung gibt.

Jesus sah den Zusammenhang zwischen körperlichem Erkranken und seelischen Ursachen mit all den dazugehörigen Hintergründen. Folglich gab er der körperlichen Erkrankung eine ganzheitliche Bedeutung.

2.2. Heilende Seelsorge – was ist das?

Aus der biblischen Orientierung am Auftrag (Lk 10, 9) und Leben Jesu versteht sich heutige Krankenhausseelsorge als ganzheitliche und heilende Seelsorge. Der Begriff „heilen" bringt sie jedoch in ihrer Arbeit im heutigen Krankenhaussystem in den Verdacht, sie stimme mit dem dort vorherrschenden Heilungsverständnis überein. Um diesem Mißverständnis zu entgehen, möchte ich zunächst den Begriff „heilen" klären.

Das derzeitige medizinische Paradigma versteht unter „Heilung" die Überwindung gesundheitlicher Mängel und Schäden. Die Medizin erweckt indirekt den Eindruck, sie könne mittels ihrer Maßnahmen jede Art von Krankheit und Lebenseinschränkung beseitigen oder „reparieren". Der Mensch könne selbst von Alter, Sterben und Tod erlöst werden (Baumgartner 1990, 36).

Heilende Seelsorge grenzt sich von diesem Heilungsverständnis naturwissenschaftlicher Medizin entschieden ab. Würde sie dieses Verständnis übernehmen, so ließe sich der Wert des Glaubens am überprüfbaren therapeutischen Erfolg messen. Seelsorge wäre dann instrumentalisiert und im Sinne der Medizin ideologisiert.

Die Verringerung leiblichen und seelischen Leidens und das Bemühen um Gesundheit gehören wie in der Medizin zum christlichen Heilungsverständnis. Auf die Frage nach dem „mehr und anders" christlichen Heilens in Abgrenzung zum naturwissenschaftlichen Verständnis ist zunächst mit der Haltung Jesu gegenüber den Kranken zu antworten: Jesus steht auf der Seite des Menschen in seiner kreatürlichen Gebrochenheit, Begrenztheit und Unvollkommenheit, in seiner Verstrickung von Krankheit und Tod. Nach christlichem Verständnis ist nicht der Mensch geheilt, der seine körperliche Gesundheit wiedererlangt, so sehr dies anzustreben ist.

Geheilt ist, wer die „Kraft zum Menschsein" (Baumgartner 1990, 38) aufbringt. Zu diesem Menschsein gehört es, sich selber mit der eigenen Befindlichkeit anzunehmen und auszusöhnen. Im Glauben an Jesus Christus finden Christen ein Angebot und die Ermutigung, mit sich und ihrer „erbsündlich" bedingten Lebensgeschichte in Frieden zu leben. Ziel christlichen Heilens ist nach Baumgartner: „Der Mensch soll sich mit allem, was zu ihm gehört, ... annehmen als einen, den Gott angenommen hat" (Baumgartner 1990, 39). Die Zusage Gottes an Jesus: „Du bist mein geliebter Sohn, meine geliebte Tochter, an dir habe ich Gefallen gefunden" (Mk 1, 11) gilt uneingeschränkt für jeden Menschen. Jesus versucht dies mit seinem Leben und in seiner heilenden Begegnung mit Menschen erfahrbar zu machen.

„Heilende Seelsorge bedeutet ... lernen, sich als endliche Menschen mit unüberwindbaren Mängeln und Schattenseiten unter der Gnade Gottes zu akzeptieren." Dann ist zu erwarten, „daß aus der im Glauben gewonnenen Zufriedenheit mit dem Menschsein eine Menge Lebensmut und -kraft für die Überwindung auch körperlicher und seelischer Krankheit erwachsen" (Baumgartner 1990, 40). Heilende Seelsorge bietet somit die Möglichkeit, Krankheit auch in einem positiven Licht zu sehen.

2.3. Die Voraussetzung: Der Wille zum Heil-Werden

„Willst Du gesund werden?" fragt Jesus die Kranken immer wieder. D.h.: „Bist Du bereit, Dich der ganzen Realität Deines Lebens zu stellen?" Bartimäus ist bereit. Seine Heilung (Mk 10, 46–52 par) macht deutlich: Sein unbedingter Glaube, sein entschiedener Wille und sein Vertrauen in die größere Liebe Gottes ermöglichen es, sich von Jesus in der Wurzel der Krankheit berühren zu lassen. Und Jesus kann an diesem Punkt das Vertrauen des Bartimäus in den Geborgenheit schenkenden Gott verankern (Mk 10, 50 f). Hier wird Bartimäus wieder „sehend" und „folgt Jesus auf seinem Weg" (Mk 10, 52). Er hat eine neue Lebensausrichtung und ist geheilt.

Jesus begegnet auch Weigerungshaltungen bei Kranken, die eine tiefere Dimension der Heilung nicht zulassen können: z. B. der Gelähmte am Teich Betesda (Joh 5, 1–14). Der Krankheitsgewinn (Versorgt- und Verpflegtwerden) hat den unbedingten Willen zum Gesundwerden eingeschränkt. Somit ist nur eine „Symptomheilung" möglich, verbunden mit der Warnung vor noch schlimmeren Folgen (Joh 15, 14) (Mayer-Scheu/Kautzky ²1982, 155).

Die Angst vor den Dunkelheiten unserer Lebensgeschichte macht es schwer, zurückzuschauen. Abwehrhaltungen und Vermeidungstendenzen sind „natürlich" und notwendig zum Schutze. Lasse ich mich auf diese Widerstände ein, versuche ich mit ihnen zu arbeiten, dann kann der Mut wachsen, zu meinen Lebenswunden durchzudringen. Ich kann lernen, zu ihnen zu stehen, selbst zu meiner tiefsten Lebenswunde, und sie als Wahrheit meines Lebens zu akzeptieren. Dieses „Ja" zu mir, zu meinem „Menschsein" ist ein wichtiger Punkt im Prozeß ganzheitlicher Heilung. In diesem Prozeß gilt die Erfahrung: Nur, was ich mir bewußt gemacht habe, was ich „sehe", kann ich vergeben und verändern lassen. Bartimäus ist dafür ein Beispiel.

Welche Bedeutung die „Schlüssel"-Methode in einem solchen „Heilungs"-Prozeß haben kann, möchte ich im folgenden aus meiner Erfahrung darstellen.

3. Die Schlüsselmethode in der Krankenhausseelsorge – skizzierte Erfahrungen

Manchmal ergibt sich aus einem Krankenbesuch für mich ein Weg, auf dem ich einen Patienten während seines Krankenhausaufenthaltes und darüber hinaus begleite. Menschen, von denen ich hier berichte, sind zwischen 30 und 50 Jahre alt. Eine schwere Erkrankung (z. B. Herzinsuffizienz, Krebs etc.) oder ein Unfall haben ihr Leben in eine schwere Krise gestürzt. Oder eine seelische Belastung, sei es der Verlust eines geliebten Menschen, beruflicher Mißerfolg oder die Krise der Lebensmitte haben eine organische Erkrankung ausgelöst. Häufig fühlen sich diese Menschen durch eine medizinische Behandlung nicht „geheilt". Sie haben Angst, wieder krank oder noch kränker zu werden. Dabei vermuten sie, es gäbe einen Zusammenhang zwischen ihrem seelischen „Innenleben" und ihrer körperlichen Erkrankung. Meine Aufgabe ist nicht, das zu bejahen oder zu verneinen, sondern die Patienten ernstzunehmen in dem, was sie sagen. Die Menschen spüren: „In mir stimmt etwas nicht". Sie fühlen sich „innerlich aus dem Lot", „aus der Mitte", „verzerrt", „unklar". Sie können es nicht genau benennen. Meist kennen sie die Ursache ihrer Krise nicht. Darum können sie diese auch nicht verändern. Aber sie möchten „in sich Ruhe finden", „neu anfangen". Und sie wissen, sie können es nicht allein.

Erschrecken und Verzweiflung, ausgelöst durch die Krankheit, sind oft Inhalt unserer ersten Gespräche. Ein verzweifeltes Sichwehren und Aufbäumen gegen die Erkenntnis, so „unheilbar" krank zu sein oder das Gefühl der Ausweglosigkeit, „des Fallens ins Bodenlose", liegen an der Oberfläche ihrer Gefühle. Dem folgen Fragen: „Warum bin ich so krank geworden? Was lief in meinem Leben schief?" Gelegentlich bitte ich die Patienten, selbst zu vermuten, warum sie krank geworden sind. Überraschend klar können sie sich meist dazu äußern. Sie erzählen konkrete Lebenssituationen, die sie in einen inneren Konflikt brachten und eine Krise auslösten. Dabei werden schon bald krankmachende Überlebensstrategien deutlich, wie: Sich-Überlasten, innerer Leistungsdruck, Unterdrückung von Zorn- und Angstgefühlen, extreme Fürsorglichkeit, Anpassung bis hin zur Selbstverleugnung, Kampf um Anerkennung und Geliebtwerden, übermäßiges Verantwortungsgefühl etc.

Die Schlüsselmethode sieht in diesen Überlebensstrategien u. a. eine unbewußte Wiederholung frühkindlicher Erfahrungen in der Eltern-Kind-Beziehung und will in ihrer Arbeit zu den Wurzeln dieser Überlebensstrategien, den sogenannten Schlüsselerfahrungen hinführen. Ein erstes wichtiges Element in der Auseinandersetzung mit der eigenen Vergangenheit ist für den Betroffenen die Erstellung eines Lebensskripts (Frielingsdorf [4]1993, 109 ff).

Mit dessen Hilfe erarbeiten wir in Einzel- und Gruppengesprächen die Schlüsselbotschaften und -erfahrungen, die die emotionale Grundeinstellung zum Leben bestimmen und sich in der Schlüsselposition darstellen lassen. In den meisten Fällen tragen diese Menschen auch lebensverneinende Schlüsselbotschaften in sich. Unbewußt, heimlich und abgekapselt bestimmen diese Botschaften weithin die emotionale Grundbefindlichkeit auch im Erwachsenenalter, wenn sie nicht aufgearbeitet wurden. Der oder die Kranke lebt durch sie mehr fremd- als selbstbestimmt, vor allem in Überlastungs- und Streßsituationen. Die negative, häufig pränatale Elternbotschaft lautet oft: „Du sollst nicht leben". „Wir wollen dich nicht!" „Mach dich fort aus meinem/unserem Leben!" Da der Patient oder die Patientin von Kind an mit Überlebensstrategien das Leben sichern mußte, sich dabei ständig unbewußt emotional überforderte und somit auch körperlich erschöpfte, kann u.U. eine psychosomatische Erkrankung die Folge sein. Die schon früh erworbene emotionale Schlüsselposition zeigt sich dann auf körperlicher Ebene. Findet auch jetzt keine Auseinandersetzung mit der Lebensgeschichte statt und keine Erarbeitung einer positiven Schlüsselposition, so kann sich die negative Schlüsselposition im späteren Stadium der Krankheit lebenszerstörend auswirken.

Die Schlüsselmethode hat u. a. zum Ziel, an die negative Schlüsselposition heranzukommen, die mit einem „Schlüsselwort" deutlich benannt werden kann. Dieser „Schlüssel" bietet einen wichtigen Zugang zu den Ursachen der lebensverneinenden psychischen Kräfte, zu den Hauptwurzeln der Lebenskrise, aus denen sich die emotionale Verstimmung des Kranken speist.

Die gefundene negative Schlüsselposition, die dem Lebensgefühl unbewußt soviel Schmerz und Leid zugefügt hat, birgt in sich die Chance zu einer „Lebens-Wende". Ein Prozeß der Auseinandersetzung mit der bisher verdrängten, (un)bewußten Lebensrealität kann beginnen. Dieser Prozeß verläuft in der Regel nach dem Fünf-Phasen-Modell (Linn 1983, 69 ff), das nach meiner Erfahrung einen guten Orientierungsrahmen bietet. Gegen Ende dieser prozeßhaften Auseinandersetzung mit der eigenen Lebensgeschichte, was individuell verschieden lange dauert und sich oft über Jahre hinzieht, kann der oder die Betroffene unter der Voraussetzung entschiedener Mitarbeit allmählich eine neue Einstellung zum eigenen Leben entwickeln.

Erklärtes Lernziel ist, bewußter und selbstbestimmter zu leben. In dieser Phase kann auch die Auseinandersetzung mit dem Gottesbild beginnen. Die Erfahrung zeigt: Der religiöse Mensch betet gerade in einer für ihn schweren Zeit des Krankseins.

Das unbewußte Gottesbild (Frielingsdorf [4]1993, 160ff.; 1992) hat sich wie die negative Schlüsselposition wesentlich unter dem Einfluß der negativen Schlüsselbotschaften der Eltern entwickelt. So ist gerade die negative Schlüsselposition die Stelle, mit der sich ein „dämonisches Gottesbild" (Gott tritt anstelle der Elternbotschaften) verbindet, das ebenfalls das Lebensgefühl eines Kranken negativ beeinflussen kann. Bittet der „Kranke" diesen „Elterngott" um Hilfe, wird er aus dem Teufelskreis seiner Überlebensstrategien nur schwer herauskommen. Diese Überlebensstrategien werden dadurch noch verstärkt herausgefordert.

In gestaltender Körperarbeit erarbeiten wir in der Gruppe den Einfluß dieses dämonischen Gottesbildes und machen ihn bewußt (Frielingsdorf 1992).

In einem weiteren Schritt suchen wir den biblischen Gott. Für den Heilungsprozeß kann es von entscheidender Bedeutung sein, daß der Kranke bewußt erkennt: Jesus steht klar und eindeutig zu mir in meiner Lebenskrise, gibt mir Kraft zum Menschsein und den Mut, die eigene Lebensgeschichte und -wahrheit mit ihren Verwundungen, Schwächen, Schatten und Versagen anzunehmen. „Heil" werden (d. h.: sich in seiner Ganzheit angenommen erfahren) kann der Kranke, wenn er immer tiefer zu glauben vermag: „Jesus ‚liebt' mich mit meinen Schwächen und Fehlern. Er nimmt mich bedingungslos an und heilt mein menschliches So-geworden-Sein mit den lebenszerstörenden Botschaften. Als endlicher Mensch finde ich Geborgenheit, Frieden und Heilung in ihm." Mit Hilfe der Gruppe kann diese Zusage Jesu in gestalterischer Körperarbeit erfahrbar und spürbar erlebt werden, und sie kann das Vertrauen des Kranken in die Treue und Zuverlässigkeit Gottes und damit die „Heilkraft des Glaubens" stärken.

Eine gläubige Begegnung mit Gott ändert den Menschen. Sie bietet die Chance, Schritt für Schritt in einer intensiven Phase der Auseinandersetzung mit der eigenen Lebensgeschichte die negative Schlüsselposition anzunehmen, sich durch das psychische Kräftespiel von Zorn und Trauer hindurch mit ihr zu versöhnen und in ihr neues Lebenspotential zu entdecken. So befriedet sich das Leben zunehmend. Der oder die Glaubende wird gelassener, in sich stimmiger. Er/sie findet eine neue Einstellung zu sich selbst, den Mitmenschen und zu Gott. Neuer Mut und neue Lebenskraft wachsen ihnen zu, die helfen, die Krankheit anzunehmen, mit ihr leben zu lernen und wenn möglich, sie zu überwinden.

Die Schlüsselposition wird in Streßsituationen wiederholt. Aber der Kranke weiß nun um die Ursachen und Mechanismen und kann „bewußt" Gegenmaßnahmen ergreifen, die helfen, die lebensverneinende Gefühlsspirale zu verlassen. Nicht zuletzt ist der Glaube eine Hilfe, wenn der Kranke die heilende Kraft Gottes, Gottes *Ja* zu seinem Leben in sich spürt und daraufhin sein eigenes *Ja* zu seinem „neuen Leben" sagen kann.

In diesem *Ja* eröffnet sich eine neue Lebensquelle aus der Schlüsselposition heraus. Sie kann ihm zur Gabe (z. B. Empathie, Integrationsfähigkeit, ausgewogenes Umgehen mit Nähe und Distanz) werden, und daraus kann ihm eine neue (Lebens)-Aufgabe zuwachsen.

Wie das Leben des betreffenden Menschen auch weitergeht: Die Zufriedenheit mit seinem Leben und der Mut zu seinem Menschsein können für ihn zu einer großen Lebenskraft werden. Denn nun kann er „sein Leben leben".

Die Schlüsselmethode ermöglicht mir, in meiner Arbeit mit kranken Menschen (aus dem Glauben heraus) einen Heilungsprozeß auf den Weg zu bringen und zu begleiten. Von einem ganzheitlichen Ansatz ausgehend und unter den Aspekten einer heilenden Seelsorge eröffnet sie Möglichkeiten, durch das Erarbeiten der negativen Schlüsselposition an die Wurzeln der Lebenskrise eines (in Not geratenen) Menschen zu gehen. Die Entlarvung, Korrektur oder Ergänzung eines lebensverneinenden Gottesbildes, die Entdeckung und Integration des lebensbejahenden Gottes der Bibel zeigen einen Weg, auf dem gläubigen Menschen die Angst vor der „ganzen" Realität seines Menschseins gewandelt wird zu Lebensmut und Lebenskraft. Die Annahme und Aussöhnung mit der eigenen Lebensgeschichte kann die Basis für „neues Leben" sein, in der bewußt erlebten Geborgenheit Gottes, der sich in Jesus als Mensch zeigt und erfahren läßt.

4. Praktische Anwendung der Schlüsselmethode

4.1. Kontaktaufnahme – Stationsbesuch

Vor etwa zwei Jahren besuchte ich Frau A., 38 Jahre alt. Einige Tage zuvor hatte sie die Diagnose „Brustkrebs" erhalten. Dies war für sie ein „unfaßbarer Einschnitt" ins Leben. Sie sagte: „Ich fühle mich wie aus dem Leben katapultiert."
Tage später bittet sie um ein Gespräch. Sie sucht eine Antwort auf ihre Frage: „Warum ich? Warum passiert mir das?" Dabei schöpft sie den Verdacht, die letzte Ursache ihrer Krankheit liege im psychischen Bereich: „Es hat etwas mit meinem Muttersein zu tun."
Die Krankheit bringt eine über Jahre verdrängte Erinnerung zu Tage. 18 Jahre zuvor war sie unverheiratet schwanger geworden, bringt ein ungewolltes Kind zur Welt und gibt es zur Adoption frei. Damit einhergehende Vereinsamungs- und Schuldgefühle hat sie nie zugelassen. Sie drückt die Erfahrung der vergangenen Jahre in folgendem Bild aus: „Das Geflecht nicht ausgedrückter Gefühle hat sich in meiner Brust zusammengezogen und zum Krebs geführt."
Frau A. ist tief erschüttert. Zum ersten Mal nach 18 Jahren kann sie darüber sprechen und ihre Verzweiflung ausdrücken.

4.2. Einzel-und Gruppenarbeit

Nach ihrem Krankenhausaufenthalt erarbeiten wir zunächst in weiterführenden Gesprächen: Unter den damaligen gegebenen Umständen hat sie optimal für ihr Kind gesorgt. Statt es abzutreiben, gab sie ihm das Leben und sorgte für Pflegeeltern.
Die Ursache der Schuldgefühle, die Frau A. weiterhin stark bewegen, vermutet sie selbst in einem hoch angelegten Mutter-Ideal. So gehen wir der Frage nach: Wie konnte sich bei ihr dieses Mutter-Ideal entwickeln?
Frau A. erinnert Erfahrungen mit ihrer eigenen Mutter, in denen ihr deutlich wird, daß sie sich als Kind nicht geliebt fühlte. Und ihr

fehlte jede Erinnerung an Situationen, in denen sie ihre Mutter liebevoll erlebte. Haften geblieben sind ein fordernder, abwertender Eindruck der Mutter. Frau A. konnte ihren Ansprüchen nicht genügen. Sie vermutet, daß sie deswegen als Gegenmaßnahme selbst eine sorgende Mutterstruktur entwickelt hat. So war sie in ihrem Leben oft für andere „Mutter" und versuchte auf diesem Weg sich Anerkennung, Zuwendung und Liebe zu holen und zu sichern.

4.2.1. Lebensskript und Schlüsselbotschaften

Im weiteren Verlauf unserer Gespräche schreibt Frau A. ihr Lebensskript und kommt wöchentlich zum Gespräch. Wir arbeiten an und mit ihren Schlüsselbotschaften und -erfahrungen während ihrer frühen Kindheit.

In den ersten Schwangerschaftsmonaten litt ihre Mutter an schweren Depressionen, da sie sich schämte, in „hohem Alter" schwanger geworden zu sein. Ein Arzt bot der Mutter eine Abtreibung an – aus Altersgründen. Sie aber wollte das Kind zur Welt bringen. Gesundheitlich fühlte sie sich so schlecht, daß sie glaubte, „an dem Kind sterben zu müssen".

Aus dem Lebensskript von Frau A. wird deutlich: Schon pränatal erhielt sie die ambivalente Schlüsselbotschaft: „Wenn du weiterwächst, tötest du mein Leben". Mit dieser Ambivalenz wurde bereits zu Lebensbeginn in Frau A. ein Ur-Mißtrauen dem Leben gegenüber geweckt. Sie sollte leben, mußte also weiterwachsen und gefährdete damit gleichzeitig das Leben ihrer Mutter. So kennt Frau A. seit dem Beginn ihres Lebens die Botschaft, verantwortlich zu sein für das Leben ihrer Mutter, später für das Leben anderer, wie sich zeigen wird.

Frau A. hat zu diesem Zeitpunkt unseres Arbeitens das Gefühl, um ihr eigentliches Leben von der Zeugung an „betrogen" zu sein. „Nie habe ich mein Leben, meine Identität entfalten dürfen, aus Verantwortung für andere." Auf die Frage, warum die Mutter ihr Leben wollte, vermutet Frau A.: „Zum einen aus religiösen Gründen und zum anderen, weil ich Ersatz sein sollte für zwei Geschwister, die zwei Jahre vor meiner Geburt tödlich verunglückten".

4.2.2. Schlüsselposition

Frau A. gestaltet in der Gruppenarbeit ihre Schlüsselposition folgendermaßen: Die Familie (Eltern und verstorbene Geschwister) stehen wie ein Block eng zusammen. Der „dominierende Vater" steht erhöht (auf einem Stuhl). Die Mutter steht seitlich neben ihm auf der Erde. Der Vater legt eine Hand auf den Kopf der Mutter und beugt ihn so vornüber. Beide Geschwister stehen hinter den Eltern. Die Schwester legt die Hand auf die Schulter der Mutter als Zeichen der Solidarität und Unterstützung. Der Bruder steht in der Mitte hinter den Eltern. Frau A. kniet außerhalb der Familie, etwa 2–3 Meter entfernt, auf dem Boden. Sie kniet in eingerollter Haltung, den Kopf in Richtung Familie, beide Arme seitlich nach hinten an den Körper angelegt. Die Eltern strecken beide ihren rechten Arm aus und richten den Zeigefinger auf Frau A. Sie formuliert zu dieser Haltung eine weitere Schlüsselbotschaft: „Wir lieben dich nur, wenn du nicht du selber bist, sondern für uns bist wie deine Schwester und dein Bruder."

4.2.3. Deutung der Schlüsselposition

Diese lebensverneinende Schlüsselposition läßt Frau A. das Abgelehntsein in ihrem Person-Sein deutlich spüren. Frau A. meint: „Nicht ich als Person war gewollt und im Leben willkommen geheißen. Die Liebe der Eltern galt nicht mir, sondern den toten Geschwistern. Ich sollte meine Eltern von der Todestrauer und allen Verlustgefühlen, die mit den verstorbenen Geschwistern noch verbunden waren, erlösen und die Geschwister ersetzen. Diese Bedingung knüpften die Eltern an mein Leben und an das Risiko meiner Geburt." So begann ihr Leben mit einer Todesdrohung, einer Todesgeschichte (die Geschwister) und einer lebensbedrohlichen Überforderung. Frau A. fühlte sich auf diese Weise in dreifacher Hinsicht um ihr Leben, ihre Personwerdung betrogen und beraubt.
Bei der Suche nach einem passenden Schlüsselwort fällt Frau A. spontan „nichtsnützig" ein. „Du bist nichts-nützig", so hatte ihre Mutter oft zu ihr gesagt. Frau A. deutet dies so: „Du als A. nützt uns nichts. Wenn du von Nutzen sein willst, dann sei nicht „Du", sondern sei wie die toten Geschwister. Du sollst leben, aber nicht als die, die du bist." Im weiteren Verlauf unserer Arbeit erweist sich das

Schlüsselwort „nichts-nützig" als vorläufig. Bei der Auswertung der Schlüsselposition findet Frau A. für sich das stimmigere Schlüsselwort „lebend-tot". Im Grunde sollte sie wie „tot" sein, eine Person ohne eigene Identität, ohne Ich- und Selbstwerdung. Und gleichzeitig sollte sie leben und somit ihren Eltern nützlich sein als Ersatz für die toten Geschwister.

Als Kind und Jugendliche versuchte Frau A. zu sein wie ihre Eltern gewesen waren: fleißig, zuverlässig, „handfest". Dabei verleugnete sie sich selbst, paßte sich an und nahm die „verdienten" Zuwendungen ihrer Eltern entgegen, um zu überleben. Als Kind war sie auf die Zuwendung angewiesen. Um die Liebe der Eltern nicht zu verlieren und „damit es ihnen möglichst gut ging", zahlte sie als Preis ihr Person-Sein. Dies war ihr „Opfer für die lebensnotwendige Ration Zuwendung".

Als Gegenwelt baute sich Frau A. als Kind eine Traumwelt auf. Sie phantasierte sich eine ideale Mutter und verinnerlichte dieses Bild, was sich als eine wichtige Quelle für ihr Mutterideal erwies.

4.2.4. Wiederholung der unbewußten Überlebensstrategien im Erwachsenenalter

Frau A. verließ früh ihr Elternhaus. Sie empfindet es heute als Flucht. Sie wollte ihr eigenes Leben leben. In Stichworten verlief es dann folgendermaßen: Studium – berufliche Karriere – Ehe – zwei Kinder – Scheidung – Alleinerziehende – zweite Ehe. Heute meint Frau A.: „Obwohl ich von meinen Eltern über Jahre entfernt lebte, wiederholte ich unbewußt ihre Schlüsselbotschaften, in freundschaftlichen und partnerschaftlichen Beziehungen genauso wie auf der beruflichen Ebene. Ich blieb vor allem mit meiner Mutter verhakelt. Die schimpfende, fordernde, strafende und sich verweigernde Mutter lebte in mir weiter. Dabei wollte ich in zwischenmenschlichen Beziehungen stets eine bessere Mutter sein als ich meine Mutter erlebt hatte. Und gleichzeitig verspürte ich immer wieder die Sehnsucht nach einer eigenen besseren Mutter." So kam es zu Wiederholungen der Eltern-Kind-Beziehung in wechselnden Rollen. Einmal erlebte Frau A. Freunde, idealisierte Menschen, Vorgesetzte, Institutionen in der Elternrolle und sich selbst in der abhängigen Kindrolle oder umgekehrt: Sie selbst agierte aus der Mutterrolle heraus und erlebte andere in der Kindabhängigkeit zu ihr. Oft lief beides gleichzeitig im Beziehungsgeflecht ihres Lebens.

In mehreren Gesprächen erkennt Frau A. ihre Überlebensstrategien immer deutlicher. Indem sie ihr eigenes Leben verleugnete, Auseinandersetzungen und Konflikte, vor allem aber persönliches Wachstum vermied, und indem sie in Beziehungen Störungen harmonisierte und anderen „nützlich" war, besorgte sie sich Liebe, Anerkennung, letztlich ihr „verdientes" Recht auf Leben. Heute weiß sich Frau A. als beliebte, anerkannte, erfolgreiche Frau, mit auffallend integrativen Fähigkeiten. Als Kehrseite ihres bisherigen Lebens sieht sie: „Mit dieser Überlebensstrategie habe ich meine Selbstwerdung, mein eigenes Leben vermieden."

Schon vor einigen Jahren spürte Frau A. intuitiv, daß sie etwas für sich selbst tun sollte. Sie „erlaubte" sich, an sich zu arbeiten. Im Verlauf dieses Prozesses lernt sie in Kontakt mit ihrer Krankheit zu treten und sie neu zu verstehen. Sie sagt:

„Im Krebsgewebe hat sich mein persönliches Wachstum, meine Personwerdung abgespalten und wirkt destruktiv als Selbsterfüllung der mütterlichen Botschaft. Die Mutter darf meine persönliche Weiterentwicklung, mein Wachstum nicht bemerken."

Eine weitere Deutungsebene sieht Frau A. in der spezifischen Ausprägung des Brustkrebses. „Da ich vor 18 Jahren meine Mutterrolle verweigern mußte, mein hohes Mutter-Ideal nicht einlösen konnte, lebten meine verdrängten Schuldgefühle abgespalten in mir weiter. So ist die Krankheit eine Art von Selbstbestrafung auf der körperlichen Ebene und eine Art von Selbsterfüllung meines Schlüsselwortes ‚lebend-tot'. Auch die Brust als Ernährungsorgan war ‚lebend-tot'. Sie war bereit zu ernähren, ‚Leben' zu geben, sie blieb aber ‚tot', indem sie Nahrung verweigerte."

4.2.5. Auseinandersetzung mit der Lebensgeschichte

Bei Frau A. folgt eine Phase wachsender Wut auf ihre Eltern und auf Menschen, die in ihrem Leben eine ähnliche Bedeutung haben. Sie schreibt einen „Wut-Brief" an ihren inzwischen toten Vater. In verschiedenen Aggressionsübungen agiert sie ihre Wut auf die Eltern bis zur körperlichen Erschöpfung aus. In Übungen und fiktiven Rollenspielen setzt sie sich auch verbal mit ihnen auseinander. Der Satz: „Ich nehme Euch Eure Macht über mich! wird wichtig für die

weitere Entwicklung ihrer Möglichkeiten von Abgrenzung, Ablösung und Selbstbestimmung. Darauf folgt eine längere Phase des
Trauerns und der „Lebensmüdigkeit". Zu Beginn wird ihr teilweise
apathisches Verhalten noch durchbrochen von vereinzelten Zor-
nesausbrüchen, was langsam abebbt und in eine heilsame Trauer
mündet.

4.2.6. Auseinandersetzung mit dem Glauben

4.2.6.1. Das dämonische Gottesbild

Als die Auseinandersetzung mit den Eltern allmählich nachläßt,
richtet Frau A. erneut ihren Zorn gegen Gott. „Daß er mir so ein „be-
schissenes Leben" mit diesen Eltern, dieser Krankheit, dem Verlust
meiner Brust zugemutet hat, bringt mich außer mich vor Wut."
Frau A. fühlt sich „von Gott verkauft, verraten und verlassen". Teilweise nehmen ihre Wutausbrüche zerstörerische Formen an. Bei
der Gestaltung ihres dämonischen Gottesbildes entdeckt sie: „Mein
Bild von Gott und von seinen Erwartungen an mich hat meine negative Schlüsselposition verstärkt und unterstützt. Wünsche, Leistungen, Anpassung, die meine Eltern von mir gefordert haben,
habe ich unbewußt als „Gebote Gottes" in mein Gottesbild übernommen. Mein Gebet und mein geistliches Leben sind letztlich ‚Opfer und Leistung' für diesen ‚Dämon-Gott', damit er es gut mit mir
meint." Die sich anschließende Auseinandersetzung mit diesem
„negativen Gottesbild" bewegt sie dazu, sich von ihrem „Götzen" zu
lösen und langsam ein neues Gottesbild zu entwickeln.

4.2.6.2. Das neue Entdecken Jesu

In einem nächsten Schritt versucht Frau A., ihre Begegnung mit
dem „liebenden barmherzigen Gott" der Heiligen Schrift zu gestalten. Dabei werden folgende Schriftstellen für sie wichtig, die sie für
sich persönlich formuliert. Z.B. Jes 43, 1 ff: „Ich habe Dich, A., bei
Deinem Namen gerufen. – Ich habe Dich gewollt." oder Lk 13, 10 ff:
„Richte Dich auf. Ich will, daß Du lebst. Lebe Dein Leben." (Ex 3,
3–14 u.a.m.)

In einer Gruppensitzung nimmt ein Gruppenmitglied in einer
Gestalt-Übung Frau A.'s Schlüsselposition stellvertretend für sie
ein. Nach mehreren Versuchen und Überlegungen, die einem geistlichen Austausch in der Gruppe gleichen, findet Frau A. für sich die

Lösung: Jesus nimmt zu ihr die gleiche Haltung ein, wie es ihre Schlüsselposition vorgibt. Danach werden die Rollen getauscht. Frau A. nimmt selbst ihre Schlüsselposition ein, ein anderes Gruppenmitglied übernimmt die Rolle Jesu. Dabei entsteht ein Zwiegespräch zwischen den beiden. In diesem Gespräch wird deutlich: Jesus ist den Weg von Frau A. bisher mitgegangen. Er hat mit ihr ausgehalten und wie sie an ihrem vergangenen Leben gelitten. Frau A. reagiert zunächst zögernd und verhalten. Sie braucht einige Zeit, um dies wirklich glauben zu können. Später sagt sie hierzu: „Zum ersten Mal in meinem Leben spürte ich: Ich bin nicht allein." Weiter fragt sich Frau A.: „Wie habe ich das alles überlebt?" In der Weiterarbeit an ihrem Gottesbild in der Gruppe und mit Hilfe von Gestaltübungen wächst langsam für sie die Antwort: „Jesus gab mir Schutz vor den tödlichen Botschaften meiner Eltern. Er bewahrte mich vor Zerstörung." Wichtig wird für sie in diesem Zusammenhang folgende Übung, die szenisch dargestellt wird: Frau A. stellte sich eine Situation vor, in der ihre Mutter die tödliche Schlüsselbotschaft wiederholt. Ein Gruppenmitglied übernimmt die Rolle der Mutter. Doch dieses Mal ist Jesus dabei, dargestellt von einem weiteren Gruppenmitglied. Frau A. übernimmt die eigene Rolle. Sie stellt die Personen in ihre Positionen und arrangiert die Szene. Dabei stellt sie Jesus zwischen sich und die Mutter. Sie sagt: „Jesus schützt mich vor den Aggressionen der Mutter."

In nachfolgenden Gesprächen entdeckt Frau A. für sich einen tieferen Sinn ihrer Taufe und der Worte Jesu: „A., Ich habe gewollt, daß Du lebst. Es ist gut, daß Du da bist. Ich liebe Dich."

In der folgenden Zeit kann A. Schritt für Schritt im Gebet Jesus ihre empfundene Ohnmacht und Einsamkeit anvertrauen, mitteilen und hinhalten. Sie bittet ihn, ihre Verletzungen zu heilen und zu verwandeln. Sie formuliert ein Gebet, das sie über längere Zeit täglich spricht:

„Herr, mein Schild, mein Schutzwall,
wenn tausend Finger auf mich zeigen,
mich anklagen, mich demütigen,
an mich Erwartungen stellen,
mich unter Druck setzen,
Du schirmst mich ab.

Im Schatten Deiner Gestalt darf ich mich aufrichten,
darf ich vertrauen lernen,
daß die anklagenden Finger nicht in mein Herz dringen,
mich tödlich verletzen.
So kann ich langsam immer mehr von mir sehen lassen,
sichtbar werden lassen."

Nach einiger Zeit erkennt sie: „Jesus war von Anfang an in meinem Leben mit dabei. Er hielt mich in seiner bergenden Hand – auch in der Schlüsselposition. Er hat mich vor dem Tod bewahrt." Zunehmend lernt Frau A. anzunehmen und zu glauben, daß Gott sie als den einmaligen Menschen A. will und liebt: „Er will mich, mein Leben." Und langsam wächst das Vertrauen: „Er hält mit mir meine Einsamkeit und Dunkelheit aus. Manchmal spüre ich, daß er mich ganz liebt, mit allen Licht- und Schattenseiten."

In weiteren Sitzungen überprüft Frau A. ihr soziales Umfeld, ihre Beziehungen zu ihren Verwandten und Freunden. Wo hat sie sich in diesen Beziehungen von lebensverneinenden Botschaften bestimmen lassen? Wo läßt sie sich bestimmen? Was möchte sie verändern? Wie läßt sich was verändern? Wo ist sie alten „Verführungen" aufgesessen, um das „ungesunde" Mutter-Kind-Spiel wiederholend zu leben und damit Selbst-Sein zu vermeiden? Im Laufe der Zeit entwickelt Frau A. ein waches Gespür für die Wiederholungen ihrer Überlebensstrategien. Positive Erfahrungen, die ihr helfen, entsprechende Gegenmaßnahmen einleiten zu können und die ihr ein zunehmend selbstbestimmendes Leben ermöglichen, geben ihr das Gefühl und die Gewißheit, ein „neues Leben" zu beginnen.

4.2.7. „Neues Leben" – ansatzhaft

Bewußt entscheidet sich Frau A. für ihr Leben – auch mit dieser Vergangenheit. Tägliches vertiefendes Gebet, regelmäßige Meditation und geistliche Begleitung fördern in ihr ein wachsendes Vertrauen in den Geborgenheit schenkenden Gott und in die Mitmenschen. Entschlossen beginnt sie, in sich und um sich „eine liebevolle Struktur" aufzubauen.

Monika van Bonn

Die Schlüsselmethode in der Gruppenarbeit mit Erwachsenen

Die Beispiele und Erfahrungen mit der Schlüsselmethode von Frielingsdorf (vgl. Abschnitt 1.2.5.) aus der seelsorglichen Begleitung Erwachsener beziehen sich vorwiegend auf jene Form der Gruppenarbeit, bei der sich eine Gruppe von etwa acht TeilnehmerInnen unter Leitung eines Therapeuten oder einer Therapeutin, der/die den Gruppenprozeß begleitet, ca. 25 mal über die Dauer von zwei Jahren trifft. Die Gruppensitzungen finden in der Regel ein- bis zweimal im Monat statt und dauern etwa fünf bis sechs Stunden. Die vorgestellten Überlegungen gelten aber inhaltlich auch weitgehend für die komprimierte Form der Gruppenarbeit in ein- oder zweiwöchigen Kursen.

Die Bedingungen, unter denen eine Teilnahme an einer solchen Gruppe angezeigt erscheint (Indikation), sind am ehesten im Bereich der Selbsterfahrung und Persönlichkeitsbildung – auch der religiösen Persönlichkeitsentwicklung – anzusiedeln. Es geht zunächst darum, sich selbst mit der eigenen Lebensgeschichte kennenzulernen (das „Schlüsselwort" dafür zu finden), um sich dann in einem Prozeß der Bearbeitung besonders mit den schmerzlichen Erlebnissen und Verwundungen aus jenem frühen Abschnitt des Lebens auseinanderzusetzen. Wichtig ist ferner, die aus dieser Lebensgeschichte resultierenden Fehlentwicklungen (u. U. auch neurotische Fehlentwicklungen) zu identifizieren und ihrer Wirkmächtigkeit im aktuellen Alltag entgegenzusteuern. Schließlich wird ein besonderes Augenmerk darauf gelegt, die Bedeutung, die die individuelle Lebensgeschichte für die religiöse Persönlichkeitsentwicklung des Menschen hatte (z. B. das Gottesbild) herauszuarbeiten.

Um ein möglichst lebendiges Bild meiner Arbeit zeichnen zu können, verzichte ich in diesem Bericht weitgehend auf theoretische psychologische Forschungsergebnisse und auf methodische Fragen der Gruppenarbeit.

1. In der Vorphase: die bohrende Frage

Wie kommt ein Mensch auf die Idee, sich einer Gruppe anzuschließen, in der es um kein anderes Thema gehen soll, als um die Auseinandersetzung mit sich selbst?

Zum einen – so könnte eine erste Antwort lauten – hat die Hemmschwelle vieler Menschen, bei speziellen Einzelproblemen die Unterstützung von Selbsthilfe- bzw. Selbsterfahrungsgruppen in Anspruch zu nehmen, in den vergangenen Jahren stetig abgenommen. Der Beitrag von Vereinigungen wie etwa der Anonymen Alkoholiker oder Selbsthilfegruppen für Mütter oder krebskranke Menschen, oder auch für Betroffene mit Eßstörungen, (vgl. Baum 1987, 19–21) zur psychosozialen und psychosomatischen Hygiene unserer Gesellschaft ist unbestritten. Unzählig viele Menschen haben hier und in vielen ähnlich organisierten Gruppen Hilfe und Unterstützung für ihr Lebensproblem gefunden.

Zum anderen interessiert es natürlich sehr, nach der spezifischen Motivation des/der einzelnen zu fragen. Männer und Frauen, die sich entschlossen haben, an einer Gruppe teilzunehmen, die nach der Schlüsselmethode arbeitet, bringen oft eine „bohrende Frage" mit. Sie erleben die Notwendigkeit, sich mit sich selbst auseinanderzusetzen, weil bisherige Lebensstrategien nicht mehr greifen.

Für einen Großteil der TeilnehmerInnen steht die Verarbeitung persönlicher, schmerzlicher Erlebnisse und Belastungen im Vordergrund. Nach einer Trennung oder einem Todesfall, bei Mißerfolg im Studium oder Beruf, bei Beziehungsschwierigkeiten mit dem/der PartnerIn läßt es sich zunächst einmal nicht weiterleben wie bisher. Eigene Strategien der Bewältigung der schwierigen Situation versagen, manchmal hat das Übermaß der Probleme beim Betroffenen eine (reaktive) Depression hervorgerufen. Andere GruppenteilnehmerInnen erleben sich in einer Lebenskrise, weil äußere Veränderungen und Entwicklungen ihnen berufliche und persönliche Aufgaben stellen, denen sie sich nicht mehr gewachsen fühlen. Es kann auch sein, daß sich unerwünschte Impulse aus dem Inneren melden. Plötzlich stören zum Beispiel starke Gefühle von grundloser Wut auf Gott und die Welt – das sonst ruhige Denken und der reibungslose Ablauf des Alltags ist gestört. Oder es werden unbändige Bedürfnisse nach Zuneigung und Wärme wach, wie sie in der Realität kaum oder nicht befriedigt werden können. Was sonst wichtig schien, gesteckte Ziele und Lebensinhalte müssen neu überprüft werden ...

Hier deutet sich schon an, wie wichtig es ist, die eigene Lebens-, besonders die Kindheitsgeschichte, zu kennen und zu verstehen, um ihren zum Teil noch mächtigen Einfluß auf das aktuelle Leben wahrnehmen und einordnen zu können. Schließlich sind noch die religiösen Fragestellungen zu nennen, die eine Reihe von Menschen veranlassen, sich einer Gruppe anzuschließen, die nach der Schlüsselmethode arbeitet. Hier wollen sie sich der Frage nach Gott und seinem Wirken in ihrem Leben noch einmal neu stellen.

Die Anlässe, als erwachsener Mensch an einer Gruppe teilzunehmen, die der Selbsterfahrung und Persönlichkeitsbildung dient, sind also so zahlreich und so verschieden wie die Menschen selbst.

Abschließend möchte ich noch betonen, daß das Erleben der eigenen menschlichen Brüchigkeit und Unvollkommenheit, die dazu drängt, die Hilfe und Unterstützung von anderen in Anspruch zu nehmen, eine wichtige Grunderfahrung für jedwede spätere Arbeit mit Menschen im psychosozialen Bereich ist. Ich muß es eben selbst einmal erlebt haben, wie mir das Herz schneller schlägt, die Hände feucht und mein Mund trocken wird, wenn ich versuche, mein Leben, meine momentane Situation und unter Umständen ein Problem vor anderen in Worte zu kleiden und leiblich zu gestalten. In meinem heutigen beruflichen Alltag sitzen viele Menschen mit genau jener Herausforderung vor mir. Die Schwelle, sich anderen zu öffnen, erscheint zunächst übergroß und bedarf geduldiger und einfühlsamer Hilfe, die derjenige umso besser zu geben vermag, der sie am eigenen Leib erlebt hat.

2. Der Sprung in den unbekannten und doch so vertrauten See: das Verfassen des Lebensskripts

Bevor die Gruppensitzungen beginnen, erhalten die TeilnehmerInnen die Aufgabe, ihr Lebensskript zu verfassen (Frielingsdorf [4]1993, 109–112). Gemeint ist die Beantwortung von über 20 gezielt gestellten Fragen, die für den, der sie beantwortet, unweigerlich zu einer Auseinandersetzung mit der eigenen Lebensgeschichte führen – sei es zum ersten Mal oder als Vertiefung von früheren Prozessen. Im Vordergrund steht die Frage nach der Persönlichkeit der Eltern, nach ihrer Beziehung zueinander, nach vorherrschenden Einstellungen, Gefühlen und Reaktionsweisen. Gefragt wird nach den bewußten und unbewußten Gesetzen des familiären Systems; eine Beispielfrage: Was wurde zu Hause gelobt, wofür wurde das Kind getadelt? Schließlich findet sich auch die Frage nach der Bedeutung des Glaubens für die Familie.

Bei der Beantwortung dieser Fragen vergleicht der Schreibende die Reaktionsweisen und Botschaften seiner Eltern, die er/sie erinnert, mit den eigenen heutigen Verhaltensweisen. Hier wird schon deutlich, wieviel das Kind im Laufe seiner Entwicklung von den Eltern in Lernprozessen und durch Imitation – oder auch mit den psychoanalytischen Begriffen der Identifikation und Introjektion beschrieben – übernommen hat. Dies ist ganz natürlich und wird von den Vertretern unterschiedlicher psychologischer Richtungen eingehend beschrieben (Bandura/Walters 1963). Bei der Gruppenarbeit mit Hilfe der Schlüsselmethode wird besonderer Wert darauf gelegt, nicht nur nach den postnatalen Einflüssen zu fragen, sondern auch prä- und perinatale Bedingungen miteinzubeziehen: Unter welchen Umständen geschah die Zeugung? War das Kind von den Eltern gewünscht und erwartet oder nicht? Die Beantwortung dieser letzten Fragen gibt häufig wichtige Hinweise auf die gesuchte Schlüsselposition.

Das Schreiben des Lebensskriptes möchte ich mit Hilfe eines Bildes beschreiben. Wir alle haben gelernt, nicht in fremde Gewässer zu springen. Ein See, ein Fluß, den wir nicht kennen, kann – so wurden wir gewarnt – viele Gefahren bergen. Ein Sprung kopfüber könnte sogar tödlich sein. Das Schreiben der eigenen Lebensgeschichte mag zuweilen an dieses Bild erinnern. Plötzlich melden sich Gefahrensignale: Noch einmal in der Vergangenheit wühlen, wohin wird das führen? Als Beispiel die Frage: Wie manipulierten Sie Ihre Eltern und umgekehrt Ihre Eltern Sie? Z. B. mit Schuldgefühlen, Kritik ...? Während des Erinnerns werden dann unter Umständen Kindheitsgefühle wach, die in der Regel intensiver sind und „endgültiger" erscheinen als Erwachsenengefühle.

Außerdem sind beim Schreiben häufig Tabus zu durchbrechen, die in der Kindheit eingeübt wurden, wie: „Über Sex spricht man nicht!"; Schweigegebote sind aufzuheben: „Was in unserer Familie geschieht, geht niemanden etwas an!" Oft genug hieß auch die oberste Regel des Familiensystems, „nicht zu merken" (Miller 1983). Das Kind sollte nicht merken, was in der Familie vor sich geht und wo die Schwachstellen liegen; auf diese Weise entwickelte es „Abwehrmechanismen", um sich selbst davor zu schützen, die schmerzlichen Erfahrungen zu spüren. Während das Lebensskript verfaßt wird, kann es vorkommen, daß einige der „Schutzhüllen" brüchig werden, und die aufsteigenden Erinnerungen und Eindrücke Angst auslösen. Es bedarf einigen Mutes, um in den See der eigenen Vergangenheit zu springen. Mag er einem auch noch so unbekannt vorkommen, mag er noch soviel Furcht einflößen – im Grunde ist er uns altvertraut. Selbst in seinen Schichten undurchdringbaren Schlamms und jahrelanger Ablagerungen kennen wir ihn besser als jeden anderen: Wir sind ja mit ihm großgeworden!

3. Die drei Abschnitte in der gemeinsamen Gruppenarbeit

Die Lebensskripts sind geschrieben, und die TeilnehmerInnen haben sie sich gegenseitig zugesandt. So kann sich jede/r mit der Lebensgeschichte der/des anderen vertraut machen. Nun können die eigentlichen Gruppensitzungen beginnen. Jede/r TeilnehmerIn wird dreimal im Mittelpunkt der Gruppenaufmerksamkeit stehen:
– In der ersten Runde wird jede/r ihr/sein Schlüsselwort suchen, d.h. jenes Wort, das eine gute Zusammenfassung der negativen Kindheitserlebnisse gibt und mit dessen Hilfe sich aktuelle Lebensprobleme besser „erschließen" lassen.
– Im zweiten Abschnitt wird näher beleuchtet, in welcher Art und Weise sich die negativen Elternbotschaften noch heute auswirken, das aktuelle Leben behindern und ein weiteres Wachstum und eine fortschreitende Reife der Persönlichkeit verhindern.
– Im dritten Schritt schließlich wird die religiöse Entwicklung der einzelnen TeilnehmerInnen nachgezeichnet. Wie haben die internalisierten Elternbotschaften das Bild von Gott beeinflußt, welche „Funktionen" mußte Gott innerhalb des Familiensystems übernehmen?

3.1. „Ach, wie gut, daß niemand weiß ..." – auf der Suche nach dem Schlüsselwort

Die Gruppenmitglieder haben Zeit und Ort für die einzelnen Gruppensitzungen miteinander vereinbart. Nacheinander wird nun jede/r TeilnehmerIn einmal mit seinem/ihrem Lebensskript im Mittelpunkt eines Gruppentreffens stehen, um sich der Bearbeitung der negativen Punkte in der Lebensgeschichte zu stellen, soweit und so intensiv, wie dies im Rahmen einer solchen Gruppe in der Zeit von etwa fünf Stunden möglich ist. Zunächst teilen die TeilnehmerInnen ihre Eindrücke über das Lebensskript desjenigen, dessen Geschichte bearbeitet wird, mit. Sie stellen zum Beispiel klärende Fragen, wenn etwas in der Darstellung des chronologischen Abrisses der Lebensgeschichte offen geblieben ist oder die Antwort auf eine der Fragen nicht klar genug erschien.

Auch ist Raum, eigene Betroffenheiten mitzuteilen: An welcher Stelle beim Lesen des Skriptes waren die einzelnen Gruppenmitglieder selbst berührt von dem, was im Lebensskript mitgeteilt wurde? Was ging ihnen zu Herzen? Diese erste Rückmeldung durch die anderen ist wichtig für den, der sich mit seiner Lebensgeschichte der Gruppe anvertraut hat. Die anderen signalisieren Verständnis und schaffen so eine Atmosphäre der Annahme – eine Grundlage, auf der der/die Betroffene sich getragen weiß, so daß weitere Schritte möglich werden. Diese nächsten Schritte sind herausfordernd: Es geht vor allem um die negativen Elternbotschaften, die dem Betreffenden mit auf den Weg des Lebens gegeben wurden.

Wohlgemerkt, dies ist ein Prozeß des Differenzierens: Natürlich trägt der/die einzelne auch viele positive Anteile der Eltern in sich. Diese gilt es wahrzunehmen und für das eigene Leben zu kultivieren. Dennoch gehört es zu einer reifen Persönlichkeit, auch um die negativen Anteile und Elternbotschaften zu wissen bzw. diese durchzuarbeiten, damit sie nicht länger das heutige Leben behindern. Um diesen Prozeß der Aufarbeitung von schmerzlichen Erlebnissen, die es unweigerlich in jeder Lebensgeschichte gibt, geht es nun.

Was heißt das konkret?

Es heißt, die Frage zu wagen: Was war nicht gut während meiner Kindheit, was hat mir weh getan?

Ein Beispiel: War die Annahme des Kindes durch die Eltern an bestimmte Bedingungen gebunden? Gab es die Liebe der Eltern nur gegen eine bestimmte Gegenleistung, also „wir haben dich lieb, wenn du artig, fleißig, ruhig bist, wenn du nicht störst, wenn du deine Gefühle nicht zeigst ...“? Für viele Menschen ist es sehr schwer, sich einzugestehen, daß ihre Eltern nur allzu menschlich waren und sie als Kind nicht um ihrer selbst geliebt wurden.

Aber die Zeugnisse kindlicher Verwundungen beschränken sich nicht nur auf die ersten Lebensjahre während des Heranwachsens. Auch die vorgeburtlichen Monate, die Zeit im Mutterleib, haben ihre deutlichen Spuren bei einem Menschen hinterlassen. Die wichtigste Frage lautet hier: War ich ein gewolltes und erwünschtes Kind oder nicht? Wie fällt die ehrliche Antwort auf diese Frage aus? Der Prozeß, sich zu einer wahrhaftigen Antwort auf die Lebensfrage durchzuringen, ist häufig lang und sehr schmerzhaft. Viele Mechanismen der Abwehr, besonders der Verdrängung, müssen überwunden werden, bevor die individuelle Wahrheit benannt werden kann. Am Ende können dann Aussagen wie diese zugelassen werden: „Mein kleiner Bruder starb im Alter von zwei Jahren. Meine Eltern wollten einen Ersatz für ihn, also zeugten sie mich.“ „Mein Vater wollte immer noch ein Mädchen ... und ich war wieder nur ein Junge, was für eine Enttäuschung!“ „Ich bin das Zufallsprodukt einer Nacht.“

Da es nicht leicht ist, sich den Gegebenheiten des eigenen Lebens zu stellen, kann es hilfreich sein, die internalisierten Bilder und Emotionen (wie z. B. der Trauer oder der Wut) aus der Ursprungsfamilie gestalterisch darzustellen. Die anderen Gruppenmitglieder stehen zur Verfügung und können z. B. in der Rolle der ersten Bezugspersonen wie Vater oder Mutter schlüpfen. Wie kann die Haltung der Mutter/des Vaters gegenüber dem Kind dargestellt werden? War die Haltung abwehrend oder annehmend, drohend oder vereinnahmend? Wie standen die beiden Eltern zueinander? Was bedeutet die (Familien-)Konstellation für die eigene Position? Wie sieht diese Position – die Schlüsselposition – aus?

Die TeilnehmerInnen entwerfen ihre Familienskulptur – ein Bild, das prototypisch die Beziehungen der einzelnen Familienmitglieder untereinander zeigt. Innerhalb dieses Gefüges hat auch das Kind eine ganz bestimmte Position, die sich in der Schlüsselposition verdichtet und als solche ein Abbild der negativen Erfahrungen mit den ersten Bezugspersonen ist.

Abschließen möchte ich diesen Absatz über das Suchen des Schlüsselwortes mit der kurzen Reflexion auf das Märchen Rumpelstilzchen (Brüder Grimm 1987, 19–21).

Dieses Märchen erzählt davon, wie ein Vater seiner Tochter „ordentlich was einbrockt". Der Ehrgeiz des Vaters ist groß: „Meine Kinder sollen es einmal besser haben als ich", mag der arme Müller sich gesagt haben – wie viele kennen nicht diesen Satz von ihren Eltern! Damit der Vater glänzen kann, soll die Tochter Übermenschliches vollbringen. Das ordinäre Stroh muß zu Gold werden, dann winkt ein Leben am Königshof. Die Tochter möchte die Anerkennung – letztlich die Liebe – des Vaters bekommen, also verhält sie sich angepaßt und versucht, seinen Wünschen zu genügen. Dafür zahlt sie einen hohen Preis. Sie verhält sich abhängig. Indem sie tut, was der Vater möchte, gibt sie ihre eigene Selbständigkeit und Freiheit auf. Nehmen wir noch das Gegenteil an, d. h. die Tochter würde sich widersetzen. In diesem Fall würde sie die Liebe und Zuwendung ihres Vaters verlieren, nach der sie ein ebenso großes Bedürfnis hat wie nach Autonomie.

Wie es bei Konflikten dieser Art oft geschieht, stellen sich sogenannte „Scheinlösungen" ein (vgl. Mentzos 1984). Diese scheinbare Lösung wird im Märchen mit der Gestalt eines kleinen Männchens beschrieben. Gegen eine zunächst geringe Bezahlung wird es die Probleme für die Tochter aus der Welt schaffen. Doch der Preis für den Dienst des Männchens – also sowohl den Ansprüchen des Vaters als auch denen des Königs zu genügen – erhöht sich. Letztlich soll die arme/reiche Tochter es mit dem Leben ihres Kindes bezahlen: ein Bild dafür, daß das eigene Leben sich nicht frei und selbstverantwortlich entwickeln kann. Will die Tochter nicht weiter leiden und ein Leben lang um ihre verlorengegangene Identität trauern oder auch in ewiger Wut auf den Vater verharren, der sie für seine ehrgeizigen Pläne mißbraucht hat, so bleibt ihr nichts anderes übrig, als dieser negativen und lebensbedrohlichen Struktur in sich selbst auf die Spur zu kommen.

Bezeichnenderweise muß sie den Namen des Männleins finden, damit es die Macht über sie verliert. Sie muß wahrnehmen und benennen, was ihr in ihrer Kindheit angetan wurde und wie die internalisierten negativen Familienstrukturen sie noch heute unfrei machen. Das Schlüsselwort der zur Königin gewordenen armen Müllerstochter heißt: Rumpelstilzchen.

Ich meine nicht, daß das Märchen dem/der ZuhörerIn eine heile Welt vorgaukelt, wenn es am Ende der Geschichte erzählt, wie die Königin vom Leiden an ihrer Lebensgeschichte befreit wird, nachdem sie ihr Schlüsselwort gefunden hat. Nur das, was benannt und durchgearbeitet ist, belastet die menschliche Psyche nicht länger. Unbewußtes hingegen wird ständig wiederholt. Das Märchen vom Rumpelstilzchen verdeutlicht dies in eindrücklicher Weise.

3.2 Die Eltern sind immer und überall

Nachdem jede/r TeilnehmerIn die eigene Schlüsselposition erarbeitet und in einem Wort zusammengefaßt hat, beginnt die zweite Runde in der gemeinsamen Gruppenarbeit. Die Sitzungen sind jetzt besonders dicht, denn jede/r ist sehr mit sich selbst und der eigenen Lebensgeschichte beschäftigt. Die Auseinandersetzung mit der Vergangenheit intensiviert sich, manche wichtige Kindheitsszene und Erinnerung wird erneut durchlebt (zuweilen auch „durchträumt") und vor allem mit Gefühlen von Trauer oder Wut durchlitten.

Viele TeilnehmerInnen beobachten an sich selbst und den anderen, daß eine bestimmte Gefühlslage vorherrschend ist und auch den Alltag bestimmt. Diese Grundgefühle werden nicht nur benannt, sondern auch leiblich gestaltet. Der einsetzende Prozeß ist als das „Fünf-Phasen-Modell" der Auseinandersetzung mit der Vergangenheit von M. und D. Linn (1984) systematisiert worden. Ich möchte mich an dieser Stelle auf die exemplarische Darstellung von einer Phase beschränken, und zwar der ersten Phase, der „Nicht-wahr-haben-wollen-Phase".

Viele Menschen können es zunächst nicht annehmen, daß sie neben vielen positiven Elternbotschaften auch eine Reihe negativer in sich tragen. Würden sie sich der ganzen Realität ihrer Kindheit stellen, müßten sie auch die Schmerzen empfinden, die aus den Kindheitswunden resultieren. Aus Angst vor dem mit den Wunden verbundenen Leid und Schmerz, z.B. dem „Nicht geliebt worden –", dem „Ausgestoßensein", wehren sie sämtliche Erinnerungen und Assoziationen an die dunkle Seite ihre Kindheit ab. In der Sprache der Psychoanalyse wird dies mit dem Terminus der Verdrängung beschrieben: unangenehme und peinliche Gefühle aus der Kindheit dürfen nicht bewußt werden.

Hier ist es wichtig zu verstehen, daß Mechanismen der Abwehr, wie zum Beispiel der Verdrängung, in der Kindheit selbst durchaus „sinnvoll" waren. Es gab guten Grund für das Kind, den Schmerz über die Verwundungen in das Unbewußte abzudrängen, da er das Kind sonst überwältigt hätte. Das Kind mußte Strategien des Überlebens finden, d.h. Strategien, um gegen die vernichtenden Botschaften doch noch zu überleben und die ersehnte Aufmerksamkeit und Zuwendung zu bekommen.

Jetzt aber, als Erwachsener, erweisen sich die alten Abwehrmechanismen als hinderlich. (Es sei noch einmal an das Rumpelstilzchen erinnert: in den Zeiten der Not hat es „sinnvoll" geholfen, das Stroh in Gold zu verwandeln, später aber war es störend und hat weiteres Wachstum verhindert.)

Leider ist es so, daß die schmerzhaften Erinnerungen durch Verdrängung und andere Mechanismen der Abwehr nicht einfach aufhören zu existieren. Sie melden sich immer wieder in Form sogenannter „Wiederholungen", d.h. alte Erfahrungen und Gefühle werden in der gegenwärtigen Situation wiederbelebt, ohne daß der/die Betroffene sich dieses Vorganges bewußt wäre. Es ist deshalb wichtig, auch bei momentanen Schwierigkeiten nach Ursachen zu suchen, die unter Umständen weiter zurück liegen.

Ein Beispiel: Ein Gruppenmitglied hat sich als Kind immer als „das fünfte Rad am Wagen" gefühlt. Eigentlich war die Familie zu viert geplant und schon vollständig, als der „Ausrutscher" passierte und die Mutter mit ihr schwanger wurde. In dieser Familienkonstellation mit solchen Gefühlen großgeworden, hat sie diese dermaßen internalisiert, daß sie unbewußt in jeder neuen Gruppe bzw. Gemeinschaft ihre Gefühle der Überflüssigkeit wie von selbst reaktivierte und somit (unbewußt) ihre Schlüsselposition wiederholte.

Ähnliches wie in diesem Beispiel gilt bei den sogenannten Übertragungen, bei denen Wünsche und Gefühle, die Personen der Kindheit (wie z.B. Vater und Mutter) galten, bei Personen der Gegenwart neu aktualisiert werden und dann auf die heutigen Beziehungen einen negativen Einfluß ausüben.

Die Überschrift dieses Abschnitts, „Die Eltern sind immer und überall", versinnbildlicht Beispiele dieser Art. Bei der Bearbeitung der Kindheitsgeschichte zeigt sich, wie sehr die „Eltern in uns" noch heute unser Leben prägen. Durch die in langen Jahren mit ihnen gemachten Erfahrungen und ihre dabei an uns übermittelten Einstellungen und Haltungen sind sie noch heute in unseren Wahrnehmungen und Empfindungen, in unseren Gefühlen und Handlungen gegenwärtig. Anders als die realen Eltern, zu denen wir vielleicht längst eine räumliche Distanz gewonnen haben, begleiten uns die internalisierten Eltern mit ihren Botschaften.

Ist die Lage deshalb hoffnungslos?

Nein, natürlich nicht, es gilt vielmehr, die unbewußten Wiederholungen in bewußte Entscheidungen zu verwandeln. Dazu aber muß die Kindheit mit ihren Schattenseiten wahrgenommen und in einem schmerzhaften Prozeß behandelt und betrauert sein, versteckte Wut und Aggression über das, was dem Kind zugefügt wurde, muß ausgedrückt worden sein, bis schließlich mögliche Schritte der Versöhnung sichtbar werden.

Dann kommt der/die einzelne allmählich in die Lage, seine/ihre unbewußten Wiederholungen, die die Gegenwart sehr belasten können, schneller zu durchschauen. Bewußte Entscheidungen über das, was an übernommenen Elterntraditionen behalten und was davon lieber abgegeben werden möchte, werden mehr und mehr möglich. Der Prozeß des Wiedererkennens von Wiederholungen aus der Kindheit bzw. der Wiederholung der negativen Schlüsselposition des Neuentscheidens in der Gegenwart ist nie ganz abgeschlossen, sondern muß ein Leben lang eingeübt werden. Ganz langsam mag sich eine Verwandlung vollziehen: Was einst so bedrückend „die Eltern sind immer und überall" hieß, kann nun anders formuliert werden. Jetzt gilt mehr und mehr: „Es gibt für Erwachsene keine Mütter und Väter, nur Schwestern und Brüder" (Kopp 1978, 163).

3.3. Gott ist größer als unser Herz ...

Im letzten Schritt der gemeinsamen Gruppenarbeit kann die religiöse Dimension in der Persönlichkeitsentwicklung näher beleuchtet werden. Die Frage heißt: In welcher Weise hat die Kindheitsgeschichte mit ihren negativen und schmerzlichen Erfahrungen das Gottesbild verformt und überlagert?

Zum einen gilt es, jene „Funktionen" herauszuarbeiten, die Gott als „Lückenbüßergott" im Laufe der Lebensgeschichte übernehmen mußte. Diese Funktionen stehen in engem Zusammenhang mit der Schlüsselposition. Wenn die Gruppenmitglieder sich ihre Glaubensgeschichte erzählen, machen sie nicht selten die Erfahrung, daß sie in ihrer Beziehung zu Gott vor allen Dingen suchten und fanden, was sie in zwischenmenschlichen Beziehungen (besonders zu Vater und Mutter) vermißten: Annahme, Ruhe, Geborgenheit und Liebe ...

Werden diese Zusammenhänge nicht bewußt angeschaut und durchleuchtet, bleibt ein solcher Glaube eine Flucht in eine abgehobene heile Welt. Gott wird dabei zum oberflächlichen „Pflasterkleben" der Wunden mißbraucht.

Hier ist es für den gläubigen Menschen angezeigt, sich darin einzuüben, das ängstlich-anklammernde Festhalten an den Funktionen Gottes aufzugeben. Sie dienten „nur" dem Überleben. Stattdessen darf er/sie in eine freie und lebendige Beziehung zu Gott treten, die zu wirklichem Leben führt. Nun trägt der Glaube, daß Gott alles schenken kann und will, wonach der Mensch sich sehnt.

Ein weiterer Aspekt der Gruppenarbeit in dieser Phase besteht darin, sich mit Hilfe der körperlichen Übungen der Projektionen von negativen Elternbildern auf Gott bewußt zu werden. Das Gottesbild trägt dann die Züge der eigenen Eltern. Einige Beispiele: Gott wird erlebt als strenger und übermächtiger Vater, als hinterlistig oder gar grausam, als eine ständig lastende Bürde (wie zum Beispiel die eigene Mutter) ... All dies sind Verfälschungen, die Gott und seiner froh- und freimachenden Botschaft für den Menschen nicht gerecht werden. Es stellt sich somit die Aufgabe, das Gottesbild erst von den in ihm enthaltenen negativen Elternanteilen zu befreien.

Für den gläubigen Menschen müssen nie die negativen Elternbotschaften das letzte Wort behalten, sondern die Frohe Botschaft des Evangeliums mit der Zusage von Leben und Liebe an den Menschen kann ihnen entgegengestellt werden: „... und wir werden unser Herz in seiner Gegenwart beruhigen. Denn wenn das Herz uns auch verurteilt – Gott ist größer als unser Herz und er weiß alles" (1 Joh 3, 19–20).

4. Abschließende Bemerkungen

Die Schlüsselmethode in der Gruppenarbeit mit Erwachsenen kann dazu dienen, gezielt einige ganz bestimmte Schritte bei der Bearbeitung und Bewältigung von negativen Kindheitserlebnissen und Elternbotschaften zu gehen.

Die gemeinsame Gruppenarbeit ist also relativ vorstrukturiert und sieht für jede/n TeilnehmerIn eine gewisse Reihenfolge in der Auseinandersetzung mit sich selbst und der eigenen Vergangenheit vor. Es ergibt sich von daher, daß diese Form der Gruppenarbeit den viel stärker individuell geprägten Prozeß einer (Einzel-)Therapie (bei der der/die KlientIn wesentlich die Dauer, Intensität und Reihenfolge der Themen mitbestimmt) nicht ersetzen, wohl aber diese initiieren oder auch unterstützen kann. Nicht selten beginnen Gruppenmitglieder während oder nach der Gruppenarbeit mit therapeutischen Einzelgesprächen, um die gemachten Erfahrungen einzuholen und zu vertiefen.

Neben dem erklärten Ziel, bei der Gruppenarbeit konkrete Hilfen für die Vergangenheitsbewältigung zu bekommen, nehmen die TeilnehmerInnen, die nach der Schlüsselmethode gearbeitet haben, auch eine Reihe weiterer Erfahrungen und Erkenntnisse mit. Sicher fördert die gemeinsame Gruppenarbeit jene Grundfähigkeiten, die sich sowohl in der Begegnung als auch in der Arbeit mit Menschen als wertvoll und nützlich erweisen können. Gedacht ist hierbei an Fähigkeiten wie z. B. Gefühle wahrzunehmen und differenziert zu äußern; die nonverbale Kommunikation und die Körpersprache besser wahrzunehmen; mit zwischenmenschlichen Konflikten umgehen zu können, oder auch andere Menschen besser verstehen zu können (größeres Empathievermögen).

Zum einen schützt die Bearbeitung von negativen und belastenden Erlebnissen aus der Vergangenheit davor, als BeraterIn oder auch SeelsorgerIn in helfenden Beziehungen immer wieder unbewußt die eigene Lebenswunde zu bearbeiten. Zum anderen lernen die Gruppenmitglieder während der gemeinsamen Arbeit miteinander einen Teil des Ausmaßes und der Variationsbreite menschlicher Verwundungen, Verstrickungen und Fehlentwicklungen kennen. Dies kann helfen, fremdes und eigenes Leid nicht einfach nur mehr kopflos abwehren und verleugnen zu müssen, sondern solidarisch zu tragen und so gut wie möglich zu akzeptieren.

Illusorische Wünsche von TeilnehmerInnen nach vollkommener Heilung und Ganzheit kann und will die Gruppenarbeit nicht erfüllen. Aber sie kann so etwas wie das Grundvertrauen in das Leben stärken und den/die einzelne/n dafür sensibilisieren, daß es allen Grund gibt, für das Gute zu danken, und daß alles Schwere des Daseins zu tragen oder zu bewältigen sein wird. „Und daß wir ...", um mit den Worten einer Dichterin zu enden, „immer versehrter und immer heiler stets von neuem zu uns selbst entlassen werden" (Domin 1987, 117).

Norbert Rutschmann

Die Schlüsselmethode in der psychiatrischen Praxis

1. Einleitung

Die folgenden Überlegungen basieren auf meinen Erfahrungen als Assistenzarzt auf der offenen, psychiatrischen Akutstation (Männer) der Klinik Hohe Mark in Oberursel. Diese Klinik in Trägerschaft des DGD (Deutscher Gemeinschafts-Diakonieverband, Marburg) hat sich zum Ziel gesetzt, psychisch kranken Menschen, die auch eine seelsorgliche Hilfe suchen, einen Raum dafür zu bieten (Festschrift 1983, 12f). Sie gliedert sich in drei Abteilungen: Psychotherapie, Psychosomatik und Psychiatrie.

Neben der religiösen Ausrichtung besteht ein Unterschied zu anderen psychiatrischen Krankenhäusern darin, daß die Klinik nicht in die psychiatrische Regionalversorgung eingebunden ist. So werden zwar Patienten mit akutem Schub einer Schizophrenie oder Zyklothymie aufgenommen, nicht aber Patienten mit schwer erregten Zuständen oder Suchtkranke. Dadurch herrscht gegenüber anderen Psychiatrien ein deutlich ruhigeres Klima auf den Stationen, das durch die geringeren Reize weniger Gefahr für die Desintegration der Patienten bietet und so ein relativ konstantes und fruchtbares Arbeiten ermöglicht.

Meine Erfahrungen stützen sich auf die Behandlung von 52 Patienten (bei einer Behandlungsdauer zwischen 4 Wochen und 6 Monaten), die sich folgendermaßen in die Kategorien der deskriptiven Psychiatrie eingruppieren lassen:

Schizophrene Psychosen:	21 Patienten
Manische Psychosen:	8 Patienten
Depressive Psychosen:	10 Patienten
Psychosenahe Persönlichkeitsstörung:	13 Patienten

Sie teilten sich altersmäßig auf in folgende Gruppen:

20–29 Jahre:	19 Patienten
30–39 Jahre:	15 Patienten
40–49 Jahre:	10 Patienten
50 und mehr Jahre:	12 Patienten

175

Zum Großteil stützte sich die Behandlung auf Therapieformen, wie sie auch in anderen psychiatrischen Kliniken gängig sind. So wurden auch unsere Patienten mit Psychopharmaka behandelt, wenn auch mit deutlich niedrigeren Dosierungen, als ich sie aus anderen Psychiatrien kenne. Zum festen Programm der Patienten gehörten Frühsport, Gymnastik und Wandern. Je nach therapeutischem Bedarf wurden Gestaltungs-, Arbeits-, Mal und Musiktherapie verordnet, oder auch physikalische Maßnahmen wie Kneipen oder Massagen.

Über dieses psychiatrische „Regelprogramm" hinaus nahmen die Patienten 1–2 mal pro Woche an einer therapeutischen Gesprächsgruppe teil, die je nach Zusammensetzung als TZI-Gruppe (bei schwerer gestörten Patienten) oder als interaktionelle Gruppe mit gestalttherapeutischen Elementen (bei überwiegend gut rekompensierten Patienten) durchgeführt wurde.

Antipsychiatrisch in dem Sinne, daß sie nicht in die überwiegend deskriptiv orientierte heutige psychiatrische Landschaft passen, waren die wöchentlichen psychotherapeutischen Einzelgespräche von etwa 45 Minuten Dauer. Psychotherapeutische Basis dieser Gespräche war die Schlüsselmethode, wie sie in diesem Buch vorgestellt wird, allerdings mit kleinen Modifikationen, angepaßt an die besonderen Anforderungen der Arbeit mit psychotisch bzw. psychosenahen Erkrankten (vgl. dazu Abschnitt 3).

2. Die Psychodynamik in der Psychiatrie

Um die Psychotherapie der Psychosen ist es in den letzten Jahren still geworden. Neben psychiatrischen Kliniken, die eine Theorie der multifaktoriellen Genese bei der Entstehung der Psychosen vertreten, gibt es auch noch vielfach eine „einseitig somatische und allenfalls streng deskriptiv" orientierte Psychiatrie (Mentzos 1991, 7), die in einem genetischen Defekt den Kern der Erkrankung Psychose gefunden zu haben glaubt. Diese Haltung führt zu einem relativen therapeutischen Nihilismus, der eine Besserung durch medikamentöse Behandlung (Neuroleptika, Antidepressiva, Lithium etc.) und strukturierende Maßnahmen anstrebt. Ziel der Therapie ist dabei die einigermaßen störungsfreie Wiedereingliederung des

Patienten in seinen alten oder einen neuen (z. B. Rehabilitations-einrichtung) psychosozialen Kontext. Nur Besserung durch äußere Strukturen scheint für den psychotisch erkrankten Menschen mög-lich, nicht aber Veränderung durch einen aufarbeitenden Prozeß. Dies wird begründet mit dem Defekt des Kranken und seiner nicht vorhandenen Übertragungsfähigkeit, die einen psychoanalytischen Therapieversuch ausschließe (Lang 1981, 705).

Viele Erfahrungen scheinen zu belegen, daß die psychoanalytisch orientierte Methode für den an der Fragmentierung seines Ichs lei-denden Schizophrenen wenig tauglich ist. Erfreulicherweise gibt es aber doch noch einige vielversprechende Ansätze, die mittels modi-fizierter Formen einer analytisch orientierten Psychotherapie einen Zugang zum Erleben des psychotisch Erkrankten suchen (Mentzos 1991; Benedetti 1983; Lang 1981; Milch/Puzke 1991).

Gemeinsam ist all diesen Versuchen die „Erkenntnis der Existenz einer ‚Objektbeziehung' von Anfang an" (Lang 1981, 706). In Aus-einandersetzung mit dem Freudschen Begriff des „primären Nar-zißmus" erfolgte dadurch eine Korrektur des Freudschen Libido-konzepts in Richtung einer „Interaktionstheorie" (Dahmer 1973, 80) bzw. „Objekt-Beziehungs-Theorie" (Kernberg 1981(b), 683 f). Im Wesentlichen beruhen die Vorstellungen der genannten, psy-chodynamisch arbeitenden Psychiater über die Psychopathologie der Psychosen auf dieser Theorie, ebenso sind die theoretischen Grundannahmen der Schlüsselmethode gut in sie integrierbar. Des-halb sei sie an dieser Stelle in Anlehnung an Kernberg (1981(b), 685) erläutert.

2.1. Die Objekt-Beziehungs-Theorie

Aus der Sicht der Objekt-Beziehungs-Theorie hat der psychische Apparat seinen Ursprung in der frühesten Stufe einer Abfolge von Internalisierungen (Verinnerlichungen) von Objektbeziehungen. Nach der frühesten autistischen Entwicklungsstufe kommt es in einer symbiotischen Stufe unter dem Einfluß der positiven oder negativen (meist) mütterlichen Versorgung zu einem frühen Selbst-Erleben des Kindes. In einer dritten Stufe, der sogenannten Loslösungs-Individuations-Stufe konsolidieren sich die Ich-Gren-zen des Kindes, und es erfährt sich zunehmend in seinem Getrenntsein von der Mutter. In der vierten Stufe der Objektkonstanz beginnt nach dieser Theorie auch die weitere Integration der psychischen Frühstrukturen zu Ich, Es und Über-Ich als den umfassenderen innerpsychischen Strukturen.

Als besonders wichtig bleibt festzuhalten, daß in diesem Konzept bereits die frühesten Internalisierungsvorgänge (symbiotische Stufe) ebenso wie die folgenden Stufen dyadisch geprägt sind, d.h. nicht einfach ein pures Objekt als solches wird internalisiert, sondern es findet eine aktive Interaktion des Selbst mit dem Objekt statt. Etwas einfacher ausgedrückt heißt dies, daß bereits in diesen frühen Stufen durch die Interaktion der Bezugsperson mit dem Kind die Basis für die spätere innerpsychische Struktur gelegt wird (Schlüsselerfahrungen), und zwar sowohl was die Ich-Struktur angeht, als auch die Möglichkeiten der Abwehr und Kompensation von Konflikten (Kernberg 1991(b), 685). Dieses theoretische Konzept deckt sich im wesentlichen mit den Beobachtungen der „baby-watcher" (Milch/Putzke 1991, 271), die eine frühe Eigenaktivität des Kindes in der Interaktion mit seinen Bezugspersonen bereits in der sogenannten symbiotischen Stufe feststellen konnten (Milch/ Putzke 1991, 272).

Inwieweit in diese dyadische Interaktion von seiten des Kindes genetisch erworbene Defekte (z.B. eine erhöhte psychische Vulnerabilität) eingehen (somatopsychisch), oder ob diese bereits sekundäre Folgen einer psychischen Verletzung sind (psychosomatisch), ist auch unter den Vertretern einer psychodynamisch orientierten Psychiatrie umstritten (Benedetti 1983, 28; Mentzos 1991, 15). Ich neige zur zweiten Annahme (ausgenommen die eindeutig hirnorganisch bedingten Psychosen, basierend auf akuten Hirntraumata, cerebralen Gefäßprozessen, Gehirnabbauprozessen, etc.), nicht zuletzt auch aufgrund von Untersuchungen der pränatalen Schmerzempfindung. Diese Untersuchungen berechtigen zur „Annahme einer (noch einfachen ,vorbewußten') Art des Bewußtseins und der Erinnerung" etwa ab der 28. Schwangerschaftswoche (Bachmann 1991, 2718). Es scheint sehr wahrscheinlich, daß spätestens ab diesem Zeitpunkt auch negative Einstellungen (Schlüsselbotschaften) der Mutter oder des Vaters (z.B. über direkte Gewalt) vom noch vorbewußten Gedächtnis gespeichert werden. Stimmt diese Annahme, so wäre hier bereits eine negative Prädisposition für die spätere Interaktion zwischen Kind und Objekt gelegt, eine mißglückte postnatale Interaktion bereits die Wiederholung einer früheren, pränatalen Verletzung. Eine Reduplikation der Art dieser frühen Objektbeziehungen – wie sie in den theoretischen Grundlagen der Schlüsselmethode angenommen wird – wird auch von anderen Autoren bestätigt. (Lang 1981, 712)

2.2. Die Objekt-Beziehungs-Theorie und Psychose

Die vorgenannten Überlegungen führten zu einem Entstehungsmodell auch für die Psychosen, wobei sich eine der Vielfalt menschlichen Lebens entsprechende Vielfalt der konkreten vulnerablen Situationen zeigt. Einige gemeinsame Punkte, die das Sprechen von einem Modell rechtfertigen, seien hier in bezug auf die Schizophrenie kurz genannt. (Für die affektiven Psychosen gelten die gleichen Grundannahmen, allerdings bei einer weniger fragmentierten Struktur des Selbst. Auch spielen dabei wohl noch mehr entwertende Botschaften eine wichtige Rolle (vgl. Elia 1983, 263–317).

Am Ursprung der Psychose steht die menschliche Ablehnung (Benetti 1983, 36). So erlebt der Kranke seine Insuffizienz als Kein-Recht-auf-Existenz, als Schuld, als totale Zurückweisung. Diese Zurückweisung artikuliert sich in zwei Polen. Auf der einen Seite sind es die anderen, die der Patient als abweisend erlebt. Auch wenn das wahnhaft geschieht, so ist dieser Wahn doch oft nur die ins Tragische abgewandelte Zurückweisung des psychisch Kranken durch Familie und Umwelt. Auf der anderen Seite hat der Kranke diese Negation in unreifer Form als Selbst-Objekt-Repräsentanz internalisiert und negiert deshalb quasi seine eigene Existenz.

Weitere wichtige Faktoren sind die Kommunikationsstrukturen in der Familie, deren Parameter wir oft in der schizophrenen Psychopathologie wiederfinden (Benedetti 1983, 27–54). Häufig finden sich hier eine Konfusion der Rollenidentität bei den Eltern, die sich in der Konfusion der Identität des Schizophrenen widerspiegelt, tief gefälschte Vorstellungen des Selbst und der Welt im inneren Leben der Familienmitglieder (falsche Idealbilder, etc.) und eine unbewußte Ausgrenzung des (nicht gewollten) Kindes, die bei diesem ein Gefühl entstehen ließ, nicht zu dieser Familie zu gehören und so schutzlos der äußeren Welt ausgesetzt zu sein.

179

Liegt die Basis der Erkrankung in den frühen Objektbeziehungen, so ist zuallererst ein Blick auf die Beziehung der Mutter zum Kind nötig, die häufig symbiotisch bleibt. Hier spielen Trennungsängste eine wichtige Rolle. Im Kind sucht die Mutter eine ideale Vollständigkeit. Dadurch wird die Selbstidentität des Kindes von seiten der mütterlichen Identität aufgesogen. Autonomiebestrebungen des Kindes werden in einem solchen Kontext als narzißtische Kränkung der Mutter erfahren, als Aggression. Führt die Gegenaggression der Mutter zum Bruch der Objektbeziehung, wird das eigene Selbstwerden des Kindes auf früher Stufe blockiert, das Kind wird still, überangepaßt und lenksam (gibt seinem fragmentierten Selbst quasi von außen Struktur) und gerät – meist in der Adoleszenz – in Krisen mit sich selbst und den Eltern (Dörner/Plog [6]1990, 151). Auslöser sind oft Triggersituationen, in denen die Erinnerung an alte Verletzungen wachgerufen wird (Wiederholung der Schlüsselbotschaft). Bleibt dann in dieser emotional belastenden Situation die Bestätigung (und Wertschätzung) der subjektiven Realität von außen aus, wiederholt sich die mangelnde Einstimmung der Kindheitsumgebung, und das Selbst wird akut von Fragmentierung bedroht. „In einem verzweifelten Versuch, die (eigene, d. Verf.) psychische Integrität aufrechtzuerhalten, arbeitet der psychotische Mensch Wahnideen aus" (Milch/Putzke 1991, 277). Sie sind zu verstehen als Versuch des Kranken, seine Realität zu retten, fast immer auf Kosten der Verstehbarkeit von seiten seiner Umgebung.

Eine wichtige Rolle spielen in diesem Entwicklungsprozeß auch Projektionen der Eltern zur Entlastung der eigenen Psyche (Benedetti 1983, 30). Das Kind kann so zum Sündenbock für eigene, nicht gelebte Bedürfnisse werden oder zum Ort des Auslebens der eigenen Schuld- und Inferioritätsgefühle. Es kann aber auch zum Ideal-Ich der Eltern werden, d. h., nicht der eigene Schatten, sondern das nicht realisierte eigene Lebensideal wird dem Kind aufgebürdet, wobei oft das Erfüllen dieses unbewußten Auftrags ebenso unbewußt torpediert wird. Das Kind, das das geforderte Ziel (und die damit erhoffte Zuwendung) trotz aller Anstrengung nicht erreicht, fühlt sich wertlos. An der Basis eines solchen latent abwertenden Verhaltens der Eltern steht oft eine fundamentale Ambivalenz gegenüber der Existenz des Kindes. Ein „Es ist nicht gut, daß du so bist" verdeckt dann das „Es ist nicht gut, daß du überhaupt bist" (Benedetti 1983, 30f). Es geht hier nicht um Schuldzuweisung, sondern um das Aufdecken und Durcharbeiten von Lebenswahrheiten des jeweiligen Patienten, um diesem einen Weg vom Überleben zum Leben zu ermöglichen (Frielingsdorf [4]1993). Dem durch die Schlüsselmethode ermöglichten Prozeß geht es zuallererst um Versöhnung mit der eigenen Lebensgeschichte und Versöhnung mit den Eltern, die – wiederum mit ihrer je eigenen Geschichte – naturgemäß am Anfang des Lebens des Kindes standen und es existentiell beeinflußt haben. Dies wird in der Schlüsselmethode explizit in den Familienkonstellationen berücksichtigt.

3. Die Schlüsselmethode in der (anti)psychiatrischen Praxis

3.1. Die Rolle des Therapeuten

Meine eigene Erfahrung in der Therapie mit psychotisch Erkrankten bestätigt die Literatur zur Psychotherapie der Psychose, in der die aller Methode vorgeordnete Person des Therapeuten betont wird. Wenn am Anfang der Psychose die totale menschliche Ablehnung steht, dann kann am Beginn der Heilung nur die absolute Annahme stehen, religiös aus der Sicht des glaubenden Therapeuten betrachtet, die Annahme durch Gott, die sich in der empathischen Annahme des Patienten durch den Therapeuten realsymbolisch konkretisiert (bei allem eschatologischen Vorbehalt des „Schon" und „Noch nicht"). Diese Empathie findet aber beim Therapeuten oft schnell eine Grenze, reinszeniert der Kranke doch in der Regel unbewußt immer wieder Situationen, in denen es anderen schwerfällt, ihn zu akzeptieren, um die Ablehnung seiner Person je neu bestätigt zu bekommen. Die Krankheit selbst in ihrer gesellschaftlichen Nicht-Akzeptanz ist dafür das beste Beispiel. Deshalb ist es wichtig, die Bedeutung der Symptome des Kranken relativ frühzeitig zu erfassen. Dies erleichtert das Durchhalten der Empathie und führt zu einem therapeutischen Raum, in dem der Kranke sich langsam in eine – wenn auch noch so brüchige – Beziehung zum Therapeuten einlassen kann.

Die Art und Weise dieser Beziehung bezeichnet Benedetti (1983, 59) als dualen Rapport, mit dessen Hilfe aus den Fragmenten des Selbst des Kranken eine kohärente und kohäsive Identität entstehen kann. Diese Interaktion, die Identifikation des Patienten mit dem Therapeuten und die Gegenidentifikation des Therapeuten, spielt sich im Idealfall auf der symbiotischen/knapp postsymbiotischen Stufe ab. Dabei übernimmt der Therapeut einen Teil der Psychopathologie des Patienten. Die in den Therapeuten projizierten („ausgelagerten") Fragmente finden sich quasi dort zu einem neuen Ganzen zusammen. Wie einzelne Mosaikteile, die sich in einem langen Prozeß langsam zusammenfügen, werden sie durch die Re-Introjektion (Wiederhereinnahme) des Patienten für diesen fruchtbar. Dies erfordert einerseits psychische Stabilität des Therapeuten, sowie ein gutes Gefühl für die nötige Nähe und Distanz. Denn die Distanz ist in der therapeutischen Beziehung Voraussetzung für die Teilidentifikation des Patienten, der immer in der Angst lebt, bei zuviel Nähe in der Beziehung zerschmettert zu werden (Benedetti 1983, 65). Auf der anderen Seite muß der Therapeut aber auch seine Schwäche zeigen können. Denn nur authentische Gefühle erlauben die Umwandlung der schizophrenen Autoaggression (gegen das eigene schwache Ich) in nach außen gerichtete Aggression (hier gegen das Ich des Therapeuten).

Kurz gesagt: Gelingt es in der Therapie, mit dem Patienten eine Beziehung aufzubauen, die ihm bei allen Problemen im Einpendeln von Nähe und Distanz ein Gefühl von sicherer Annahme vermittelt und in ihm eine Art positiven symbiotischen Seelenzustand (Benedetti 1983, 68) entstehen läßt, ermöglicht ihm dies von einer nun sichereren Position aus die Auseinandersetzung mit der Umwelt. In dieser Auseinandersetzung, die ja immer mit der Erfahrung des je Anderen einhergeht, kann er seine in der Kindheit nicht entstandenen Ich-Grenzen spüren und zunehmend sichern.

3.2. Die Schlüsselmethode

Wie deutlich wurde, tritt in der Therapie der Psychosen die „Technik" hinter die Person des Therapeuten zurück. Trotzdem kann sie gerade im Verstehen der psychotischen Symptome gute Dienste leisten. Die Schlüsselmethode bietet sich dabei als besonders hilfreich an:

1. Sie versucht, das früheste Grundtrauma aufzuspüren (das sich in vielen Reinszenierungen wiederholt), wenn man so will den Grundkonflikt, der am Anfang der Krankheit steht (die Schlüsselbotschaft).

2. Sie versucht, die Schlüsselposition ausfindig zu machen, und begegnet auf diesem Weg den zentralen Abwehrmechanismen, die oft sehr eindrucksvoll als Zwischenstufen zur Schlüsselposition körperlich dargestellt werden.

3. Sie bezieht in diese Suche im Rahmen der Familienkonstellation die Familie als den Ort ein, in der die Erkrankung des Patienten entstand.

4. Sie bietet in ihrer gestalterischen Methodik die ideale Basis z. B. für den schizophrenen Menschen, der besser über das archaische Bild mit seinen Verletzungen und den damit verbundenen Gefühlen in Konkakt treten kann, als über die Verbalisierung seiner in der Regel gestörten Gedankenwelt (Benedetti 1983, 60; Milch/Putzke 1991, 278).

3.2.1. Die Schlüsselmethode in der Gruppe

Die Brauchbarkeit der Schlüsselmethode in der psychotherapeutischen Gruppenarbeit mit psychotisch Erkrankten hängt stark vom Entwicklungsstand der einzelnen Teilnehmer ab. Bei noch stark fragmentiertem Ich-Zustand und der damit verbundenen Durchlässigkeit der Grenzen stellt die Schlüsselmethode eine Überforderung dar. Die Situation einer Familienkonstellation z. B. mit Mitgliedern einer solchen Gruppe würde eine starke Bedrohung der schwachen Ich-Grenzen darstellen. Der andere in der Konstellation würde mit dem Ich verschmelzen, was zu einer erneuten psychotischen Entgleisung bzw. einem psychotischen Rückzug führen könnte. Mißtrauen, Scham, das selbst noch nicht angenommene Verletzte anderen mitzuteilen, aber vor allem die Angst vor der Bedrohung durch den anderen bestimmen in einer solchen Gruppe den inneren Raum des Patienten und reglementieren so die Methodenwahl (z. B. TZI-Gruppe). Für die Anwendung aufdeckender Methoden bietet der Therapeut hier kaum genügend Sicherheit, da seine Zuwendung mit den anderen Teilnehmern geteilt werden muß.

Sind die Gruppenteilnehmer schon besser stabilisiert, kann mittels der Schlüsselmethode sanft aufdeckend gearbeitet werden. Die

Gruppe kann dann für das besser rekonstruierte Ich einen Sicherheitshintergrund darstellen, in dem der Patient sich selbst als von den anderen verschieden und eine tragende Nähe erfahren kann (Milch/Putzke 1991, 279). Diese erlaubt auch, bestehende Konflikte mit dem Therapeuten zu thematisieren und bietet die Möglicheit eines ersten Schritts der Ablösung von ihm.

Ein häufiges Thema in diesen Gruppen war in vielen Variationen das Thema „oben/unten", das den meisten Patienten ja aus ihrem Lebensgrundgefühl (unten) bekannt war. Dieses entzündete sich quasi als Neuauflage der Schlüsselerfahrung (z. B. „niedergemacht") meist an einem Konflikt mit den Autoritäten auf der Station, d. h. dem Pflegepersonal, das am wenigsten gefährlich für den Patienten ist. Signalisierte der Therapeut dann Offenheit, auch sein Verhalten in dieser Beziehung zur Disposition zu stellen, brachten manche Patienten auch ihre Ohnmachtsgefühle gegenüber dem Therapeuten ins Gespräch. Über die gestalterische Darstellung dieser Ohnmachtserfahrungen (z. B. auch mit früheren Chefs während der Lehre) konnte manche Schlüsselposition aufgedeckt und Parallelen zu Konfliktsituationen mit den Eltern deutlich gemacht werden. Ganz entscheidend wichtig war dabei, direktiv einzugreifen, wenn der Patient sich zuviel zumutete und die dargestellte Situation zu bedrohlich wurde. Teilweise war die Gruppenzusammensetzung so, daß es möglich wurde, die häusliche Ohnmachtsposition (am gefährlichsten) darstellen zu lassen und den Patienten zu ermöglichen, sich daraus freizukämpfen. Dies war ein wichtiger Schritt für sie, die Angst vor eigener und fremder Aggression zu verlieren, ihre Kraft zu spüren und damit Hoffnung zu finden, gegen die bisher als unabwendbares Schicksal empfundene Krankheit und die übermächtigen anderen zu kämpfen. Es können (z. B. auch in Rollenspielen) Möglichkeiten gefunden werden, diesen übermächtigen anderen adäquater zu begegnen, wodurch es zu einer weiteren Besserung des Selbstwertgefühls kommt und damit auch zu einer weiteren Stabilisierung des sich in Entwicklung befindlichen Ichs.

3.2.2.   Die Schlüsselmethode in der Einzel-Therapie
3.2.2.1. Die Schlüsselbotschaft

Ein zentraler Vorteil der Schlüsselmethode in der Arbeit mit sogenannten „Frühgestörten" ist, daß sie versucht, die früheste

184

Verletzung des Kindes aufzudecken, die in einer negativen Botschaft der primären Bezugspersonen besteht und das spätere Leben zwar nicht determiniert, aber doch oft weitgehend geprägt hat. Diese Botschaft findet sich in der Regel sehr schnell im Verhalten des Patienten wieder, der versucht, die gleiche Ablehnung, die ihm von seinen Eltern zuteil wurde, auch auf der Station zu reproduzieren. Aufgrund der Durchlässigkeit seiner Grenzen und der damit gegebenen überdurchschnittlichen Sensibilität für die Empfindungen des anderen findet er unbewußt schnell dessen Schwachstellen und provoziert dann nicht selten (z.B. durch Abwertung) eine negative Gegenübertragung, die seiner alten Erfahrung entspricht, „nicht gewollt zu sein" und diese bestätigt. Gelingt es nicht, diese Mechanismen zu durchschauen, kann dies zur (damals vielleicht von den Eltern überlegten) „Abtreibung" führen, d.h. der Patient wird entlassen, weil er auf der Station nicht zu führen, dem Personal nicht zuzumuten, nicht therapiewillig ist, etc. Sieht man das Verhalten im Rahmen der Schlüsselmethode als Wiederholen (Agieren) einer alten Botschaft, so kann die negative Gegenübertragung meist in Verständnis, vielleicht sogar in eine neue, positive Gegenbotschaft umgewandelt werden, die dem Patienten eine neue Erfahrung vermittelt.

Ein weiterer Vorteil ist die therapeutische Reduktion der oft diffusen und wenig verstehbaren Symptomatik auf einige wenige Schlüsselerfahrungen, die im Schlüsselwort münden. Dies vereinfacht bei den oft vorhandenen Konzentrations- und Denkstörungen das „Am-Ball-Bleiben" und bringt die vielen, auch für den Patienten oft unverständlichen psychotischen Erlebensvariationen quasi auf einen Nenner. Das langsame Verstehen der Ursache(n) nimmt der Erkrankung das Magische und weckt neuen Mut, dagegen ankämpfen zu können. Für die Außenstehenden verliert die Krankheit durch die Rückführung ins Verstehbare vieles von ihrer Fremdheit und Bedrohlichkeit und erleichtert so den Zugang zum Kranken.

3.2.2.2. Die Schlüsselposition

In der stationären Therapie mit psychotisch Erkrankten ist der Weg zur Schlüsselposition genauso wichtig wie die Schlüsselposition selbst. Diese ist im Vergleich zu neurotisch Erkrankten sogar eher einfach zu finden. Hier ist die mangelnde Verdrängungsfähigkeit des Psychotikers hilfreich, weshalb er meist sehr authentisch seine inneren Zustände darstellen kann. Versteht man die Psychosesymtomatik als Abwehr eines vernichtenden Konflikts (Mentzos 1984, 10), so wird in der aktuellen Position die Art des Abwehrmechanismus deutlich (sich eingraben, davonlaufen, etc). Ein Patient mit einer depressiven Psychose lag auf dem Bauch und hielt sich mit beiden Händen am Hals, als wolle er sich selbst erwürgen. Dies half ihm letztlich, nicht auch noch mit dem Kopf im Dreck zu versinken, wenn auch auf Kosten seiner Bewegungsfähigkeit. In der Tat waren es sein Intellekt und noch mehr sein depressiver Stillstand gewesen, mit denen er sich jetzt vor überfordernden Situationen und damit vor der schizophrenen Spaltung (die er ca. 5 Jahre vorher erlebt hatte) bewahrte.

Nach einer dem Patienten angemessenen Zeit der Vertrauensbildung ist es möglich, ihn aus der Erinnerung das Grundgefühl während seiner schlimmsten Phase darstellen zu lassen. Diese Skulptur entspricht in der Regel der endgültigen Schlüsselposition. Der Therapeut muß sich jedoch hüten, zu diesem frühen Zeitpunkt die gefundene Position in Beziehung zu den damit verbundenen, vernichtenden Gefühlen zu bringen. Denn sie sind es, die letztlich eine regelrechte Ich-Bildung verhindert haben und den Patienten der psychotischen Spaltung aussetzten. Die emotionale Aufarbeitung kann nur in ganz begrenztem Rahmen und auch erst später erfolgen, setzt doch die damit verbundene Aggression gegen eine primäre Bezugsperson ein bereits besser gefestigtes Ich voraus. Die Schlüsselposition dient somit hier eher dazu, das negative Grundgefühl des Patienten und seine Abwehrmanöver besser zu verstehen, ist also Hilfe für den Therapeuten wie für den Patienten.

3.2.2.3. Die Familienkonstellation

In der Einzeltherapie wurden in Modifikation zur üblichen Gruppenmethodik mit neurotischen Patienten zur Darstellung der Familie Stühle verwendet. Der dadurch bedingte Verlust der Nuancen wird durch die Reduktion auf das Wesentliche ausgeglichen. Dies berücksichtigt die Erfahrung, daß die Bedrohung des psychotischen Selbst durch ein belebtes Objekt größer ist als durch ein unbelebtes (Benedetti 1983, 39). Die Konfrontation mit seiner Geschichte in diesen unbelebten Objekten ermöglicht eine weitgehende Deutung, führt zu einer zunächst distanziert-intellektuellen Einsicht in die Grundverletzung und erleichtert den Abschied vom pathologischen, aber ambivalent besetzten Familienmilieu, was eine Gefahr, aber auch die einzige Lebenschance bedeutete. Viele unberechtigte Schuldgefühle (ich bin schuld, daß ich da bin; ich bin schuld am Streit meiner Eltern, etc.) können dabei aufgedeckt werden. Aus der Familienkonstellation läßt sich in der Regel auch gestalterisch eine Lösungsmöglichkeit entwickeln, in der der Patient einen konkreten Weg aus seiner Krankheit entdecken kann. Hilfreich dabei ist bei religiösen Patienten, ebenfalls gestalterisch die Gottesbeziehung darstellen zu lassen und gemeinsam mit ihnen die Parallelen zwischen der negativen Haltung der Eltern und einer ebenso negativen Haltung des korrespondierenden Gottesbildes (lebensverneinend) zu deuten. Über den Hinweis auf den befreienden Gott (z. B. in der Exoduserfahrung Israels) und lebensspendenden Gott (der Schöpfung) kann es dem Patienten gelingen, das von den für das Kind „göttlichen" Eltern auferlegte (oder durch sie göttlich legitimierte) Joch abzuschütteln.

Des weiteren wurde die Schlüsselmethode in dem Sinne angewandt, daß nicht nur Eltern und Patient dargestellt wurden, sondern auch die übrigen Geschwister, ausgehend vom Gedanken des Systems Gesamtfamilie (Minuchin [8]1990), in dem der Patient seine spezifische Rolle hat. Sowohl die Abwehrhaltung des Patienten als auch mögliche Gründe für seine Ablehnung (bereits viele Geschwister vor ihm, Parteibildungen der älteren Geschwister mit einem Elternteil gegen den anderen etc.) wurden dadurch deutlicher.

3.2.2.4. Die „einfache" Theorie der Schlüsselmethode

Zum Krankheitsbild der Psychose gehören in der Regel auch Denk- und/oder Konzentrationsstörungen. Die Schlüsselmethode mit ihren relativ einfachen Grundannahmen der negativen Schlüsselbotschaft und ihren Reinszenierungen im Leben ist für diese Patienten sehr gut verständlich und erlaubt aufdeckende Therapie auch bei begrenzten kognitiven Möglichkeiten im postakuten Stadium. Einmal verstanden, verliert die Krankheit das magische, das sich immer wieder auch in der Annahme äußert, von Dämonen besetzt zu sein. Daß die „Dämonie" am Anfang ihres Lebens durchaus menschlich ist, fördert zwar die Hoffnung auf Heilbarkeit, bringt aber die Patienten auch in die Kollision mit den ambivalent besetzten Elternfiguren. Hilfreich ist es dann, darauf hinzuweisen, daß es nicht um Schuldzuweisungen gehen kann, sondern letztlich um Versöhnung mit der eigenen Geschichte und damit auch mit den Eltern. Nicht ein Dämon ist gegen sie (Frielingsdorf 1992), sondern ein liebender Gott an ihrer Seite, der ihr Leben gewollt und angenommen hat, ist für sie. Diese positive Gegenbotschaft kann durch Meditation entsprechender Bibelstellen der Anfang eines Weges aus der Krankheit sein.

Auch die Gestalt als Bild prägt sich dem psychotischen Denken stärker ein und bleibt besser haften als das Wort der Deutung. Keiner der Patienten vergaß – im Gegensatz zu verbalen Deutungen – seine Schlüsselposition oder Familienkonstellation. Besonders positiv erfuhr ich die Gestalt, wo es darum ging, Unter- oder Überschätzung der Heilungsfortschritte durch Patient oder Therapeut auf ein realistisches Niveau zu bringen. Der Vergleich zwischen Schlüsselposition und derzeitiger Gestalt war dafür ein gutes Korrektiv.

Ich hoffe, es ist deutlich geworden, daß die Schlüsselmethode in der Behandlung von psychotisch Erkrankten sehr hilfreich sein kann. Die Vorteile für Patient und Therapeut liegen in der Reduktion der Psychodynamik auf das Wesentliche, die Einbeziehung des Systems Familie, die Offenlegung der Lebenswahrheit, Korrektur von Fehlhaltungen und die Entwicklung einer konkreten Lösung durch die Gestalt. Die damit gegebene Verstehbarkeit und Merkbarkeit kommt den kognitiven Einschränkungen der Patienten entgegen. Dem therapeutischen Team erlaubt dies eine bessere Einschätzung der inneren Gefühlswelt und der Abwehrmechanismen des Patienten sowie eine erleichterte Einsicht in die eigenen Gegenübertragungen. So kann das Therapeuten- und Pflegeteam seine empathische Grundhaltung gegenüber dem Patienten besser durchhalten, auch dann, wenn dieser unbewußt durch die Wiederholung seiner Ablehnungssituation die Tragfähigkeit der therapeutischen Beziehung zu testen versucht. Aber auch hier seien Schwächen erlaubt, ja zu ihnen ermutigt, gestatten sie doch dem Patienten den Schritt weg von der Idealisierung hin zu einer realistischeren Einschätzung des Objekts und damit auch des eigenen Ichs, das so die Chance hat, aus vielen Fragmenten zu einem Ganzen zu werden.

4. M.X., 23 Jahre, schizophrene Psychose, 4. Schub

M. klagt bei der Aufnahme über stark schwankende Ich-Zustände. So fühle er sich manchmal wie M. X., dann wieder wie Batman, Hobit (Figur aus „Herr der Ringe" von Tolkien) oder der Evangelist Markus. Im Prinzip sei er sich aber sicher, Batman zu sein, seit er in Melbourne/Australien einen Stadtteil gleichen Namens entdeckt hatte (kann dies aber immer wieder auch als Phantasie entlarven). Er führt dies selbst zurück auf eine erlebte Vergewaltigung durch einen Nachbarn im Alter von sechs Jahren. Bei Aufnahme schildert er starke aggressive Zustände, wirkt dabei vom Affekt her eher flach, vom Antrieb her verlangsamt. Formale Denkstörungen bestehen nicht.

4.1. Thema: Einer allein kann nicht leben – Familienkonstellation

In der Familie bildeten sich stets Dyaden: Der Vater und die Arbeit (Montage); der Bruder und die Schwester (Zwillinge, 3 Jahre älter); die Mutter („ohne mich kannst du nicht leben") und M. X. („Mutter ist die Chefin, ihr seid alle ausgeliefert"), der allerdings dann rausflog (meist ins Kinderzimmer mußte), wenn der Vater von der Montage zurückkam. Deshalb benannte M. X. sein zwischenzeitliches Schlüsselwort: „Pausenclown" und Batman war sein Partner, als zweite, bessere Hälfte in der Situation des Alleinseins. Diesen fragte er auch um Rat, weil die Eltern stets die Entscheidungen auf den je anderen Elternteil schoben, so daß die Kinder nie wußten, an wen sie sich zu halten hatten.

4.2. Thema: Bedrohung – Familienkonstellation

Ursache seiner Angst war der ständige Streit der Eltern, „die sich zerfleischen würden, wenn ich nicht wäre". M. stellte seine Hilflosigkeit sehr früh in einem Bild dar: der Vater als Krokodil, die Mutter als Kobra und die drei Kinder als die drei Affen, die nichts sehen, nichts hören und nichts sagen. Geht der Vater, so sitzt er wie das Kaninchen vor der Schlange, wäre aber lieber ein Mungo, der die Schlange töten könnte (um den Vater und sich vor ihr zu bewahren).

189

Das Bild entsprach genau der später gestellten Familienkonstellation:
Batman als Hilfe in der Bedrohung, aber auch als Stellvertreter in seinem Kampf mit der Mutter.

4.3. Thema: Vergewaltigung – oben/unten – die Schlüsselposition

Etwas später korrigierte M. die Beziehung der Eltern in der Familienkonstellation, in dem er den Stuhl des Vaters über den umgedrehten Hocker, den er für die Mutter gewählt hatte (nun mit den „gespreizten Beinen" nach oben) stellte. Wenn der Vater geht, kann der Sohn seine Sehnsucht nach symbiotischer Verschmelzung und sexuellem Verkehr mit der Mutter (entsprechende Phantasien bei der Selbstbefriedigung) befriedigen (er schlief auch bis zum 6. Lebensjahr im Ehebett bei der Mutter, wenn Vater nicht da war), indem er „zwischen die Beine der Mutter zurückschlüpft". Denn identisch mit der Mutter ist er vergewaltigungsgefährdet, wenn der Vater zurückkommt und mit der Mutter verkehrt. Diese Angst, vergewaltigt zu werden, wiederholte sich während eines Besuchs bei einer Bekannten, an der er starkes Interesse hatte, als deren Freund dort auftauchte.

Übertragen „vergewaltigt" wurde M. durch den Vater, von dem er bei dessen Rückkehr häufig Prügel bezog, obwohl er diesen während dessen Abwesenheit ständig gegen die Aufhetzungen der Mutter verteidigt hatte (2-Frontenkrieg), ebenso von der Mutter, die als Gegenleistung für Versorgungsleistungen von ihm erwartete, daß er alles für sie tun müsse. Dies stellte er später so dar, daß er bäuchlings am Boden lag, mit dem (Mutter-)Hocker auf dem unteren Rückenbereich (zwischenzeitliche Schlüsselposition) – oben/unten.

4.4. Thema: Nicht gewollt sein – das Schlüsselwort

Durch die obigen Erkenntnisse wurde M. deutlich, daß er auf Distanz zu seinem häuslichen Milieu gehen müsse. Diese Einsicht kippte aber ständig, wenn er von anderen auf seine Zukunftsperspektive angesprochen wurde und ihnen dann sagte, er wolle wieder nach Hause. Über eine Äußerung in der Gruppe, er sorge sich sehr um die ungewollten Straßenkinder (Vater: „Du wirst einmal ein Penner"), wurde sein Grundgefühl deutlich, wenn seine „Pausenclownzeit" zu Ende war: „Ich störe, bin überflüssig, die wollen mich nicht haben." Dieses Grundgefühl tauchte auch auf, als er zunächst einige Absagen von Reha-Einrichtungen bekam. Obwohl er sich dort nie vorgestellt hatte und diese einfach keinen Platz frei hatten, bezog er dies auf seine Person. In der Darstellung wurde deutlich: Beide Situationen, sowohl der Pausenclown unter der erdrückenden Last der Mutter (bäuchlings) als auch der Überflüssige, Nichtgewollte (endgültige Schlüsselposition: auf dem Rücken, draußen, mit dem sehnsüchtigen, aber hilflosen Blick nach drinnen) in seinem Kinderzimmer nach der Rückkehr des Vaters, sind für ein Kind alleine nicht aushaltbar, vor beiden floh er in die Psychose (Batman). Mittlerweile war er so weit stabilisiert, daß er diese Fluchtmöglichkeit trotz aller Vertrautheit mit ihr und Bequemlichkeit in ihr nicht mehr wählen wollte. Im Vergleich zwischen den realen Möglichkeiten von Ausgesetztsein, bzw. Nichtgewolltsein und der Position unter der Mutter (bedingte Existenzberechtigung) war für ihn die letztere immer noch die bessere gewesen.

4.5. Verlauf

Die Themen sind im Prinzip so chronologisch in der Therapie aufgetaucht, mit einzelnen späteren Rückbezügen und Ergänzungen. Entscheidend war im Verlauf die Einsicht in die Themen Bedrohung und Vergewaltigung, wobei er sich nun zum Kampf dagegen mit realen statt fiktiven Personen identifizierte (dem Therapeuten, einem Pfleger), immer aber noch in der Gefahr, mit diesen zu verschmelzen. Ständige Nähe-Distanz-Kämpfe waren in dieser Zeit die Regel, ebenso Abgrenzungskämpfe gegenüber Mitpatienten, die ihm bedrohlich wurden, aber langsam auch Annäherungen an andere, ohne sich abhängig zu machen. Über die Aufdeckung des Nichtgewollt-Mechanismus und seine Wiederholung in bezug auf die Reha-Einrichtungen sowie über neue Erfahrungen auf der Station („Du bist gewollt") stabilisierte sich auch sein Selbstwertgefühl. Zu Hilfe kam, daß er durch mehr eigene Initiative plötzlich mehrere Angebote von Rehabilitationsstätten hatte. Als er von einem Heimatbesuch zurückkam, schien er endgültig von der Notwendigkeit der Distanz von zu Hause überzeugt, als er feststellte, daß seine Eltern nur mit ihm reden können, wenn er krank ist. Eine Großmutter, die nun krank bei den Eltern wohnte, bot sich als Chance für seinen Absprung, da sie ja nun den „kranken" Gesprächsstoff lieferte und die „Unten"-Position ausfüllte. Er und seine Bilder hatten nun mehr Struktur, aus dem Kaninchen (s. o.) war er zum Mungo geworden, so daß er den vorübergehenden Rückfall („Ich gehe doch nach Hause") bei Ende der Tätigkeit des Therapeuten in der Klinik selbst bewältigen konnte.

4.6. Gottesbild

Etwa nach drei Monaten kam M., als er selbst das Gefühl hatte, die Therapie könne jetzt erst richtig beginnen, auf sein Gottesbild zu sprechen: der Geist in der Flasche, der ihn *querschnittsgelähmt* machen könne. In der Darstellung versuchte er, den (Mutter-)Hokker quer von der Seite in einen Stuhl zu schieben, was nicht gelang. Der „Gott" wackelte und fiel ständig heraus. Auch ihn „reinzuschlagen" half nichts. Hier zeigte sich bereits einen Monat vor der entsprechenden Darstellung seiner Situation mit der Mutter (die wacklige Mutter, die ihn auf seinem Rücken liegend gelähmt hatte) eine Korrespondenz zwischen den Erfahrungen mit ihr und seinem Gottesbild. Fällt „Gott" (die Mutter), ist er alleine, verlassen, der Welt hilflos ausgesetzt, nicht gewollt und überflüssig, was der Erfahrung mit dem Vater entspricht, der „ihn nicht mehr zeugen würde", ihn (arbeitsbedingt) ständig verlassen hatte und keine Verantwortung für ihn übernehmen wollte. Gegenteilige mitmenschliche Erfahrungen, die Auseinandersetzung mit dem Gott Jesu Christi (u. a. Gen 2, 7, die Erschaffung des Menschen, die Taufe Jesu – „dies ist mein geliebter Sohn", Ez 34, die schlechten Hirten und der gute Hirt, Lk 13, 10–17, die gekrümmte Frau, bzw. der gekrümmte und gelähmte M. X.) und die zunehmende Erfahrung seiner eigenen Möglichkeiten schufen die Basis für eine Stabilisierung der Ich-Struktur bei nur noch geringer Abdeckung mit einem Neuroleptikum. In der Rehabilitationsstätte kann sich nun die neu gewonnene Persönlichkeit weiter entwickeln. Es bleibt zu hoffen, daß M. danach relativ stabil in ein „normales" Leben zurückkehren kann.

Christoph Kentrup

Die Schlüsselmethode in der geistlichen Begleitung

1. Warum kommen Menschen in geistliche Begleitung?

Ganz unterschiedliche Gründe lassen Menschen das Gespräch mit einem Geistlichen Begleiter suchen: Jemand ist in eine *Krise* geraten, die ihn nach Hilfe Ausschau halten läßt. Die bisherigen Lebensweisen sind nicht mehr tragfähig, er fühlt sich irritiert oder der bisherigen Sicherheiten beraubt. Der oder die Betreffende sehen keine Perspektive, wie es weitergehen soll. Ein Konflikt ist so schmerzhaft geworden, daß bisherige Lösungen nicht mehr helfen.

Ein anderer verspürt, daß sein Leben keinen *Tiefgang* mehr hat. Er fühlt sich unlebendig, trocken, auf der Stelle tretend. Entwicklungen scheint es nicht mehr zu geben, das Leben hat seine Farbigkeit verloren. Fragen nach dem Sinn des eigenen Tuns tauchen auf. Ein solcher Mensch ahnt, daß seine Wurzeln kein „Wasser" mehr ziehen können, weil sie zu flach oder verschüttet sind. Er sucht nach Möglichkeiten, das innere Leben wieder lebendiger zu gestalten.

Andere haben gehört: Es gibt jemanden, mit dem man *reden* kann. Sie kommen mit vagen Vorstellungen, aber mit dem Wunsch, ins Gespräch mit einem Mitmenschen und Mitchristen zu kommen. Worüber – das wissen sie noch gar nicht. Sie haben die Hoffnung, nicht mehr alles mit sich allein ausmachen zu müssen. Sie wollen einen anderen zu Rate ziehen und über das reden, was sie beschäftigt.

Und schließlich melden sich junge Leute, die in der *Ausbildung* zum Priestertum oder auf dem Weg in einen Orden sind, um ihre Lebensentscheidung zu überprüfen oder Sicherheiten bei den nächsten Schritten zu erhalten. Dies ist heute im Rahmen der Ausbildung vorgegeben und wird von den Verantwortlichen erwartet.

2. Was erwarten sie?

Die Erwartungen sind genauso vielschichtig wie die Menschen selbst. In den letzten Jahren habe ich den Eindruck gewonnen: Sie erwarten einen *Menschen,* mit dem sie *reden* können.

Das scheint auf den ersten Blick wenig zu sein. Bevor sie aber einen Menschen ansprechen, haben diejenigen, die – manchmal nach langem Zögern – ein Gespräch suchen, sich bei anderen erkundigt oder sich selbst ein Bild gemacht, ob dieser Mann oder diese Frau bereit und in der Lage ist, sich auf sie so einzustellen, wie es ihrer individuellen, mehr oder weniger komplizierten Lebenslage entspricht.

Sie haben also die Hoffnung, es könnte jemand anders mit ihnen umgehen als sie es mit sich selbst tun. Es hört ihnen da einer zu, während sie selbst noch stumm oder stotternd dasitzen und die Worte nicht finden, die ein wenig das Durcheinander ordnen könnten, das sie in sich empfinden.

Sie rechnen mit einem Menschen, der *mitgeht,* wie ein guter Freund (Theresa von Avila 1933, VIII, 5), der so nah bei mir ist, daß ich seine Nähe spüre, und der mich gleichzeitig frei läßt, so daß ich selbständig denken und meine Spur finden kann. Sie wünschen sich einen Gesprächspartner, der helfen kann, „der zu werden, der ich in Wahrheit bin" (Kentrup 1990, 84–105), d. h. die Selbsttäuschungen abzulegen und echt zu werden; die eigene Wahrheit anzuschauen, so wie ich geworden bin – von den Eltern und der Familie – und wie ich von Gott her gedacht bin. Dies schließt ein, meine Fähigkeiten zu entfalten, mit Menschen zu leben, sie lieben zu lernen und sie zu verstehen – also *Sympathie* zu entwickeln. Nicht zuletzt suchen sie jemanden, der ihnen hilft, Gott zu finden – mit anderen Worten: In allem, was zu ihnen gehört, *den* zu entdecken, der ihr Innerstes ist und der schon immer dort war, wohin die Sehnsucht sie und die Mitmenschen trieb. Edith Stein schreibt in einem Gedicht: „Du näher mir als ich mir selbst, und innerlicher als mein Innerstes – und doch ungreifbar und unfaßbar und jeden Namen sprengend" (1987, 24; Herbstrith 1971, 158; vgl. Müller, W. 1990(b)).

3. Was verstehe ich unter „geistlicher Begleitung"?

3.1. Eine Begriffsklärung

Unter geistlicher Begleitung verstehe ich im folgenden eine „Hilfe, die ein Christ dem anderen zuteil werden läßt, damit er sich mehr und mehr auf die ganze und unverkürzte Wirklichkeit seines Menschseins einlassen kann: Als Geschöpf steht er in einer ständigen und unaufgebbaren Beziehung zu Gott, seinem Schöpfer" (Schaupp 1990, 6; Barry/Connolly 1992).

Zuerst ist also von der *Beziehung* zwischen dem Begleiter und dem Begleiteten die Rede. Im Unterschied zu einer ärztlichen oder psychotherapeutischen Beziehung wird sie in gewisser Weise als „gleichrangig" angesehen, insofern beide Menschen als Suchende vor Gott stehen. Hinter dieser Auffassung steht also eine Theologie der Gemeinsamkeit der Berufung zum Christsein.

Ein großes Thema der geistlichen Begleitung ist das *Menschsein* in seiner ganzen Fülle und Unausschöpflichkeit. Der Mensch soll leben, aber auch Begrenzungen und Leiden annehmen können. Grundlage hierfür ist eine christliche Anthropologie, die ausgeht von den Möglichkeiten des Menschen zur Entfaltung, aber auch von den Belastungen, die ein Wachstum behindern. Dabei soll die persönliche Verantwortung benannt werden, aber auch die erbsündliche Verfaßtheit, in die ein Mensch hineingeboren wird. Die Freude am Leben und an der Welt soll Raum haben; aber auch die Begrenzungen, Sünde und Schuld, Leiden und Tod werden in den Blick genommen. Nichts braucht ausgenommen zu werden, alles gehört zum Menschen und ist Geschaffenes, auch wenn es Verunstaltungen erfahren hat.

Schließlich ist die *Geschöpflichkeit* des Menschen und die *Beziehung* Gottes zu seinem Geschöpf das ureigene Thema der geistlichen Begleitung.

Geistliche Begleitung heißt nun konkret:

1. In den ersten Gesprächen erfolgt eine *Absprache* über die Möglichkeiten und Grenzen der geistlichen Begleitung, über die Dauer und den Rahmen, die Ziele und Vereinbarungen miteinander. Darüber hinaus sollte der anthropologische und spirituelle Bezugsrahmen transparent werden. Dies scheint mir notwendig zu

sein, da mittlerweile sehr Verschiedenes unter diesem Thema verstanden und angeboten wird.

2. *Alles Menschliche* soll zur Sprache kommen können. Es gilt, soweit es möglich ist, dies auch in Berührung mit dem geistlichen Leben zu bringen. Darüber hinaus werden immer wieder aktuelle Fragen angesprochen, z.B. Wie sieht es im Alltag konkret aus, wo liegen die Vorlieben und Prioritäten? Was hilft mir z. Zt. auf meinem Weg? Wo liegen Hindernisse? Wo spüre ich Widerstände? Wie treffe ich Entscheidungen und wie löse ich Konflikte im Beruf oder mit Mitmenschen?

Großen Raum nehmen Fragen zur (religiösen) Persönlichkeitsentwicklung ein, z.B. Fragen nach dem religiösen Leben der Eltern, dem übernommenen Gottesbild und der aktuellen eigenständigen Gottesbeziehung.

3. Als Hilfe zur persönlichen Weiterarbeit am eigenen (religiösen) Entwicklungsprozeß und zur Vertiefung biete ich an: psychologische Hilfen wie das Lebensskript, Arbeit mit den Schlüsselbotschaften und dem Lebensmotto, sowie Meditationsimpulse, verschiedene geistliche Übungen wie Exerzitien, Anregungen zum Gebet und zur Schriftlesung.

3.2. Abgrenzung zur Psychotherapie und seelsorglichen Beratung

Nach Auskunft einschlägiger Handbücher steht im Vordergrund der *Psychotherapie* immer die „Behandlung eines Problems mit psychischen Mitteln", d.h. ein Patient oder Klient spricht von Leiderfahrungen, Störungen und Konflikten. Von diesen möchte er befreit werden oder zumindest Linderung in seiner Not erfahren. R. Tölle übernimmt folgende Begriffsklärung: „Psychotherapie ist die Behandlung emotionaler Probleme mit psychischen Mitteln, wobei ein dafür ausgebildeter Therapeut mit Bedacht eine berufliche Beziehung zum Patienten herstellt mit dem Ziel, bestehende Symptome zu beseitigen oder zu mildern, gestörte Verhaltensweisen zu wandeln und die günstige Entwicklung und Reifung der Persönlichkeit zu fördern" ([9]1991, 322; Bräutigam 1978). Psychotherapie zeichnet sich also formal durch folgende Faktoren aus:

1. Ein Problem liegt vor;

2. es wird professionell bearbeitet, und

3. einer Lösung zugeführt.

Inhaltlich ist Psychotherapie dann angezeigt, wenn schwere emotionale Störungen und Konfliktreaktionen, Neurosen und Psychosen sichtbar werden..

Die große Zahl der verschiedenen Therapieverfahren und -schulen unterscheiden sich jeweils besonders in der Methodik, der Zielsetzung und in ihrer Persönlichkeitstheorie (Brand-Jacobi/Gmur [9]1984, 335).

Die *Seelsorgliche Beratung* hat einen ähnlichen Ausgangspunkt wie eine Therapie: Ein Klient cder eine Klientin kommen zu einem Seelsorger oder einer Seelsorgerin am Ort, weil sie Hilfe in einem bestimmten Problem erwarten. Im Unterschied zur Therapie bilden in der seelsorglichen Beratung die Person des Seelsorgers, aber auch der Hintergrund der kirchlichen Tradition in der Menschen-Sorge eine Brücke zur Lösung des Problems. In diesem Prozeß können Gespräche, Hausbesuche und verschiedene soziale Hilfen sowie das Umfeld einer Gemeinde hilfreich und unterstützend sein (Müller, W. 1990(a)).

Kompetente Seelsorger und Seelsorgerinnen werden jedoch ihre Grenzen rechtzeitig wahrnehmen und gegebenenfalls zusätzliche fachliche Hilfe von Therapeuten heranziehen.

3.3. Geistliche Begleitung und Therapie

Müssen Klienten psychotherapeutische Hilfe in Anspruch nehmen, kann die geistliche Begleitung den Heilungsprozeß unterstützen, wenn die Grenzen klar eingehalten werden. Die Begleitung kann helfen, die Beziehung zu Gott immer wieder neu ins Auge zu fassen und als Hilfe auf dem Weg zu erkennen. Aufgabe der BegleiterInnen ist es dann, mit den Ratsuchenden zu glauben und zu hoffen, daß Gott auch durch „dunkle Täler" mitgeht. Es kann bedeuten, immer wieder Gott in allen Dingen zu suchen, also auch in den Verwundungen und Verlassenheiten.

4. Welche Hilfen kann ich als Begleiter anbieten?

4.1. Mein Mitgehen

Eine entscheidende Erfahrung kann ich dem Ratsuchenden vermitteln: Als Begleiter bin ich bereit, eine Zeitlang den Weg mitzugehen. Es ist ein begrenzter Zeitraum, auch meine Verstehens- und Erkenntnismöglichkeiten sind begrenzt, aber der Mann oder die Frau können spüren, daß ich vor ihrem Chaos, ihren Lebensrätseln, ihren Gefühlen und ihrer Schuld nicht weglaufe, sondern sie mit ihnen anschauen will – in wohlwollender Beachtung und liebevoller Aufmerksamkeit, da sie zu ihrem Leben gehören. Allein die Erfahrung dieser Geduld und Aufmerksamkeit kann schon wichtig sein, denn wie oft haben andere weggeschaut, das Unangenehme beiseite geschoben oder nicht beachtet.

4.2. Das Gespräch

Ein Gespräch mit einem anderen Menschen erscheint als eine Selbstverständlichkeit, doch ist es eine Kunst, wenn es weiterhelfen soll. Was ist dafür nötig? *Zuhören* und versuchen zu *verstehen.* Als Begleiter will ich zuerst zuhören, den Worten und der Person Wertschätzung entgegenbringen und bekennen, was ich von dem verstanden habe, was der andere erlebt. So können die Menschen selbst besser verstehen, was sie umtreibt, ihnen Sorge macht oder was sie quält. Das, was sie sagen, will ich nicht bewerten oder lenken, um den Fluß der Gedanken und Worte nicht zu bremsen oder in meine Richtung zu bringen. Es hat einen eigenen Wert, weil es der Gesprächspartner sagt und es *seine* Worte und *sein* Inneres sind.

Was der Verlust eines Gespräches bedeutet, notierte Klaus Mann im amerikanischen Exil in sein Tagebuch: „Beweis meiner äußersten Armut. Kein menschliches Ohr" (1991, S. 20).

Vor allem zwei „Lehrmeister" des Gesprächs sind mir persönlich wichtig geworden: C. R. Rogers und die Psalmen.

Rogers hat – in der Auseinandersetzung mit der direktiven Therapie und dem Behaviourismus – seine Regeln für die Gesprächspsychotherapie entwickelt. Sie sind bis heute von Bedeutung (Rogers 1972).

198

Mit den Psalmen lernte ich, was Martin Buber treffend sagt: „Der Mensch kann reden, er darf reden; wenn er nur wirklich zu Gott redet, gibt es nichts, was er ihm nicht sagen darf (Buber 1964, 410)." Meine Erfahrung ist: Die Psalmen – einschließlich der Fluchpsalmen – können Menschen eine große Hilfe sein, wahrhaftig und deutlich zu reden, und das vor und mit Gott! „Und wenn das schon in der Bibel steht, dann brauche ich, die ich zu sprechen beginne, aus meinem Herzen keine Mördergrube machen", sagte eine 40jährige Frau (Rogers [3]1979; Müller, W. 1990(a)).

4.3. Die Spiritualität des Ignatius v. Loyola

Eine große Hilfe und Wegweisung in der geistlichen Begleitung ist für mich die Spiritualität des Ignatius von Loyola († 1556), vor allem in den vier Werken:dem Bericht des Pilgers, den Exerzitien, den Konstitutionen und seinen Briefen.

Der „Bericht des Pilgers" (1990) ist die spätere Deutung seines Lebensweges. Darin schildert er, wie er durch die Gnade Gottes geführt wurde, seine Lebensaufgabe zu erkennen. Der Rückblick und sein aufmerksamer Blick auf das eigene Leben sind somit den Jesuiten und den ignatianisch geprägten Gemeinschaften ein wichtiges Hilfsmittel der geistlichen Begleitung geworden. Im „Gebet der liebenden Aufmerksamkeit" (Examen) üben sie dies täglich neu ein (Lambert 1978, 35–45; Metz 1977, 195–203).

Die *Exerzitien* sind aus der Erfahrung des Ignatius gewachsen, wie sich Gott ihm gezeigt und ihn in seine Schule genommen hat. Er lernte, den „Seelen zu helfen", also Seelsorge auszuüben, indem er wieder eine Verbindung zwischen Gott und dem einzelnen stiftete. Die zwanzig „Anmerkungen", die Ignatius dem Exerzitienbuch voranstellt, sind die charakteristischen Weisen seiner geistlichen Begleitung (Falkner 1986, 21–35; Brunner 1989, 12–17; van Breemen 1990, 497–512). Eine Lenkung des Blickes zuerst nach innen und eine klare Relativierung des geistlichen Begleiters werden deutlich: „Die Sehnsucht nach der inneren Erkenntnis des Herrn ... und das anhaltende Verlangen, Jesus Christus selber als Weggefährten zu finden, halte ich für unveräußerliche und zentrale Elemente der ignatianischen Spiritualität, die vor allem in der Begleitung Geistlicher Übungen nahegelegt und vermittelt werden sollen" (Falkner 1986, 24).

Wesentliche Voraussetzungen dafür, daß dies wachsen kann, sind die innere und äußere Freiheit des einzelnen; dann eine gute Psychologie, die die angestoßenen Prozesse beobachten und deuten kann, außerdem eine treffende „Unterscheidung der Geister" (EB 6–8, 10, 313–336) und ein sorgsamer und bescheidener Umgang des Begleiters mit dem, der die Übungen macht. Ignatius drückt es so aus: „Damit sowohl der, der die Geistlichen Übungen gibt, wie der, der sie empfängt, mehr Hilfe und Nutzen haben, ist vorauszusetzen, daß jeder gute Christ bereitwilliger sein muß, die Aussage des Nächsten zu retten, als sie zu verurteilen; und wenn er sie nicht retten kann, erkundige er sich, wie jener sie versteht, und versteht jener sie schlecht, so verbessere er ihn mit Liebe; und wenn das nicht genügt, suche er alle angebrachten Mittel, damit jener, indem er sie gut versteht, sich rette" (EB 22).

Der Begleiter oder die Begleiterin sollen schließlich ganz zurücktreten, damit das entscheidende Ziel jeglicher Begleitung sichtbar wird: „Der Begleiter soll Sorge tragen und helfen, daß der Exerzitant mit dem Herrn ins Gespräch kommt. Das Wechselspiel dieser freien und reifen Beziehung löst die entscheidenden Bewegungen aus, die in das Verlangen einmünden, im konkreten Leben ‚sich dem reinen Dienst für seinen ewiglichen Vater zu widmen'" (EB 135; Falkner 1986, 35).

Der innere Prozeß führt dann von selbst zu einer Veränderung des Lebens und der Praxis. Dafür sind die *Konstitutionen* der Gesellschaft Jesu und die vielen *Briefe* des Ignatius ein beredtes und hilfreiches Zeugnis.

4.4. Exerzitien und Exerzitien im Alltag

Wer mit einer gewissen Offenheit und Freiheit in ignatianische Exerzitien hineingeht, erlebt, wie ein Prozeß in zwei Richtungen in Gang kommt: Ein Mensch erlebt ein wachsendes Vertrauen auf Gott und zur gleichen Zeit eine Offenlegung dessen, worin er gefangen und unfrei und von Mißtrauen gegenüber Gott geprägt ist. Das kann den Exerzitanten ermutigen, auch dunkle Seiten seines Lebens anzuschauen und sich den Widerständen, die auftauchen, zu stellen.

Bei Exerzitien im Alltag habe ich oft erlebt, daß gerade die einengenden Lebensverhältnisse oder die – oft selbst auferlegten –

Zwänge sichtbar werden, während in Einzelexerzitien in der Stille und Abgeschiedenheit eher die Fundamente des Lebens und Glaubens in der Tiefe angeschaut werden, besonders auch im Hinblick auf die Lebensbotschaft, von denen in der Schlüsselmethode die Rede ist (Schneider 1990, 513–526; GCL 1989).

Konkrete Auswirkungen der ignatianischen Spiritualität auf die geistliche Begleitung und die Schlüsselmethode sehe ich – zusammenfassend – darin: Der Lebensweg des einzelnen und das Wirken Gottes in seiner persönlichen Geschichte sollen in den Blick kommen. Dann soll der Frage nachgegangen werden, wie Gott und Mensch zusammenfinden und -wirken können, und schließlich wie eine Praxis entsteht, die aus dieser Beziehung wächst und lebt.

4.5. Meine eigene Erfahrung mit der „Schlüsselmethode"

Bevor ich im einzelnen die Arbeit mit der Schlüsselmethode in der geistlichen Begleitung erläutere, möchte ich herausstellen, daß dies nicht ohne den eigenen Prozeß des Begleiters geht. Will jemand in dieser Weise arbeiten, so sind Erfahrungen mit ihr am eigenen Leib unerläßlich. Erst dann kann er oder sie die Umwege, die Abwehr und das Hin und Her verstehen, die sich bei der Suche nach der eigenen Lebenswahrheit bemerkbar machen. Auch wer bei sich selbst gespürt hat, wie lange es dauern kann, eine größere Tiefe auszuloten, wird leichter die Geduld mit dem ihm anvertrauten Menschen aufbringen. Erstaunlich finde ich immer wieder, wie eng psychologische und spirituelle Wege ineinandergreifen und sich ergänzen können. Der sorgsame und barmherzige Blick des Evangeliums und eines guten Begleiters konnten mir helfen, die eigene Geschichte wahrhaftig anzuschauen (Frielingsdorf [4]1993, 106 ff).

Meine Gesprächspartner sollen erkennen, daß ich selber Erfahrung mit diesen Wegen habe und um ihre Nöte weiß. So entsteht auch kein blockierendes Gefälle zwischen Wissenden und Unwissenden, die hinter einem anderen hertappen. Darin zeigt sich wohl auch eine Weise, das gemeinsame Christsein und die je einzelne Berufung zu leben.

5. Schlüsselmethode und geistliche Begleitung

Die Mehrzahl der Frauen und Männer, die nach meiner Erfahrung die geistliche Begleitung suchen, wollen nicht von vornherein den intensiven und eindeutigen Weg der Arbeit mit der Schlüsselmethode gehen. Zunächst haben sie andere Erwartungen – außer sie haben in Kursen konkrete Erfahrungen mit ihr gemacht oder sind durch entsprechende Lektüre motiviert.

Aber manche kommen mit *Grundkonflikten,* die immer wieder auftauchen und als ein „Thema mit Variationen" aufscheinen, woran sie in der Begleitung arbeiten möchten.

Der eine merkt, daß er immer wieder an bestimmten Punkten seines Lebens in „Fallgruben" gerät, was ihn enttäuscht oder deprimiert sein läßt. Ein anderer sieht sich immer wieder in gleiche Konflikte verstrickt, die er eigentlich schon kennt und vermeiden möchte – und doch passiert es immer wieder . „Was ich auch anfasse, es geht immer wieder schief." Eine Frau entdeckt, daß sie die Lebenseinstellung ihrer Mutter so deutlich wiederholt, obwohl sie sie gehaßt hat und es ganz anders machen wollte – mit ihrem Mann, ihren Kindern und sich selbst.

Diese sich wiederholenden Erfahrungen können mit Hilfe der Schlüsselmethode aufgedeckt und im Laufe der Zeit so bearbeitet werden, daß sie ihrer oft behindernden und zerstörenden Kraft beraubt werden. Ist dies geschehen, erlebe ich oft eine größere Bereitschaft, tiefere Schichten zu Wort kommen zu lassen und hier neue Lebensquellen zu finden.

6. Was bedeutet das „Schlüsselwort" für die Begleiteten und den geistlichen Begleiter oder Begleiterin?

6.1. Die Begleiteten

Die, die über ihre innersten Gedanken sprechen wollen, werden hin und her gerissen. Einerseits wissen sie und hoffen es auch, daß nur die Entdeckung der ursprünglichen Konflikte eine Hilfe und Heilung bringen wird. Andererseits ist dies genau das, vor dem sie sich fürchten. Es können ja wieder die schmerzlichen Verwundungen aufbrechen, die man früher schon nicht verkraften konnte und darum verdrängt hat. Diesen Zwiespalt und die Ambivalenz erleben sie immer wieder – und der Begleiter oder die Begleiterin sollen darum wissen und geduldig Freiheit lassen und zugleich mitgehen. Die Suchenden brauchen in diesen Phasen gerade ein Wort des Trostes und der Ermutigung, ein Zeichen der Geduld und Nähe.

Auch ahnen sie, daß Veränderungen bevorstehen; Änderungen in der Sicht des eigenen Lebens, in der Wahrnehmung ihrer Geschichte und der Menschen, die ihnen diese Lebensgeschichte „eingebrockt" haben: die Eltern, die Geschwister, die Verwandten, einschließlich der äußeren Ereignisse und Zeitverhältnisse, die oft das Schicksal für die Menschen mitbestimmen.

Schließlich wird sich noch die Beziehung zu Gott verändern, das Bild von Gott wird deutlich. Es wird klar werden, ob das bisher vorgestellte Gottesbild ein Dämon ist oder wirklich „der Vater unseres Herrn Jesus Christus" (Röm 15, 6). Alles Schmerzhafte und als Notlösung Konstruierte wird zunächst abgewehrt bzw. verteidigt – aus der Angst heraus: „Es könnte ja herauskommen, wie meine Kindheit wirklich war und wie ich hinter einer Fassade existiert habe."

Dem anderen aber zu helfen, diese Erfahrung ins Wort zu bringen, ist ein erster Beitrag zur Befreiung und Erlösung. Hier kann die Arbeit mit der Schlüsselmethode einsetzen und wird auf einer ersten Stufe eine Hilfe, Dinge beim *Namen* zu nennen, d. h. solange zu buchstabieren, bis das innere Empfinden mit dem Wort übereinstimmt.

„Sie haben es auf den Punkt gebracht", wird dann einer erleichtert zustimmen. Das kann ermutigen, die Erfahrungen, die hinter diesem „Punkt" stecken, aufzuhellen und nach und nach auch aus der Erinnerung auftauchen zu lassen. Das Schlüsselwort ist also ein *sprachliches Ereignis,* das befreit und zu weiteren Überlegungen einlädt.

Ich habe Menschen im Gespräch ermuntern können, dies weiter zu versuchen, und die Verdrängung, die auch ein sprachliches Phänomen ist, aufzuheben. „Da redet man nicht drüber", haben viele gehört und internalisiert. Damit wurde auch die bezeichnete Wirklichkeit verdrängt und die Möglichkeit abgeschnitten, mit anderen Menschen darüber zu sprechen und aus der Einsamkeit herauszukommen.

Die Gegenbotschaft „Da läßt sich drüber reden" schafft eine neue Wirklichkeit, nämlich Vertrauen, eine Beziehung und neue Worte. Die Sprache wirkt dann – im Bild gesprochen – wie eine „Wasser-Pumpe", mit der Tieferliegendes heraufgeholt wird, auch wenn es zuerst „Schmutzwasser" zu sein scheint. Oft kommt zuerst nur „Geröll und Schlamm", manchmal sogar „Gift" zum Vorschein. Anklagen, Wut, Haß, Trauer und Schmerz können in diesem Prozeß herausbrechen.

Menschen müssen oft einen jahrelangen „Entgiftungsprozeß" durchmachen, bis klares Wasser ans Tageslicht kommt. Immer wieder braucht es deutliche und verbindliche Worte der Ermunterung, nicht aufzuhören oder den Mut zu verlieren, weil der andere ja immer nur das verschmutzte Wasser sieht und noch nicht wahrnehmen kann, wie nach und nach mehr gesundes und sauberes Wasser dazufließt.

Wichtig ist mir also, darauf zu achten, wie der andere alles, was mit *seiner Sprache* zusammenhängt, erlebt hat: Wie wurde zu Hause gesprochen? Welchen Klang hatte die Stimme von Mutter und Vater? Wie drückten sie Freude, Ärger und Leid aus? Mit Worten oder mit Schweigen? Wie habe ich selber sprechen gelernt, wer hat mich ermuntert zu sprechen und wer hat es mir verboten? Wie wurden meine ersten Sprechversuche bemerkt und bewertet? Wie wurde am Familientisch gesprochen, wer gab den Ton an und wer schwieg?

Und wie habe ich beten gelernt? Mit Worten, Symbolen, Handlungen oder mit Formeln, mit entfremdeter oder falscher, bigotter Sprache?

Die Einladung, das eigene Schlüsselwort zu finden, kann somit selbst schon zu einem sprach-schöpferischen Prozeß werden!

In der geistlichen Begleitung mit Hilfe der Schlüsselmethode können die Sprechenden erfahren, wie sie nach und nach einen Zugang zur inneren Wirklichkeit finden. Was Rogers für die Gesprächspsychotherapie benennt, gilt auch für das Sprechen in der Begleitung: „Im Laufe eines solchen Unternehmens entdeckt der Klient, daß er die Sprache der Empfindungen und Emotionen erlernen muß, wie wenn er ein Säugling wäre, der das Sprechen lernt; schlimmer noch, oft findet er, daß er eine falsche Sprache verlernen muß, ehe er die richtige erlernen kann" (Rogers [3]1979, 202).

Das Schlüsselwort hat den Charakter eines Symbols; in ihm sind Erfahrungen verdichtet, die Vergangenheit und Gegenwart umschließen. „Das Symbol ist komplexer Natur und enthält Bewußtes und Unbewußtes, Rationales und Irrationales, ist zugleich Bild und Dynamis und spricht die vier Funktionen Denken, Fühlen, Intuieren und Empfinden an" (Dorsch 1987, 668; Oelkers/Wegenast 1991). Und weil es soviel umfaßt und beinhaltet – auch wenn es noch fixiert ist – hat es eine integrierende und helfende Funktion. Jedoch wirken erst *neue positive* Schlüsselworte heilend, die das neue Lebensziel in Richtung „Leben" ansteuern. Die fixierten früheren Schlüsselworte, die das Störende und das Leben Schädigende benennen, sind die sogenannten *negativen* Schlüsselworte. Sie sind Hilfskonstruktionen, die jetzt nicht mehr helfen, sondern am Wachsen hindern.

Doch indem schon bisherige Festlegungen zur Sprache gebracht werden, geschieht eine Veränderung der Person. „Denn in der Sprache, im Aussprechen, Mitteilen, im Miteinandersein geschieht jenes Verstehen seiner selbst, das den Weg freigibt zu weiterer Entfaltung." Es geht um „ein Durchsichtig-werden-Lassen der je eigenen, verpflichtenden Möglichkeiten des Daseins, aber auch um den Abbau der Abwehr gegen den verantwortungsvollen Vollzug menschlicher Existenz (Condrau 1979, 999).

6.2. Die Begleiter in der Schlüsselmethode

Bei der Suche nach dem Schlüsselwort kommen dem Begleiter oder der Begleiterin eine zentrale Aufgabe zu. Sie sind diejenigen, die zuerst einmal den *Raum* und die *Atmosphäre* schaffen, in der die oder der andere den Mut findet, sich selbst zu entdecken. Die geistliche Tradition und die Forschungen z.B. der Gesprächspsychotherapie haben hinreichend deutlich gemacht, unter welchen Bedingungen dies nur möglich ist:

Die Begleitenden sollen sich bemühen, dem Menschen, der zu ihnen kommt, eine Wärme und ein Interesse entgegenzubringen, die an keine Bedingungen oder Urteile geknüpft sind. Sie sollen ihm zeigen, daß sie ihn schätzen und ihm helfen wollen, sogar in Tiefen und Abgründe hinabzusteigen und ihn dabei zu begleiten. „Es bedeutet eine Art Liebe zu dem Klienten, so wie er ist; vorausgesetzt, daß wir das Wort Liebe entsprechend dem theologischen Begriff agape verstehen ... es achtet den anderen Menschen als eigenständiges Individuum und ergreift nicht Besitz von ihm. Es ist eine Art Zuneigung, die Kraft hat und nicht fordert. Sie haben dafür den Ausdruck ‚positive Zuwendung' gewählt" (Rogers [2]1982, 186).

Echtheit und Kongruenz des Begleitenden, ein bedingungsfreies Akzeptieren und ein einfühlendes Verhalten und Verstehen sind die notwendigen Bedingungen, unter denen Menschen bereit sind, ihrer eigenen Wahrheit zu begegnen und sie ins Wort zu bringen.

Die Anregung, das eigene Schlüsselwort zu finden und die daran hängenden Erfahrungen zu erzählen, ist verbunden mit dem Respekt vor dem Schweigen, das reden läßt und dem anderen eine Hilfe gibt, in unbekanntes Gebiet vorzustoßen (Condrau 1979, 1000).

Die Begleiter werden natürlich auch der Abwehr des anderen begegnen, der Tendenz, die Dinge lieber im Dunkeln zu lassen und das eigene Schlüsselwort noch nicht zu entdecken. Hier gilt es für die Begleiter, den Suchenden zu vertrauen, daß sie schon noch auf ihre Wahrheit stoßen. Sie können nur behutsam versuchen, die anderen die innere Stimmigkeit zwischen Wort und Wahrheit nachprüfen zu lassen, soweit sie es können und wollen. Erst wenn die betreffende Person innerlich soweit ist, kann ihr Schlüsselwort auch zur Einsicht und Veränderung führen. Eine Deutung oder ein Angebot zur falschen Zeit können blockieren oder ablenken.

Auch wenn der Gesprächspartner (noch) keinen Zugang zu seinem Schlüsselwort findet, ist es für den Begleiter oder die Begleiterin hilfreich, sich selbst ein „Bild" – im wahrsten Sinne des Wortes – zu machen, eine Art Hypothese zu bilden: Welches Wort oder welche Geste könnte das zusammenfassen, was der andere erzählt? Welche Lebensbotschaft ist diesem Menschen wohl mitgegeben worden? Die eigenen Überlegungen und Annahmen müssen natürlich an der Realität überprüft werden.

Entscheidend für die geistliche Begleitung ist schließlich der *Glaube:* nämlich der Glaube, daß ein negatives Schlüsselwort *noch nicht das letzte Wort* für einen Menschen bedeutet. Gerade wenn extreme Botschaften einem Menschen mitgegeben worden sind, wie „Sei nicht!", „Lebe nicht!", „Du hast mein Leben zerstört!", „Du bist ein Nagel zu meinem Sarg!" wird deutlich, daß es über diese

Botschaften hinaus ein „mehr" an Zusage gibt und der Tod nicht das letzte Wort haben kann. Im Sinne des christlichen Glaubens gesprochen heißt das: Gott gibt eine andere Botschaft zum Leben und der Tod ist endgültig durch ihn besiegt. Geistliche und seelsorgliche Begleitung hat im Glauben einen anderen Anker als eine therapeutische, weil sie mit danach Ausschau hält, wie Gott in der Lebensgeschichte dieses Menschen gewirkt hat, jetzt darin wirkt und weiter wirken wird. Dabei sind dann die Begleiter gefragt. „Mit Gott wird nicht erst gerechnet, wenn ich als Begleiter nicht mehr weiter weiß, sondern in der Geistlichen Begleitung rechne ich damit, daß Gott in der begleiteten Person immer wirkt" (Brunner 1989, 15).

Vorschnelle, vertröstende Gegen-Worte sind in diesem Prozeß nicht angebracht, auch dann nicht, wenn der Begleiter oder die Begleiterin mit einem Menschen immer wieder in sein Dunkel hinabsteigen muß. Es kann eine Zeit dauern, bis beide sehen, daß – mit den Worten der Bibel gesprochen – das Grab Jesu nicht leer war, sondern schon ein Engel dort war, der den Weg hinaus wies. Es gilt, der Versuchung zu widerstehen, wie die Jünger Jesu vor dem Kreuz wegzulaufen (Mt 16, 21–23), anstatt unter dem Kreuz mit Johannes und Maria auszuhalten (Joh 19, 25). Die Annäherung an das Lebenswort eines Menschen, z. B. das negative Schlüsselwort, kann für die Begleitenden selber zu einer Herausforderung werden, denn sie kennen und spüren dabei erneut die eigenen Untiefen und Glaubenslosigkeiten, die Dunkelheiten, die zum Geheimnis Gottes und des Menschen gehören (Rahner 1980).

7. Das Schlüsselwort – ein Wort des Unheils und des Heils

Ist das eigene – meist negative – Schlüsselwort gefunden oder hat sich der oder die Betreffende diesem zumindestens angenähert, so erleben sie meist nach all der Zeit des Verhandelns und Nicht-wahr-haben-Wollens eine tiefe Erschütterung. Oft brechen dann die schützende Fassade oder das bisherige Lebenskonzept zusammen. Der Traum von einer schönen, harmonischen Kindheit stellt sich als Illusion heraus. In dieser krisenhaften Zeit brauchen die Betroffenen die „wärmende Decke" (W. Müller) einer stabilen, vertrauensvollen Beziehung zum Begleiter oder der Begleiterin.

Die erlittenen Verletzungen schmerzen, die Seele ist wund. Häufig fallen auch bisherige Stützen des Glaubens zusammen, weil sie „auf Sand gebaut" oder „Bausteine einer Fassade" waren. Glaubenserfahrungen können sich als Selbsttäuschungen herausstellen und die Beziehung zu Gott kann einen Bruch erleiden, so daß bis dahin selbstverständliche religiöse Vollzüge plötzlich nicht mehr tragen oder ihren Sinn verlieren. Diese dunklen Stunden können aber auch gleichzeitig zu Stunden der Gnade werden, in denen Neues aufbricht und die Menschen in ihrem Inneren neue Worte des Lebens und des Vertrauens vernehmen.

Ein Beispiel: Herr F. erinnert sich: „Als Kind bin ich, wenn ich in Not war, von zu Hause weggelaufen, um in der Kirche Trost und Beruhigung zu suchen." Was für ihn wie ein selbstverständlicher religiöser Vollzug oder wie die Frucht einer guten kirchlichen Erziehung durch die Eltern aussah, mußte er in Wahrheit als eine Not-Lösung erkennen. Aber im Sehen dieser Wirklichkeit konnte er entdecken, daß damals schon eine tiefe Beziehung Gottes *zu ihm* angefangen hat; Gott war und ist der, der das Verlorene sieht und sucht (vgl. Lk 15). Diese Beziehung soll aber jetzt weiterentwickelt und reifer werden.

Es verlangt ein gutes Gespür des begleitenden Menschen, mit dem anderen sorgsam unter dem Schutt nach dem verborgenen Lebensquell zu suchen, der sich im positiven Schlüsselwort wiederfindet und im Heilungsprozeß die Aufwärtsdynamik ermöglicht. Nur durch die großen Tiefen der Verletzungen hindurch ist die Berührung mit dem Lebensquell möglich. Kommen die Betroffenen mit diesen Tiefen in Kontakt, so können sie in neuer Aufmerksamkeit und Klarheit vernehmen, wie Gott sie immer schon gesucht, angesprochen und bei ihrem Namen genannt hat. „Ich bin, der für dich da ist!" (Ex 3, 14); „Ich habe dich bei deinem Namen gerufen" (Jes 43, 1); „Ich bin der gute Hirte" (Ez 34, 11; Joh 10, 1–18).

Auch die Worte Jesu im Evangelium, den Kranken, Leidenden und Besessenen zugesprochen, gewinnen eine lebensverändernde Macht und Wirklichkeit: „Was willst du, daß ich dir tun soll?" (Mk 10, 51); „Steh auf!" Lk 5, 24); „Komm!" (Mt 14, 28); „Ich will, daß du rein bist! Dein Glaube hat dir geholfen!" (Mt 8, 3)

Die Worte werden dann zur „Lebenssprache" (J. Gotthelf), weil sie ein neues Fundament des Lebens legen, indem Jesus Christus den einzelnen anschaut, anspricht und ein unverwechselbares, eindeutiges und klares Wort zum Leben sagt, in dem der oder die Hörende sich neu finden kann. Zugleich sind diese Worte auch eine Offenbarung, weil sie die früher zugesagten Worte der (Erb-)Sünde und des Unheils aufdecken und ans Licht bringen und damit ihrer Macht berauben: Sie werden Worte des Frei-Spruchs.

Dabei können auch die Sakramente und ihre deutenden Worte eine neue Wirkung entfalten: Die Zusage Gottes bei der Taufe gilt unwiderruflich gegen alle verheerenden Botschaften; die Worte der Sündenvergebung, die Heilstaten und Worte bei der Trauung oder der Priesterweihe können neu vernommen werden und wieder ihre Kraft entfalten (Grün 1983; Metz 1977, 181–194).

Bemerkenswert ist für mich immer wieder die Erfahrung, daß Christen oft schon lange mit solchen „Schlüsselworten des Lebens" Umgang haben und sie ein Leben lang Orientierung darin finden.

Ein Tauf-, Hochzeits- oder Primizspruch kann eine besondere Bedeutung für einen Menschen haben und ein neues Schlüsselwort anklingen lassen. Auch Gebete sind solche Worte, die sich tief einprägen, z. B. der Vers aus der Komplet „In deine Hände empfehle ich mein Leben". Für viele ist darin ein ganzes Lebensprogramm enthalten.

Eigene Probleme und Fragestellungen ergeben sich für *Männer und Frauen im Verkündigungsdienst* der Kirche. Sie erleben oft schmerzhaft, wie Ideale und die eigene Lebenswirklichkeit auseinanderklaffen und innere Spannungen entstehen. Die oft gehörten und selbst wiederholten Worte sind dann eher Worte des eigenen Unglaubens als Worte des Glaubens. Häufig gewinnen sie erst nach einer Krise wirkliches Zutrauen zum Evangelium, das nun endlich ihnen gilt.

Seelsorger und Seelsorgerinnen brauchen selber einen Raum, in dem sie sich zuerst einmal als einzelne Personen – vor allen Funktionen – sehen dürfen, wo ihr Mensch- und Personsein gelten darf. Sie brauchen Hilfe, an der „Geburt des Selbst" arbeiten zu können. Sie müssen überprüfen können, was wirklich der Wille Gottes und nicht der Wille eines lebensfeindlichen „Über-Ich" ist. Sie sollen entdecken können, welche individuelle Lebensbedeutung „Sinnbilder gelungenen Lebens" in der Schrift und Tradition der Kirche haben (Funke 1990; Schaupp 1988, 195–240; 1989, 60–63).

Für die geistliche Ausbildung von Seelsorgern und Seelsorgerinnen möchte ich als Orientierungshilfe in der Vielzahl angebotener spiritueller Richtungen und Verhaltensweisen innerhalb der Kirche einige Kriterien in Form von Fragen aus der Sicht einer christlichen Anthropologie in Fragen formulieren:

1. Darf der einzelne wirklich das Subjekt sein, das er oder sie von Gott her ist?

2. Wird die vergangene und gegenwärtige Lebenswirklichkeit nüchtern und klar angesehen?

3. Werden Hilfen zur Verfügung gestellt, die einen Menschen ermutigen, er selbst zu werden, d.h. sein Leben als einen Prozeß zu sehen?

4. Werden lebensförderliche Botschaften zugesprochen?

5. Wird deutlich zwischen Mittel und Ziel eines christlichen Lebens unterschieden und dies dann auch entsprechend bewertet?

Einem jungen Kaplan war es aufgrund seiner angstbesetzten, rigiden Erziehung und Spiritualität kaum möglich, die eigenen vitalen Bedürfnisse wahrzunehmen. Er suchte eine Begleitung, als er sich völlig ausgebrannt fühlte und seinen Dienst aufgeben wollte. Alle Lebensenergien wurden gebraucht, um die Verdrängung und die Fassade eines eifrigen Priesters aufrecht zu erhalten. Erst als er nach und nach dahin geführt wurde, sich selbst und seine Wünsche anzuschauen und dann anzunehmen, gewann er wieder Freude an seinem Leben und seinen Mitmenschen.

Das Menschenbild und Lebensziel, das Ignatius im Exerzitienbuch formuliert, hat immer wieder aktuelle und neue Geltung – auch für das pastorale Wirken: „Der Mensch ist geschaffen, um Gott, unseren Herrn, zu loben, ihm Erfurcht zu erweisen und zu dienen und mittels dessen seine Seele zu retten; und die übrigen Dinge auf dem Angesicht der Erde sind für den Menschen geschaffen, damit sie ihm bei der Verfolgung des Zieles helfen, zu dem er geschaffen ist" (EB 23).

8. Orte und Worte des Heils von Gott

Wir brauchen immer wieder eine Erinnerung an die neuen positiven Lebensworte, damit die Teufelskreise von Wiederholungen und

Fixierungen durchbrochen und dem Vergessen Einhalt geboten werden kann. Die christliche Spiritualität der Kirche hält einen Erfahrungsschatz bereit, der die Hörenden auf ihrem Weg bestärken will, das Wort Gottes für sich zu finden. Es sind traditionelle Erfahrungs-Orte, die aber immer Neues zur Verfügung stellen: z. B. das Geistliche Gespräch, eine Gruppe von Gleichgesinnten, Exerzitien, Gebet und Sakramente – und schließlich: die alltägliche Einübung mit einem neuen Wort des Lebens zu leben und eine Umkehr zu beginnen (Bours [2]1986, 243–288; Schneider 1987).

Agnes Lanfermann

Die Schlüsselmethode – eine therapeutische Hilfe in Exerzitien

Ich habe ein Lied
und du ein anderes.
Jede und jeder hat ein Lied,
um die Leere der Herzen zu füllen.
In der Schatzkammer der Seele
liegt ein Psalm verborgen,
den singt man und frau nicht laut.

Du und ich, wir müssen ihn inwendig
zum Klingen bringen,
eine Saite spannen
vom Herzen zum Verstand.

so singen wir die Welt leise
zum Himmel empor.

Indianische Weisheit

Dieses Gedicht drückt das gemeinsame Ziel von Exerzitien und der Schlüsselmethode aus. Beide wollen den je eigenen Herzenspsalm, das darin verborgene Leben, zum Klingen bringen.
So verschieden sie in ihren Ausgangspunkten und Vorgehensweisen, in ihren Fragestellungen sind, so sehr können sie sich ergänzen und bereichernd wirken auf dem Weg, der ins gottgesegnete eigenverantwortliche Leben führt, jenseits von symbiotischen Verstrickungen.
Dieser Artikel will das gegenseitige befruchtende Zusammenspiel von Schlüsselmethode und Exerzitien aufzeigen.
Hintergrund dieses Beitrags sind Erfahrungen als Begleiterin von Einzelexerzitienkursen sowie eigene Erfahrungen mit der Schlüsselmethode während der pastoralpsychologischen Ausbildung als Teilnehmerin in Selbsterfahrungs- und Exerzitienkursen.
An den von mir geleiteten Einzelexerzitienkursen nahmen überwiegend Frauen teil, Frauen zwischen 25 und 55 Jahren, weitaus

die meisten kirchlich sozialisiert. Darunter sind vor allem engagierte „Laien", die oftmals allein für sich ein sehr beständiges geistliches Leben führen, und religiös suchende Frauen, die sich in den
„herkömmlichen Gemeinden" – seien sie katholisch oder evange-
lisch – nicht mehr „zu Hause" fühlen und nach neuen Wegen gelebten christlichen Glaubens suchen.

1. Die Schlüsselmethode und Exerzitien allgemein

Die Schlüsselmethode wurde im Rahmen der Pastoralpsychologie
entwickelt. Sie bezieht die Erkenntnisse der Psychologie mit ein und
versucht, diese für die religiöse Persönlichkeitsentwicklung und das
Leben der Menschen zugänglich und fruchtbar zu machen (Baumgartner 1990(b), 56).
Im Wissen um und im Rückbezug auf die vielen (und mehr) positiven Erfahrungen und Botschaften im Leben eines jeden Menschen
konzentriert sich die Schlüsselmethode zunächst auf die Schlüsselerfahrungen, die jeweils negativ erlebt wurden und die sich teilweise bis heute als lebensbehindernd und -einschränkend in ähnlich gelagerten Situationen und Konstellationen wiederholen.
Exerzitien bieten eine Möglichkeit, sich dem eigenen Leben im
Lichte des Glaubens zu stellen. In diesem „geistlichen Prozeß" kann
die Schlüsselmethode behilflich sein.
Exerzitien oder „geistliche Übungen" sind ein jahrhundertealtes
wichtiges Element in der geistlichen Theologie. Sie betrachten die
jeweilige Lebenssituation des Exerzitanten, der Exerzitantin im
Lichte der Heilsgeschichte Gottes mit den Menschen.
In diesen „geistlichen Übungen", d.h. in der Meditation von Bibel-
texten unterstützt von anderen Übungen, werden die persönlichen
Ereignisse und Erlebnisse in Berühung gebracht mit den Erfahrungen der Menschen in der Bibel mit Gott, um durch diese Begegnung
hindurch einen nächsten Schritt zu gehen in Richtung „Leben", das
meint „gottgewolltes Leben", „Leben in Fülle".
In der Regel nehmen sich hierfür Frauen und Männer einmal im
Jahr eine gute Woche, meist 8–10 Tage Zeit. Währenddessen werden sie begleitet von ExerzitienbegleiterInnen, die den Weg mitgehen und unterwegs helfen, die „Geister" zu unterscheiden; denn

manche „äußerlich" gut erscheinende Stimme, die „Leben" verheißt, entpuppt sich als eine Aufforderung, die dem Teufelskreis in Richtung „Tod" folgt und umgekehrt.

Exemplarisch hat Ignatius von Loyola anhand seiner eigenen Erfahrungen die einzelnen Schritte in einem Exerzitienbuch „Geistliche Übungen" (1988) aufgezeigt und klare Regeln zur „Unterscheidung der Geister" für die Exerzitienbegleiter gegeben.

2. Die Schlüsselmethode und Exerzitien: Ziel und Hintergrund

2.1. Eine Einübung ins Leben

Exerzitien wollen einüben ins Leben, das Gott uns zusagt und schon je zugesagt hat, als er eine(n) jede(n) von uns als Frau und Mann ins Leben rief. Einzigartig und unwiderruflich prägte er dabei sein Bild tief in uns ein, und durch einen göttlichen Lebensatem wurde sein Abbild in uns lebendig – so sagt es der christliche Glaube.

Mit diesem lebendigen Abbild Gottes wollen die Exerzitien in Berührung kommen.

Doch das geht meist nicht unmittelbar. In den Weg stellt sich – theologisch gesprochen – unsere gleichzeitige „erbsündliche Verfaßtheit" – konkret in den lebensgeschichtlichen Verwundungen und ihren Auswirkungen z.B. in unseren Fixierungen auf das, von dem wir meinen, was uns „Leben" bringt: Ich kann nur gut leben, wenn ich etwas leiste und Erfolg habe; ich kann nur gut leben, wenn ich mich anpasse und meine Bedürfnisse zurückstelle; ich kann nur gut leben, wenn ich meine Gefühle unterdrücke und Wut, Ärger und Zorn abspalte (Frielingsdorf [4]1993, 110).

Die erbsündliche Verfaßtheit also gibt den Ton der „Sünde" an, meist dann, wenn wir entscheiden, was uns Leben bringt und was nicht, vorbei an göttlichen Lebenszusagen. Sie ist die „Dirigentin" unserer Verfehlungen und Unterlassungen in Richtung Leben. Diese „Sünden"-Praxis aber verdunkelt, verschüttet, beschneidet und untergräbt das göttliche Leben, sein Bild in uns.

Bei all dem ist natürlich nicht zu vergessen, daß letztlich (mehr) positive Lebensstrahlen das Licht des Lebens eines jeden Menschen erhellen und ausmachen. So konnte selbst durch das „Dunkel der

Sünde" hindurch im Laufe des persönlichen Lebens viel von dem göttlichen Lebensfunken neu aufscheinen und sich entfalten. Dabei ließen positive Gegenerfahrungen negative Fixierungen als unnötig und lebenshindernd erleben und konnten sie so auflösen.

Dennoch stoßen wir uns immer wieder neu wund an der Versuchung, den „alten hartnäckigen Stimmen" der lebensverneinenden oder gar -vernichtenden Botschaften Gehör zu verleihen, sie für die „göttlichen Stimmen" zu halten und das Leben dementsprechend zu gestalten.

In Worten der Schlüsselmethode ausgedrückt: Die persönlichen negativen Schlüsselerfahrungen und -botschaften ließen und lassen uns immer wieder neu unsere unbewußte negative Schlüsselposition zum Leben einnehmen. Die negative emotionale Grundhaltung schneidet uns immer dann vom Lebensstrom ab, wenn sich in Situationen von Streß und Überforderung bei ähnlichen Tönen in der Umwelt diese altbekannte emotionale Lebensmelodie einspielt. Häufig ist die Schlüsselposition weithin zurückzuverfolgen bis in die vorgeburtliche Zeit hinein, wo sie zum ersten Mal eingenommen wurde auf dem Hintergrund der Einstellung der Mutter oder des Vaters dem neu werdenden Leben gegenüber (Frielingsdorf [4]1993, 84 ff.).

Das muß aber nicht so bleiben. Denn der Glaube geht weiterhin davon aus: Gott hat in Jesus Christus den Teufelskreis der Sünde (Sünde als Entscheidung gegen das gottgewollte Leben), des Hasses und der Gewalt, gipfelnd im Teufelskreis des Todes, durchbrochen, erlöst und verwandelt in das Leben in Fülle (Kunz 1988, 149).

Wer sich also im geistlichen Leben auf Jesus Christus einläßt, das eigene Leben mit dem Leben Jesu in Berührung bringt, läßt sich auf die Spur des göttlichen Lebens ein, deren eindeutige Kennzeichen Heilung, Ganzwerdung, Erlösung und Verwandlung sind.

Auf diesem Weg des Lebens wollen die Exerzitien die ExerzitantInnen mitnehmen.

2.2. Eine Einübung ins Ganz-Sein

Leben im biblischen Sinne meint immer den „ganzen" Menschen in all seinen Bezügen an Leib, Geist und Seele, in all seinen Beziehungen zu sich selbst, zu den anderen, der Welt und zu Gott. Ganz ist der

Mensch gefordert, ganz als Frau oder Mann. Nichts braucht vernachlässigt, vermieden, abgespalten oder getrennt werden.

Unabtrennbar zu mir gehören gleichermaßen meine Stärken und Schwächen, meine Fähigkeiten und Grenzen, meine Freuden und Leiden, meine Fragen und Antworten, die Leistungen, das Tun, meine Ängste und Hoffnungen, die Gefühle von Ohnmacht, Ausweglosigkeit und Verzweiflung, der Tod. In all dem bin und werde ich „ganz".

So weit möglich, nötig und sinnvoll gilt es, die verschiedenen Anteile miteinzubeziehen in die Exerzitien, die einüben wollen ins „Ganzsein" menschlichen Lebens.

In der Realität aber leben wir die verschiedenen Anteile ungleichgewichtig. Manche spalten wir ab, vernachlässigen und vermeiden sie oder bewerten sie einseitig, z.B. weiblich – männlich; stark – schwach; Kopf – Herz; geben – nehmen; Angst – Hoffnung; Leben – Tod. Hintergrund ist neben der bewußten und unbewußten Übernahme von Maßstäben und Wertungen soziokultureller Trendsetter u. a. die Fixierung auf unsere negative Schlüsselposition, ausgedrückt im Schlüsselwort, die uns zur „Überlebensstrategie" wurde und so bestimmte Einseitigkeiten in der „Ganzheit" unseres Lebens festsetzte. Solange diese „Überlebensstrategien" nicht bewußt gemacht, bearbeitet und wenn nötig und möglich durch neue Lebensmaximen ergänzt, verändert oder ersetzt werden, leben wir eine unnötig „eingeschränkte Ganzheit unserer Lebensmöglichkeiten", die so nicht bleiben muß. Gerade auch diese oft schmerzhaften Erfahrungen der eigenen Grenzen und Ohnmacht im Selbstwerdungsprozeß sind Gegenstand der Exerzitien.

Konkret bedeutet das im Exerzitienprozeß, mich selbst Tag für Tag, mit allem, was ich bin und habe, in den Begegnungen mit den Erfahrungen der Bibel mit allen Sinnen wahrzunehmen. Das schließt ein: hören, sehen, riechen, schmecken, tasten, was jetzt ist und wie es ist. Gleichzeitig bin ich eingeladen, in meinem Körper die Energien zu spüren, ihren Fluß, ihre Spannung und Stauung in Bewegung und Ruhe. Auf dem Hintergrund meiner Wahrnehmung kann ich dann im Geiste erkennen, z.B. in Bildern und Einsichten, was jetzt ist und wie es ist, und dies im Herzen bewegen.

Diese ganzheitliche Weise der „Wahr-"nehmung mit Leib, Geist und Seele will erst eingeübt werden. Exerzitien sind dafür ein guter Ort.

Ignatius selbst legt Wert auf eine ganzheitliche Sicht- und Verstehensweise. Er praktiziert sie und empfiehlt sie als die Übungsweise der Exerzitien (EB 12).

Die Exerzitien gehen darüber hinaus davon aus: In meiner Ganzheit will Gott mir begegnen. Hier läßt er sich finden. Es liegt an mir, dafür offen zu sein, ihn zu suchen, auch an Orten und in Erfahrungen, die ich bisher nicht mit ihm in Verbindung gebracht habe.

Wie der Glaube sagt, gibt es keinen Ort und keine Situation, an dem und in der Gott nicht zu finden ist. Ja, er hat es vorgezogen, sich zuerst in einem erbärmlichen, armen und glücklosen Dornstrauch mitten in der Wüste zu erkennen zu geben als „Der ich bin da" (Ex 3, 14). Und Gott führte den Menschen und die Welt zu neuem Leben durch die menschlich schwierigste Situation des Leidens und Sterbens Jesu hindurch. So gehören Leiden und Sterben zum Leben in Ganzheit, zur Heilung und Erlösung dazu, einschließlich des Verzweiflungsrufes „Gott, mein Gott, warum hast du mich verlassen?" (Mt 27, 46). Sie alle sind lebendige Orte der Gegenwart Gottes.

In Verbindung mit der Schlüsselmethode heißt das: Gott ist auch in meiner negativen Schlüsselposition zu finden. Er, der stets offene, handelnde und begegnende Gott begegnet mir auch dort und will mich bewegen hin zu (m)einer Schlüsselstellung in Richtung Leben. Erfahrungsgemäß ist dies nicht der erste Schritt im Glauben.

Zunächst verbinde ich mit Gott, daß er (neben vielen positiven) diese schwierigen und leidvollen Erfahrungen verursacht, zumindest sie mir zugemutet hat (Frielingsdorf [4]1993, 147 ff.; 1992). Erst durch einen schmerzvollen Prozeß der Aufdeckung der Übertragung meines Elternbildes auf Gott ist es langsam möglich, mich dem „wahren" Gott zu nähern und seiner Lebensintention Glauben zu schenken – ein wichtiger Prozeß in Exerzitien.

3. Die Schlüsselmethode und Exerzitien: ein Wechselprozeß

3.1. Ein dynamischer Prozeß

Da es in Exerzitien immer um ein „Mehr" an Leben geht, ist es gut, sich (neben den lebensfördernden) zunächst den lebenshindernden und -beschneidenden Situationen und Erfahrungen zu stellen.

Meist finden sich schon recht bald neben den positiven auch negative Gefühle ein, wenn der Exerzitant oder die Exerzitantin auf sich selbst zurückgeworfen mit sich und der jetzigen Befindlichkeit konfrontiert wird. Denn der erste Tag der achttägigen Exerzitien in einer Gruppe von etwa acht Teilnehmerinnen und Teilnehmern dient dem Ankommen, dem „leer" werden vom bisherigen Alltag mit all seinen Anforderungen in den verschiedenen Rollen und Aufgaben, dem Gewahr- und Bewußtwerden der eigenen Befindlichkeit. An diesem Tag geht es hauptsächlich darum, mich wahrzunehmen als die, die ich heute bin an Leib, Geist und Seele in der Beziehung zu mir selbst, den anderen und zu Gott, ohne jede Wertung. Und ich bin eingeladen, dies mit allen Sinnen wahrzunehmen, im Körper zu erspüren, im Geiste zu erkennen und im „Herzen" zu bewegen.

Das tägliche persönliche Begleitungsgespräch des Exerzitanten oder der Exerzitantin mit dem Begleiter oder der Begleiterin hilft, diese Erfahrungen ins Wort zu heben und wenn nötig und erwünscht zu bearbeiten. Allerdings entscheiden die ExerzitantInnen, was und wie weit sie Erfahrungen, Fragen etc. ansprechen und bearbeiten, in Berührung mit Gott bringen möchten.

Ist die Entscheidung gefallen, an einer konkreten Fragestellung oder einem Problem zu arbeiten und kristallisiert sich dieses Problem u. a. als eine Wiederholung früher liegender Erfahrungen heraus, so kann es in diesen Gesprächen eine konkrete Hilfe sein, mit dem Instrumentarium der Schlüsselmethode z. B. mit Fragen aus dem Lebensskript (Frielingsdorf [4]1993, 109 ff.) oder mit anderen kreativen Methoden zunächst der negativen Schlüsselposition mit ihrem dazugehörigen Schlüsselwort auf die Spur zu kommen. Auch ermöglichen konkrete Benennungen von diffusen negativen Gefühlen, Ängsten und Befürchtungen, sie besser zu verstehen, ihre Reaktionsmuster zu durchschauen und ihnen damit den Stachel der „Unberechenbarkeit" zu nehmen, der zusätzliche Ängste verursacht.

Wenn der Ansatzpunkt, vielleicht die dazugehörige Schlüsselerfahrung, die Schlüsselposition oder gar das Schlüsselwort – sei es vorläufig oder schon festgelegt – gefunden ist, so gilt es, diese mit Hilfe einer Schriftstelle – in der Regel viermal am Tag – mit Gott in Berührung zu bringen. Ausschlaggebend für die Wahl der Schriftstellen ist der jeweilige Ort im menschlichen Selbstwerdungsprozeß, der sich z. B. in der Orientierung an den Phasen nach Erikson finden lassen kann (Köster/Andriessen 1991, 50 ff), und der Ort im Prozeß der Bearbeitung der Lebensgeschichte.

Als grober Orientierungsrahmen für den Prozeß der Bearbeitung der Lebensgeschichte können die Heilungsphasen von seelischen Wunden (analog zu den fünf Phasen des Sterbens von Elisabeth Kübler-Ross) (Linn/Linn [3]1984) dienen. Kübler-Ross nennt sie die Phasen der Wahrnehmung, der Aggression, der Verhandlung, der Depression und Versöhnung. Natürlich haben diese Phasen bei jedem Menschen eine eigene Dynamik mit unterschiedlicher Dauer, Intensität und Ausdrucksmöglichkeit. Dementsprechend sind jeden Tag Schriftstellen auszusuchen, die die jeweilige Phase in ihrem nächsten Schritt unterstützen.

Das bewußte Wahrnehmen des Körpers, angeleitete Bewegung und Tanz und die gemeinsame Gebetszeit in der Kursgruppe am Abend mit dem Austausch über die persönlichen Erfahrungen in den Übungen unterstützen und vertiefen diese, stellen sie in einen größeren Horizont.

Ziel der Exerzitientage ist, mein Leben so, wie es sich mir im Moment darstellt – sei es die Vergangenheit, Gegenwart oder Zukunft –, im Lichte des wahren Gottes – wie er mir in den Schriftstellen begegnet – zu orten und zu lernen, sie im heilsgeschichtlichen Zusammenhang zu sehen und zu verstehen. Dieser andere Blickwinkel ermöglicht mir auf Dauer eine neue Weise zu leben, mit meiner Vergangenheit, Gegenwart und Zukunft, mit meiner konkreten Schlüsselposition und dem dazugehörigen Schlüsselwort.

3.2. Ein kritischer Prozeß

In der Begleitung von Exerzitien begegnen mir oft Frauen, die „nach außen" erfolgreich in Beruf und im sozialen Umfeld „ihre Frau stehen", anerkannt sind und vielfach geschätzt werden. Gleichzeitig verspüren sie im Innern oft ein schlechtes Selbstwertgefühl, das sie benennen mit Schlüsselwörtern wie „nichts wert", „Sklavin", „Sündenbock", „nichts", „Arbeitstier", „zweitrangig" „abgeschnitten vom Leben", „gebeugt", „zertreten", „schmutzig", „schlecht", „Anhängsel", „Vorzeigefrau". Als Überlebensstrategie nehmen sie dann ihre Leistung und Arbeit, manchmal auch ihre Rollen, und halten diese für den Maßstab ihres Eigenwertes.

Stark verinnerlicht nagt das Gefühl der Minderwertigkeit als Frau an der Qualität ihres Lebens und der Lebensfreude. Allen Gleichberechtigungstendenzen zum Trotz, tief drinnen wurzelt jahrhundertealtes überliefertes Bewußtsein, das gerade auch durch die kirchliche Sozialisation verstärkt wurde. Nicht selten ist dieses Minderwertigkeitsgefühl spirituell überhöht, da unbewußt der „Glaube" vorherrscht, dies sei göttlicher Wille und göttlicher Heilsplan. Gott als Mann, Schöpfer und Vater habe sich selbst und dem Mann in der Frau eine Gehilfin geschaffen.

Kommt dieser verborgene „Aberglaube" zum Vorschein, ist es zunächst notwendig, die sogenannten „natürlichen" Grundlagen der Lebensgeschichte klar und deutlich zu machen. Denn meist werden die verinnerlichten Elternbotschaften und -wertmaßstäbe unbewußt mit dem sogenannten göttlichen Ansinnen gleichgesetzt, selbst wenn wissensmäßig andere Informationen bekannt sind.

Im Lichte biblischer Zusagen, daß der Mann, aber auch die Frau Abbild Gottes ist (Gen 1, 26f), daß er, aber auch sie sein heiliger Tempel ist (1 Kor 3, 16f), daß sie als solche bedingungslos von Gott gewollt und gut sind (ohne jede (Vor-)Leistung), daß sie von ihm unverwechsel- und nicht austauschbar bei ihrem Namen genannt und in seinen Augen teuer und wertvoll sind (Jes 43, 1.4), ist es erst möglich, langsam die verinnerlichten negativen Botschaften als „Lügenbotschaften" und Irreführungen zu entlarven in dem Maße, wie die „wahren" positiven Botschaften an Raum und „Glaubwürdigkeit" gewinnen.

Erstaunlich ist die Fülle und Konkretheit, mit der die Bibel gerade auch der Frau ihre Würde und ihr Recht auf Leben zuspricht, ihre Verletzungen beim Namen nennt. Ohne Scham und unnötiges Versteckspiel beschreibt sie Situationen des Ausgeliefertseins und der Ohnmacht von Frauen, die heute genauso zutreffen wie damals. Gerade die oft verschwiegenen Aspekte von Leiblichkeit und Sexualität werden ohne Tabu in der Bibel erwähnt und haben dort ihren eigenständigen Platz.

So ist etwa die Geschichte der Heilung der blutflüssigen Frau (Mk 5 par), die aufgrund ihres jahrelangen Blutflusses – und zwölf Jahre waren in der damaligen Zeit ein Drittel der gesamten Lebenszeit –

eine hilfreiche Geschichte, die eigene Situation der Isolation z. B. aufgrund der Erfahrung von sexuellem Mißbrauch als Kind mit Gott in Berührung zu bringen. Die anschließende Geschichte von der Auferweckung der Tochter des Jairus kann u. a. helfen, das eigene bisher ungelebte Frausein und die damit verbundene Sexualität von Gott her berühren und zum „Aufstehen" ins gelebte Leben rufen zu lassen. Dies ist für viele Frauen mit dem negativen Schlüsselwort „mißbraucht" oder „vergewaltigt", und „lebendig-tot" eine befreiende Erfahrung, sich als Frau in der eigenen Leiblichkeit und Sexualität ernst zu nehmen und sie in den Alltag zu integrieren.

Oftmals ist es für Frauen mit dem negativen Schlüsselwort „ausgeblutet", „körperlos" oder „Neutrum" nahezu unvorstellbar zu glauben, daß die Bibel nachvollziehen kann, was es heißt, durch den „Blutfluß" – im Bild verstanden – vom „Leben" abgeschnitten zu sein. Dadurch werden manche ermutigt, die eigene Leibverbundenheit, die ständige Erfahrung der „Blutung des Lebens", des Rhythmus von „Leben und Sterben" im eigenen Körper und die darin gründende eigene „frau"-liche oder weibliche „Lebens"-erfahrung als gottgewollt und gut anzusehen.

Das gleiche gilt für das Potential, Gott und sein Wirken im Menschen einzigartig „anders" zu erfahren und zu erkennen als der Mann ihn erkennt und erfährt.

Auch können Geschichten wie die der Heilung der gekrümmten Frau (Lk 13, 10–17), Frauen helfen, sich ihres inneren Gekrümmtseins vor Gott nicht zu schämen, sondern zunächst zu ihrem Gekrümmtsein als einen Anteil von ihnen zu stehen, eben nicht „aufrecht" gehen zu können, weil sie als Frau Elternbotschaften, Entscheidungen, Dinge und Situationen herunterdrücken, ihr „Rückgrat beugen", anders als dies beim Mann der Fall ist, gerade auch in der Kirche.

Die Geschichte der „stadtbekannten Dirne" (Lk 7, 36–50) läßt viel Verständnis für die Frau von seiten Jesu erfahren, der in der Tiefe ihre unendliche Sehnsucht und Liebe spürt und diese als Gabe dahinstellt, den Pharisäern ins Angesicht. Er tritt ein für die „Sünderin", läßt sich von ihrer Zärtlichkeit berühren und verleiht dieser sonst allgemein mehr als peinlich bis verabscheuungswürdig angesehenen Geste einen neuen Stellenwert. Das gibt vielen Frauen mit dem negativen Schlüsselwort „zu kurz gekommen", „abgewandt",

„Hure" Mut, ihre Liebe und Zuwendung in einer authentischen ganzheitlichen Weise der Zärtlichkeit zu leben und auszugestalten. In diese Zärtlichkeit ist auch die Gottesbeziehung miteinbezogen, was vielfach in den bisher gewohnten Ausdrucksweisen in den Gottesdiensten eher verpönt und allenfalls Kindern und Jugendlichen zugestanden wird. Exerzitien sind ein guter Ort, hier neues auszuprobieren.

Gott läßt mit sich reden und mit sich streiten. Beispiele wie die Samariterin am Jakobsbrunnen (Joh 4, 1–26) oder die Syrophönizierin (Mk 7, 24–30) ermutigen Frauen, sich auf Gott, auf Jesus einzulassen. Mal steigt er ein in den Dialog, mal ergreift er selbst die Initiative. Er nimmt Frauen ernst, auch in der theologischen Auseinandersetzung. Martha kommt auf ähnliche Weise zu einem Christusbekenntnis (Joh 11, 27) wie Petrus. Das gibt Mut und Kraft, zu sich selbst als Frau zu stehen, den eigenen Beitrag ernst zu nehmen, auch auf dem Hintergrund des oftmals tiefsitzenden negativen Schlüsselwortes „dumm", „angepaßt", „braves Mädchen". Jesus fordert den eigenen Beitrag heraus, selbst im Glauben und in der Erkenntnis Gottes.

Es ist hilfreich und wirkt heilend (ganzmachend), daß die Bibel so konkret die Betroffenheit und Verwundungen als Frauen, die Erfahrung des Menschseins in der Ganzheitlichkeit als Frau unterscheidet vom Mann und seinem „Er-Leben" und Erfahren.

Es ermutigt, im Exerzitienprozeß die eigenen Schlüsselerfahrungen im Lichte der Heilsgeschichte anzuschauen und davon ausgehend Schritte der Heilung und Ganzwerdung zu gehen zu der Frau, die Gott vorgesehen hat.

In diesem Prozeß kommen Zorn, Ärger und Wut hoch über bisherige Lebenseinschränkungen und -behinderungen, über scheinbar verpaßte Chancen, das bisherige Leben angenehm und zuversichtlich zu gestalten (Frielingsdorf [4]1993, 178 f). Geeignete Bibelstellen, die diese bisherigen „Väter" und „Mütter" (d.h. die negativ und lebensbeschneidend erlebten Botschaften der Väter und Mütter, die auf die Gesamtheit von „Vater" und „Mutter" übertragen und), die fälschlicherweise für „Gott" gehalten wurden, „absetzen", können helfen, sich von diesen lebensverhindernden oder gar -vernichtenden Elternbotschaften zu distanzieren, ihnen eindeutig zu widersprechen und sie durch neue positive zu ersetzen. Gleichzeitig wird in diesen Stellen auch der gute und wahre Gott mit seinen eigenen Lebenszusagen deutlich (z. B. Ez 34, Die schlechten Hirten und der gute Hirt).

Manchmal können die bewußt werdenden und erinnerten Erfahrungen und Verletzungen, die langwierige Absage von den oft seit Jahrzehnten für wahr gehaltenen Botschaften den Exerzitanten oder die Exerzitantin in die Schlüsselposition zurückversetzen, so daß er oder sie die schmerzhaften Erfahrungen noch einmal erlebt. Nicht selten werden dann Mut- und Hoffnungslosigkeit erfahren, Leere, Verzweiflung und Resignation. Geeignete Bibelstellen, die diese Situation beinhalten, z. B. Heilungsgeschichten der Blinden 8, 22–26; Mk 10, 46–52) Gelähmten (Mk 2, 1–12), Aussätzigen (Mk 1, 40–45) Taubstummen (Mk 7, 31–37), vermögen dann die schmerzhafte Situation mit ihren Gefühlen, Ängsten und Hoffnungen deutlich in den Blick zu nehmen und sie Jesus hinzuhalten.

Hilfreich ist es, wenn die Exerzitantinnen auch mit dem Körper eine Gestalt finden und sich in die Haltung hineinbegeben, die zu ihrer momentanen Situation paßt und sich Jesus vorstellen, wie er ihnen begegnet (Frielingsdorf 1992).

Allerdings wird in solchen Phasen oft gefühlsmäßig das unbewußte dämonische Gottesbild reaktiviert. So können manche zunächst überhaupt nicht glauben, daß Gott sich ihrer in ihren schwachen Situationen annimmt, sondern sie glauben, daß er sie zurückweist, auslacht, wegschickt oder wegtritt. Diese konkreten Vorstellungen oder diffusen Ängste sind gute Ansatzpunkte, sich mit dem unbewußten Gottesbild zu beschäftigen und hier nachzuschauen, von welchen negativen Botschaften es überlagert ist.

Sind diese unguten und „dämonischen" Gottesbilder erst einmal entlarvt und mit ihren eigenen „Waffen" geschlagen worden, wozu „Fluch-Psalmen" (Ps 55; 58; 59 oder Klgl 3) eine gute Vorlage bieten, dann können sie sich zwar immer wieder bemerkbar machen, aber ihre uneingeschränkte Macht ist gebrochen. Der gute Gott hat mehr Chancen, gehört zu werden.

So wird langsam der Weg gebahnt für eine neue Sichtweise des eigenen Lebens. Gelegentlich tauchen schon jetzt im Prozeß positive Schlüsselworte auf wie „wertvoll", „Freundin", „frei", „einzigartig", die vielleicht auf die eigene Person zutreffen. Aber sie können nur Schritt für Schritt eingeübt und eingeholt werden.

In den Übungen entdecken viele, daß sie nicht nur von sich selbst ein stark minderwertiges Bild und Gefühl haben, sondern daß sie in gleicher Weise die Mitmenschen und Gott betrachten. Es wird mit gleichen „Waffen" zurückgeschlagen. D. h. die erlittenen Wunden werden auf unterschiedliche Weise meist unbewußt an die anderen oder an Gott weitergegeben. Allerdings verschafft das keine Erleichterung, sondern letztlich kommt das einer Selbstverwundung gleich und damit ist die Gefahr eines Rückfalls in die eigene Schlüsselposition gegeben, und die Erfahrung des eigenen negativen „Schlüsselwortes" kann sich einmal mehr „bewahrheiten". Der Teufelskreis dreht sich weiter.

Es ist nicht leicht, diesen Teufelskreis zu durchbrechen, denn das Böse greift gerade an diesen Schwachstellen an, die meist aus den negativen Schlüsselerfahrungen erwachsen sind und das Bild des heilenden, ganzmachenden und befreienden Gottes verschleiern.

3. 3. Ein menschenfreundlicher Prozeß

Frau C., eine 38jährige Ärztin (die persönlichen Daten sind verändert und typisiert), kam mit der Bitte nach regelmäßigen geistlichen Gesprächen und jährlichen Einzelexerzitien, weil sie „mehr" auf Gott hören und diesen Prozeß in Begleitung gehen wollte. Sie war unzufrieden mit ihrer jetzigen Situation, hatte Schwierigkeiten an ihrer Arbeitsstelle und wollte „mehr leben".

Frau C. war die älteste von drei Geschwistern und ausschlaggebender Grund für die Heirat ihrer Eltern gewesen, die vorhatten, sich zu trennen, wenn Frau C. sich nicht angekündigt hätte. Frau C. hatte den Eindruck, sie sei „ungewollt, ungeliebt, als Sündenbock und für alles verantwortlich in der Familie und in der Ehe der Eltern".

In den anstehenden achttägigen Einzelexerzitien wollte sie endlich „klar sehen für sich und ihren Beruf und mehr auf Gott hören".

Die Exerzitien umfaßten an festgelegten Einheiten:

– 4 persönliche ca. einstündige Meditationsübungen (wovon eine eine Bewegungsübung war) und eine persönliche Reflexionszeit am Abend

– morgens eine feste Gesprächszeit, gelegentlich zusätzlich am Abend

- abends eine gemeinsame Gebetszeit oder Eucharistiefeier in der Kursgruppe
- gemeinsame Mahlzeiten in der Kursgruppe.
- Schweigen während der gesamten Kurszeit von der Vorstellungsrunde am Anreiseabend bis zum gemeinsamen Frühstück am Abreisetag

1. Tag: *Wüstentag*

Frau C. fühlte sich gut und ausgeschlafen, offen für das, was kommt, und gespannt für das, was kommen kann.

Ohne näher auf die Befindlichkeit einzugehen, war Ziel des Tages: Ausruhen, Leerwerden, In-sich- und Auf-sich-Hören, Wahrnehmung und Schärfung der Sinne; z. B. jeweils 15–20 Minuten: sehen, hören, riechen, tasten, schmecken, wahrnehmen der Sonne, des Windes, der Regungen im Körper, Bewegungen und Gefühle etc.

2. Tag:

Frau C. war betroffen vom Abendgebet des Vortages, in dem es hieß: „Ehe ich geboren ward, da bist du mir geboren; ehe ich durch deine Hand gemacht, da hast du mich erkoren".

Sie erlebte alles als eine Provokation, vor allem das „Gerede" vom Auserwähltsein durch Gott. Sie sei „ungewollt" und empfinde die o. g. Worte einerseits als „leeres Gerede" und „frommes Geschwätz", andererseits als anziehend. Die Polarität könne sie sich nicht erklären.

Als Symbol für ihre Befindlichkeit und „Ergebnis ihres gestrigen Spazierganges" legte Frau C. einen abgebrochenen toten Zweig auf den Tisch und sagte: „Ich will, daß er blüht!"

Ein wichtiger Punkt im Laufe des Gespräches war, daß sie den Zweig abgebrochen hatte und damit bereits eine Entscheidung über Leben und Tod des Zweiges getroffen hatte. Das machte sie traurig. Frau C. glaubte, eine Parallele zu ihrem eigenen Leben zu entdekken. Sie sagte, sie selbst entscheide, ob sie lebe und wie sie lebe, ob sie blühe oder wie tot herumhänge.

Gleichzeitig aber habe sie selbst nicht entscheiden können, ob sie geboren werden wollte, zu welchem Zeitpunkt und von welchen Eltern, ob sie als Frau geboren werden wollte. Darauf habe sie keinen Einfluß gehabt. Auch Gott habe sie ins Leben gerufen, ohne daß die Eltern sie gewollt oder gar geplant hätten.

Als Meditationstext für den Tag wurde Jes 43, 1–5 gewählt: „Ich habe dich bei deinem Namen gerufen. Du bist mein". Aus dieser Perspektive Gottes sollte sie in den Übungen versuchen, ihre Lebensgeschichte aufzuschreiben und dabei sehr genau ihre inneren Bewegungen, Regungen und Gefühle wahrnehmen.

Im abendlichen Gespräch sagte Frau C., sie sei verzweifelt über ihre Lebensgeschichte. Kein roter Faden von Gottes Wohlwollen und Liebe sei sichtbar geworden. Ausgangspunkt ihrer miesen Lebensgeschichte sei die Zeugung. Ihre Mutter habe sich nicht wehren können und der Vater ihrer Mutter habe ihr, als sie schwanger war, vorgeschlagen zu heiraten.

Frau C. fühlte sich als „Kitt" in der Ehe ihrer Eltern, als Sündenbock für das Schlechtergehen der Mutter, die seit der ungewollten Schwangerschaft zum Alkohol griff. Sie erlebte sich als die Verantwortliche für gelingendes Familienleben und zufriedene Eltern. Wenn sie diese Funktionen nicht erfülle, sei sie nicht liebens-, ja sogar nicht lebenswert.

Wir gingen noch einmal einzelne Stationen ihrer Lebensgeschichte durch. Frau C. meinte, es sei ein Wunder, daß sie überlebt habe, und sie verspürte viel Wut und Ärger über das, was die Eltern ihr angetan und Gott ihr zugemutet hatte.

Ein anschließender „Wutbrief an die Eltern" und ein Wutpsalm an Gott sollten ihr helfen, diesen Ärger zu formulieren, ihn nicht nach innen gegen sich selbst, sondern nach außen zu richten.

3. Tag:

Am nächsten Morgen las Frau C. ihren Brief an die Eltern und den Fluchpsalm laut und sie spürte, daß sie längst nicht alle Wut in diesen Brief hineingepackt hatte. Vor allem spürte sie, daß der Zorn auf Gott ihr ziemlich viel Kraft nahm, was sich in Atemschwierigkeiten äußerte. Frau C. wollte kämpfen und die ganze Wut auf Gott körperlich loslassen. Als Unterstützung sollte Jakobs Kampf mit Gott dienen (Gen 32), der ihr in der Nacht in den Sinn gekommen war.

Den Kampf unterstützten einzelne Atem-, Bewegungs- und Aggressionsübungen. Am Abend fühlte Frau C. sich „ausgepowert, mit gleichzeitig wachsender Kraft und aufkommender Energie", was ihr gut tat. Sie konnte frei durchatmen, aber die gewünschte

Stimme Gottes: „Du bist meine geliebte Tochter, ich segne dich",
konnte sie nicht vernehmen.

Diesmal erzählte Frau C. ihre Lebensgeschichte als Kampfge-
schichte, in der sie all das, was sie wollte, letztlich im Kampf
erreicht habe. Bisher sei alles so gelaufen, wie sie es gewünscht,
gewollt, entschieden und bestimmt habe. Zwar habe sie immer bis
zum Umfallen gekämpft, aber letztlich immer ihr Ziel erreicht. Jetzt
sei alles anders.

4. Tag:

In der Erinnerung an ihren lang gehegten Wunsch, „nicht immer
alles erkämpfen zu müssen, sondern auch mal etwas geschenkt zu
bekommen", war die Einladung, dies einmal auszuprobieren.

Sie sollte die Worte von Ez 16, 1–14 hören und versuchen, sie als
Geschenk Gottes anzunehmen, ohne etwas erleisten oder erkämpfen zu müssen.

In Atemübungen am Nachmittag sollte sie die Lebenszusagen aus
dem Bibeltext sozusagen als seinen Lebensodem einatmen und
versuchen, das Alte auszuatmen.

Der Bibeltext ließ Freude in Frau C. aufkommen. Insbesondere
waren die Sätze für sie wichtig: „Und ich sagte dir, als du blutver-
schmiert da lagst: Bleib am Leben ... Ich leistete dir einen Eid und
ging mit dir einen Bund ein – Spruch Gottes des Herrn – und du wur-
dest mein" (Ez 16, 6.8).

Frau C. spürte Leben in sich einfließen. Ihr Körper drückte es auf
seine Weise mit dem frei fließenden Einatmen aus. Schwieriger war
das Ausatmen. Frau C. meinte für sich: „Noch kann ich mich nicht
ganz vom Alten trennen. Das Neue kenne ich zu wenig. Ich will noch
am ‚Kitt' festhalten."

5. Tag:

Es ging darum, das Neue weiter kennen zu lernen, die Erfahrung
des von Gott frei geschenkten Lebens zu verkosten und zu vertiefen.
Die Bearbeitung ihrer schwierigen Vergangenheit nach den Exerzitien stand in Aussicht.

Einerseits verspürte Frau C. eine leise Angst, „abzusacken" wie in vor-
herigen Exerzitien, und gleichzeitig einen dünnen Boden, wo sie sicher
war, daß er sie tragen werde und nicht in ein „Loch fallen" lasse.

Als Meditationstext war die Geschichte der Verkündigung an Maria (Lk 1, 26–38) vorgesehen, dazu das Bild „Verkündigung" von Ernst Alt, das mit besonderer Sanftheit Gottes Eingehen auf Maria zeigt, seine Rücksichtnahme auf ihre Angst und Zurückhaltung.

Am Abend kam Frau C. und berichtete, die Elternbotschaften hätten sie brutal überfallen und ließen sie nicht mehr los. Sie könne und wolle diesem Gott keinen Glauben schenken. Zwar habe sie versucht, die Botschaften in die Flucht zu schlagen mit allen „Waffen", aber es sei ihr nicht gelungen. Die Botschaften blieben hartnäckig. Eine große Enttäuschung und Resignation machten sich breit. So habe sie sich auf einem langen Spaziergang „abgelenkt", um diesen grausamen und lieblosen Gott zu vergessen.

Allerdings gäbe es auch einen Anteil in ihr, der ihr sage, daß dies nicht die Lösung sein könne. Deshalb suche sie nach einer Möglichkeit, den Teufelskreis zu durchbrechen.

Ansatzpunkt war das unbewußte dämonische Gottesbild von Frau C. Hiernach ist es „Gott", der sie immer wieder an die Eltern kettet, von denen sie nicht loskommt, da sie „festklebt". Genüßlich lachend betrachtet dieser „Gott" jedesmal neu sein gelungenes Werk, um sich anschließend mit Genugtuung abzuwenden bis zum nächsten Spiel.

Langsam wurde ihr die Übertragung deutlich, und Frau C. erinnerte positive Erfahrungen, wo sie glaubte, daß Gott für sie eingetreten sei, ihr beigestanden war, als sie gegen den Willen der Eltern doch den Arztberuf ergriffen, einige Jahre ins Ausland gegangen war oder als sie sich mit 16 Jahren hatte taufen lassen.

6. Tag:

Auf dem Hintergrund ihrer Bemerkung: „Gott tritt für mich ein" meditierte Frau C. die Bibelstelle Röm 8, 31–39. Dabei versuchte sie, ihre Lebensgeschichte auf die Frage hin durchzugehen, wo Gott für sie eingetreten war. Das gab ihr einen neuen Blickwinkel und ließ wieder Freude aufkommen, ruhiger und verhaltener als zuvor. Diese Freude bestärkte sie in ihrem Entschluß, sich nach den Exerzitien intensiver mit ihrer Lebensgeschichte und ihrem unbewußten Gottesbild auseinanderzusetzen.

7. Tag:
An diesem Tag schrieb Frau C. anhand des Magnifikat Lk 1, 45–55 ihr persönliches Danklied auf dem Hintergrund ihrer Erfahrungen der Exerzitien und versuchte es in einen Magnifikattanz umzusetzen, den sie am Abend in der gemeinsamen Gebetszeit als ihren Beitrag einbrachte.

8. Tag:
Das Abschlußgespräch ging noch einmal auf die „Früchte" der vergangenen Tage ein und auf das Vorhaben von Frau C., sich verstärkt mit ihrer Lebensgeschichte und ihrem unbewußten Gottesbild zu beschäftigen. Auch wollte sie solange an ihrer bisherigen Arbeitsstelle bleiben bis ihr eine Alternative klar vor Augen stehe. Die jetzigen Schwierigkeiten an ihrem Arbeitsplatz konnte sie einordnen, u. a. als eine Wiederholung ihrer Ängste, „Kitt" zu sein zwischen dem „Chef" und den Patienten, dem Pflegepersonal und der Ärzteschaft.

Literaturverzeichnis

Amendt, G./Schwarz, M., Das Leben unerwünschter Kinder, Bremen 1990

Andreae, St., Pastoraltheologische Aspekte der Lehre Sigmund Freuds von der Sublimierung der Sexualität, Kevelaer 1974

Avila, Th. v., Das Leben der hl. Theresia von Jesu, München 1933

Bachmann, K. D. u. a., Pränatale und perinatale Schmerzempfindung, in: Deutsches Ärzteblatt 47 vom 21. 11. 1991, B – 2718

Bandura, A./Walters, R.H., Social learning and personality development, New York 1963

Barry A./Conolly W. J., Brennpunkt: Gotteserfahrung im Gebet. Die Praxis der geistlichen Begleitung, Leipzig 1992

Baum, R., Eßsucht und Selbsthilfe – die Zeit der Scham ist vorbei, in: Mader, P./Ness, B. (Hg.), Bewältigung gestörten Eßverhaltens, Hamburg 1987, 19–21

Baumgartner, I. (Hg.), Handbuch der Pastoralpsychologie, Regensburg 1990 (a)

ders., Pastoralpsychologie. Einführung in die Praxis heilender Seelsorge, Düsseldorf 1990 (b)

ders., Seelsorgliche Kompetenz als pastoralpsychologisches Bildungsziel. Ein theoretischer und empirischer Beitrag zur pastoralpsychologischen Ausbildung von Seelsorgern, in: Schriften der Universität Passau, Reihe Katholische Theologie 3, Passau 1982

Baumgartner, K./Müller, W., Beraten und Begleiten – Handbuch für das seelsorgliche Gespräch, Freiburg 1990

Beinert, W., Heil und Heilen als pastorale Sorge, Regensburg 1984

Benedetti, G., Psychosentherapie, Stuttgart 1983

Biser, E., Theologie als Therapie, Heidelberg 1985

Bleeser, P. (Hg.), Neue Geschichten für Sinndeuter, Düsseldorf 1982

Bours, J., Der Mensch wird des Weges geführt, den er wählt, Freiburg 1986

Bräutigam, W., Reaktionen, Neurosen, abnorme Persönlichkeiten. Seelische Krankheiten im Grundriß, München [4]1978

Brahmstädt, H./Cords, R., Was ist TZI? – Ein Positionspapier, in: Themenzentrierte Interaktion 3.2 (1989), 73–75

Brand-Jacobi, J./Gmur, M., in: Feldmann, H., Psychiatrie und Psychotherapie, Basel–München [9]1984

Breemen, P. van, Geistliche Begleitung heute, in: Sievernich, M./Switek, G., Ignatianisch, Freiburg 1990, 497–512

Brunner, H., Von der Bibel keine Spur ...? Menschenbilder aus psychotherapeutischer Sicht, in: Garhammer, E. (Hg.) Menschenbilder, Regensburg 1989

Brunner, W., Geistliche Begleitung. Ein Dienst in der Kirche, in: Lebendige Seelsorge 49 (1989) 12–17

Bruners, W./Schmitz, J. (Hg.), Das Lernen des Seelsorgers. Identität – Zielsetzung – Handeln im pastoralen Dienst, Mainz 1982

Buber, M., Das dialogische Prinzip, Heidelberg [4]1979

ders., Werke II, München–Heidelberg 1964

ders., Urdistanz und Beziehung, Gerlingen [4]1978

Ciompi, L., Außenwelt – Innenwelt. Die Entstehung von Zeit, Raum und psychischen Strukturen, Göttingen 1988

Cohn, R., Von der Psychoanalyse zur themenzentrierten Interaktion, Stuttgart 1975

dies., Interview mit der deutschen evangelischen Arbeitsgemeinschaft für Erwachsenenbildung, unveröffentlichtes Manuskript 1978

Condrau, G., Die Bedeutung des Wortes in der Psychotherapie, in: Die Psychologie des 20. Jahrhunderts, Band XV, Zürich 1979

Corsini, R. J., Handbuch der Psychotherapie, Weinheim 1983

Cysarz, H., Individualität. Die kreative Einmaligkeit des Menschseins, Salzburg 1983

Dahmer, H., Libido und Gesellschaft, Frankfurt 1983

Domin, H., Gesammelte Gedichte, Frankfurt 1987

Dörner, K./Plog, U., Irren ist menschlich. Lehrbuch der Psychiatrie/Psychotherapie, Bonn [6]1990

Dorsch, Psychologisches Wörterbuch, Bern [11]1987

Dührssen, A., Die „kognitive Wende" in der Verhaltenstherapie – Eine Brücke zur Psychoanalyse?, in: Nervenarzt 566, 9 (1985), 479–484

Dychtwald, K., Körper – Bewußtsein, Essen 1981

Egan, G., The Skilled Helper, Montery 1975

Egenter, R., Erfahrung ist Leben, München 1974

Elia, C., Der Psychodynamische Zugang zum manischen Patienten, in: Benedetti, G., Psychosentherapie, 263–317

Engeli, M., Von der Gesprächstherapie zur Seelsorge, in: Pfeiffer, S. (Hg.), Seelsorge und Psychotherapie – Chancen und Grenzen der Integration, Moers 1991

Erikson, E. H., Identität und Lebenszyklus, Frankfurt 1966

Fabian, K., Das Problem der Identität aus der Sicht der Psychoanalyse, der Soziologie und der Theologie, in: Katechetische Blätter 1969, 164 ff

Falkner, A., Verständnis und Richtmaß geistlicher Begleitung aus dem Dialog mit grundlegenden Quellen ignatianischer Spiritualität, in: Korrespondenz zur Spiritualität der Exerzitien 36 (1986), 21–35

Fenichel, O., Psychoanalytische Neurosenlehre, 2 Bde, Olten 1974

Feige, J., Ja zu jedem Tag, Stuttgart 1984

Feldmann, H. H., Psychiatrie und Psychotherapie, Basel-München [9]1984

Ferenczi, S., Ohne Sympathie keine Heilung, Frankfurt 1988

Festschrift zum 50jährigen Jubiläum der Klinik Hohe Mark, Filderstadt 1983

Frankl, V. E., Der leidige Mensch. Anthropologische Grundlagen der Psychotherapie, Bern [2]1984

ders., Der unbewußte Gott. Psychotherapie und Religion, München [5]1979

Frielingsdorf, K., Dämonische Gottesbilder. Ihre Entstehung, Entlarvung und Überwindung, Mainz 1992 (a)

ders., Dämonische Gottesbilder. Zu ihrer Genese und Symptomatik, in: Geist und Leben 3 (1992) (b) 187–199

ders., Der geistliche Aktivismus, eine Versuchung unserer Zeit, in: Diakonia 3 (1978) 148 ff

ders., Gottesbeziehungen. Kriterien und Übungen zur Bestimmung der aktuellen Gottesbeziehung, in: Geist und Leben 4 (1992) (c) 269–280

ders., Vom Überleben zum Leben. Wege zur Identitäts- und Glaubensfindung, Mainz [4]1993

Frankl, V. E/Kehl, M. (Hg.), Ganz und Heil. Unterschiedliche Wege zur Selbstverwirklichung, Würzburg 1990

ders./Stöcklin, G., Befreiende Erfahrungen in Positano, Mainz 1983

Fromm, E., Psychoanalyse und Religion, Gütersloh [6]1981

Funk, R., Mut zum Menschen, Stuttgart 1978

Funke, D., Die persönliche Qualität des Seelsorgers, in: Diakonia 4 (1990), 236–244

ders., Im Glauben erwachsen werden. Psychische Voraussetzungen der religiösen Reifung, München 1986

ders., Priester und Ordensleute, in: Baumgartner, K./Müller, W., Beraten und Begleiten, Handbuch für das seelsorgliche Gespräch, Freiburg 1990, 158–209

Furrer, W., Psychoanalyse und Seelsorge, München 1970

Garhammer, E. (Hg.), Menschenbilder, Regensburg 1989

GCL (Hg.), Korrespondenz zur Spiritualität der Exerzitien 39 (1989)

Görres, A., Kennt die Psychologie den Menschen?, München 1987

ders., Pathologie des katholischen Christentums, in: Arnold, F. X., u. a. (Hg.), Handbuch der Pastoraltheologie II, Freiburg 1966, 277–343

Graber, G. H., Pränatale Psychologie, München 1974

Grimm, Brüder, Kinder- und Hausmärchen, Köln 1967

Grün, A., Einreden. Der Umgang mit den Gedanken, Münsterschwarzach 1983

Hark, H., Jesus der Heiler. Tiefenpsychologische Deutungen biblischer Heilungsgeschichten, Olten 1988

ders., Religiöse Neurosen. Ursachen und Heilung, Stuttgart 1984

Haslinger H., Sich selbst entdecken – Gott erfahren, Mainz 1991

Heigl-Evers, A./Heigl, F., Die themenzentrierte interaktionelle Gruppenmethode (Ruth C. Cohn): Erfahrungen, Überlegungen, Modifikationen, in: Gruppenpsychotherapie und Gruppendynamik 3 (1973) 237–255

dies./Weidenhammer, B., Der Körper als Bedeutungslandschaft, Bern–Stuttgart–Wien 1988

Heinrichs, D. J., Our Father, which art in Heaven – Parataxic Distortions in the Image of God, in: Journal of Psychology and Theology, 10. 2. 1982

Herbstrith, W., Das wahre Gesicht Edith Steins, München [5]1983

Hirsch, M., Realer Inzest, Berlin 1987

Hoffmann, S. O., Charakter und Neurose, Frankfurt 1979

ders. (Hg.)., Deutung und Beziehung. Kritische Beiträge zur Behandlungskonzeption und Technik der Psychoanalyse, Frankfurt 1983

ders./Hochapfel, G., Einführung in die Neurosenlehre und Psychosomatische Medizin, Stuttgart [3]1987

ders., Psychoanalyse, in: Corsini, Psychotherapie, Bd. 2, Weinheim 1983, 981 ff

Ignatius von Loyola, Bericht des Pilgers, übersetzt von Knauer, P., Leipzig 1990

ders., Geistliche Übungen und erläuternde Texte, übersetzt von Knauer, P., Graz-Wien-Köln [2]1983

Jaschke, H., Psychotherapie aus dem Neuen Testament, Freiburg 1987

Jores, A., Praktische Psychosomatik. Ein Lehrbuch für Ärzte und Studierende der Medizn, Bern-Stuttgart–Wien [2]1981

Kaufmann, F. X./Stachel, G., Religiöse Sozialisation, in: Christlicher Glaube in moderner Gesellschaft 25, Freiburg 1980, 117–164

Kentrup, Ch., „Das Selbst, das man in Wahrheit ist." Das Wachsen der Persönlichkeit nach C. R. Rogers, in: Frielingsdorf, K./Kehl, M. (Hg.), Ganz und Heil, 84–105

Kernberg, O. F., Objektbeziehungen und Praxis der Psychoanalyse, Stuttgart 1981 (a)

ders., Zur Theorie der psychoanalytischen Psychotherapie, in: Psyche 7 (1981) (b), 673–704

König, K., Kleine psychoanalytische Charakterkunde, Göttingen 1992

ders., Praxis der psychoanalytischen Therapie, Göttingen 1991

Köster, P., Andriessen, H., Sein Leben ordnen, Freiburg 1991

Kohout, H., Die Heilung des Selbst, Frankfurt 1979

Kolbe, Ch., Wenn Glaube krank macht ..., in: Religion heute 3/1988, 184–189

Kopp, S. B., Triffst du Buddha unterwegs, Frankfurt 1978

Kreppold, G., Die Bibel als Heilungsbuch, Münsterschwarzach 1985

Krüll, M., Die Geburt ist nicht der Anfang, Stuttgart 1989

Kügler, H., Das Verhältnis von Psychotherapie und Seelsorge für die Praxis in der Beratung, in: Pastoralblatt, Juni 1983, 171–174

Kunz, E., Für eine Kultur der Versöhnung. Aspekte einer christlichen Versöhnungslehre, in: Hirschberg 41 (1988), 145–154

Kurtz, R., Körperzentrierte Psychotherapie, Essen 1985

Ladenhauf, K. H., Integrative Therapie und Gestalttherapie in der Seelsorge, Paderborn 1988

Laing, R. D., Phänomenologie der Erfahrung, Frankfurt [7]1977

Lambert, W., Die wichtigste Viertelstunde des Ignatius, in: Korrespondenz zur Spiritualität der Exerzitien 38 (1978), 35–45 und 46–64

Lanfermann, A., Der verwundete Heiler. Ein Modell christlicher Selbstverwirklichung, in: Frielingsdorf, K./Kehl, M. (Hg.), Ganz und Heil, Würzburg 1990, 203–231

dies., Glaube und ganzheitliche Heilung heute. Der Versuch ganzheitliches Heilen aus dem Glauben zu verstehen und für eine Praxis heute fruchtbar zu machen, Unveröffentlichtes Manuskript, Frankfurt 1988

Lang, H., Zur Problematik der Übertragung in der Psychose in Abgrenzung zur Neurose, in: Psyche 7 (1981), 705ff

Langmaack, B., Überlegungen zur Rolle und zum Selbstverständnis des Leiters, in: Themenzentrierte Interaktion 5.1 (1991) 48–55

Linn, M. und D., Beschädigtes Leben heilen, Graz 1984

Luckmann, Th./Zulehner, P. M./Döring, H., Anonymität und persönliche Identität, in: Glaube in moderner Gesellschaft 24, Freiburg 1981

Lüssi, P., Atheismus und Neurose. Das Phänomen Glauben – Neurose, Göttingen 1978

Luther, H., Alltagssorge und Seelsorge. Zur Kritik am Defizitmodell des Helfens, in: Wege zum Menschen 38 (1986), 2–17

Machenthun, G., Bericht über den Kongreß für Klinische Psychologie der Deutschen Gesellschaft für Verhaltenstherapie (DGVT), in: Frankfurter Rundschau vom 3. März 1992, 3

Mahler, M. S./Pine, F./Bergmann, A., Die psychische Geburt des Menschen, Frankfurt 1982

Mann, K., Tagebücher 1940–1942, München 1991

Maslow, A. H., Psychologie des Seins, München 1973

Matzdorf, P., Die humanistischen Axiome der TZI. Grundlagen und Perspektiven für pädagogisches, therapeutisches und politisches Handeln, in: Erfahrungen lebendigen Lernens. Grundlagen und Arbeitsfelder der TZI, Mainz 1985, 48–58

Mayer-Scheu, J., Seelsorge im Krankenhaus, Mainz ²1981

Mayer-Scheu, J./Kautzky, R. (Hg.), Vom Behandeln zum Heilen. Die vergessene Dimension im Krankenhaus, Wien–Göttingen ²1982

McAllister, R. J., Living the Vows. The Emotional Conflicts of Celibate Religious, San Francisco 1986

Mentzos, S., Neurotische Konfliktverarbeitung, Frankfurt 1984

ders., Psychodynamische Modelle in der Psychiatrie, Göttingen 1991

Merl, H., Das Problem der Entwicklung von Lösungen, in: Psychotherapie, Psychosomatik, Medizinische Psychologie, 9/10 (1991), 446–457

Mette, N./Blasberg-Kuhnke, M., Kirche auf dem Weg ins Jahr 2000. Zur Situation und Zukunft der Pastoral, Düsseldorf 1986

Metz, J. B., Glaube in Geschichte und Gesellschaft, Mainz 1977 (⁵1992)

Milch, W. E./Putzke, M., Auswirkungen der Kleinkindforschung auf das Verständnis der Psychosen, in: Forum der Psychoanalye, Bd. 7, Heft 4 (1991)

Miller, A., Du sollst nicht merken, Frankfurt 1983

Minuchin, S., Familie und Familientherapie, Freiburg ⁸1990

Moltmann-Wendel, E., Wenn Gott und Körper sich berühren. Feministische Perspektive zur Leiblichkeit, Gütersloh 1989

Moynihan, R. N., Das Selbstbild als einer der motivierenden Faktoren bei der Berufswahl der Priester, Inaugural-Dissertation, Innsbruck 1978

Müller, B., Umschuldungsversuche oder: Therapie für Normale, in: Wege zum Menschen 7 (1991) 385 ff

Müller, L./Seifert T., Analytische Psychologie. Urbilder der Seele, in: Petzold, H. (Hg.), Wege zum Menschen. Methoden und Persönlichkeiten moderner Psychotherapie, Bd. II, Paderborn 1984, 175–244

236

Müller, W., Erkennen – Unterscheiden – Begegnen. Das seelsorgliche Gespräch, Mainz 1990 (a)

ders., Beratung und Begleitung im Kontext von Seelsorge, in: Baumgartner, K./Müller, W. (Hg.), Handbuch für das seelsorgliche Gespräch, Freiburg 1990(b)

Nientiedt, K., Ganzheitlichkeit, in: Herder Korrespondenz 41 (1987), 101–103

Nouwen, H., Das geteilte Leid, Freiburg 1983

Oelkers, J./Wegenast K., Das Symbol als Brücke des Verstehens, Stuttgart 1991

Oerter, R., Moderne Entwicklungspsychologie, Donauwörth [15]1982

Pesch, O. H., Frei sein aus Gnade, Freiburg 1983

Petzold, H. (Hg.), Leiblichkeit. Philosophische, gesellschaftliche und therapeutische Perspektiven, Paderborn 1985

ders./Orth, I. (Hg.), Poesie und Therapie. Über die Heilkraft der Sprache, Paderborn 1985

ders., Zu den Verwendungsmöglichkeiten des Psychodramas in der Pastoraltherapie, Seelsorge, der religiösen Selbsterfahrung und in der Didaktik des Religionsunterrichts, in: ders. (Hg.), Angewandtes Psychodrama in Therapie, Pädagogik, Theater und Wirtschaft, Paderborn 1972, 265–283

Peukert, H., Kontingenzerfahrung und Identitätsfindung. Bemerkungen zu einer Theorie der Religion und zur Analytik religiös dimensionierter Lernprozesse, in: Blank, J., Hasenhüttl, G. (Hg.), Erfahrung, Glaube, Moral, Düsseldorf 1982, 76–102

Pfeifers, S. (Hg.), Seelsorge und Psychotherapie – Chancen und Grenzen der Integration, Moers 1991

Poensgen, H., Die Befreiung einer verlorenen Beziehung. Eine biblisch-homiletische Untersuchung zu Lk 15, 11–32 unter Berücksichtigung familientherapeutischer Erkenntnisse, Frankfurt 1988

Pompey, H., Pastoralpsychologie – Die Entwicklung der ältesten Teildisziplin der Angewandten Psychologie, in: Psychologie und Praxis 16 (1972), 168–175

Pompey, H., Seelsorge in den Krisen des Lebens. Tendenzen und Möglichkeiten seelsorglicher Hilfe in Geschichte und Gegenwart, in: Henrich, F. (Hg.), Seelsorge ohne Priester? Zur Problematik von Beratung und Psychotherapie in der Pastoral, Düsseldorf 1976, 29–72

Raguse, H., Was ist themenzentrierte Interaktion? Versuch einer neuformulierten Anwort, in: Wege zum Menschen 34 (1982) und in: Gruppenarbeit: Themenzentriert. Entwicklungsgeschichte, Kritik und Methodenreflexion, Mainz 1987, 117–143, mit Nachwort von 1986

Rahner, K., Frömmigkeit früher und heute, in: ders., Schriften zur Theologie, Bd. VII, Zürich 1966, 11–31

ders., Selbsterfahrung und Gotteserfahrung, in: ders., Schriften zur Theologie X, Zürich–Einsiedeln–Köln 1972, 133–144

ders., Worte vom Kreuz, Freiburg 1980

ders./Vorgrimler, H., Kleines Konzilskompendium, Freiburg [19]1986

dies., Kleines Theologisches Wörterbuch, Freiburg [13]1981

Rainer, A., Seelsorger und Patient, in: Eser, A. u. a. (Hg.), Lexikon. Medizin – Ethik – Recht, Freiburg 1989

Rauchfleisch, U., Die psychodynamische Bedeutung der Lebenslüge: ihre kompensatorische und stabilisierende Funktion, in: Büttner, Ch., Ende, A. (Hg.), Und wenn sie nicht gestorben sind ... Lebensgeschichten und historische Realität. Jahrbuch der Kindheit, Bd. 5, Weinheim 1988, 51–65

Revenstorf, D., Psychotherapeutische Verfahren, 3 Bände, Stuttgart 1982

Richter, H. E., Eltern, Kind, Neurose, Stuttgart [3]1972

ders., Der Gotteskomplex. Die Geburt und die Krise des Glaubens an die Allmacht des Menschen, Hamburg 1979

Rogers, C. R., Die klientenzentrierte Gesprächspsychotherapie (1942), München 1972

ders., Entwicklung der Persönlichkeit, Stuttgart [3]1979

ders., Therapeut und Klient. Grundlagen der Gesprächstherapie, München [2]1982

Rottmann, G., Untersuchungen über Einstellungen zur Schwangerschaft und zur fötalen Entwicklung, in: Graber, G. H., Pränatale Psychologie, München 1974

Rubner, A. und E., Entwicklungsphasen einer Gruppe, in: Themenzentrierte Interaktion 5.2 (1991), 34–48

Rulla, L. M., Depth Psychology and Vocation. A Psycho-social Perspective, Rom–Chicago 1971

Rutschmann, N., Psychotherapie und Seelsorge, Plädoyer für ein integratives Modell – exemplarisch dargelegt anhand unbewußter pathologischer Gottesbilder. Unveröffentlichtes Manuskript, Frankfurt 1992

Schaffer, U., Entdecke das Wunder, das du bist, Stuttgart 1992

Scharfenberg, J., Verstehen und Verdrängung, in: Spiegel, Y. (Hg.), Psychoanalytische Interpretationen biblischer Texte, München 1972, 36–48

Schaupp, K., Die Bedeutung der Tiefenpsychologie für die Ausbildung von Priestern und Ordensleuten, in: ZKTh 106 (1984), 402–439

ders., Schwerpunkte geistlicher Begleitung, in: Ordensnachrichten, Sonderreihe Dokumentation, Heft 7, 29 (1990)

Schillebeeckx, E., Christus und die Christen, Freiburg 1977

Schleyer, A., Vom Sinn des Leidens, in: Knorr, H. V. (Hg.), Seelische Krankheiten – Heilung und Heil, Marburg [4]1987

Schneider, M., Aus den Quellen der Wüste, Köln 1987

ders., Exerzitien im Alltag, in: Sievernich, M., Switek, G. (Hg.), Ignatianisch, Freiburg 1990, 513–526

Sölle, D., Der Wunsch ganz zu sein. Gedanken zur neuen Religiosität, in: Bahr, H. E., Religionsgespräche. Zur gesellschaftlichen Rolle der Religion, Darmstadt–Neuwied 1975, 146–151

Spiegel, Y. (Hg.), Psychoanalytische Interpretationen biblischer Texte, München 1972

Spijker, A. M. J. M. H. van de, Ohnmächtige Macht? Pastoraltheologische Überlegungen zur gleichgeschlechtlichen Zuneigung, in: Diakonia 20 (1989) 116–119

Stein, E., Gedichte und Gebete aus dem Nachlaß, (hrsg. von Herbstrith, W.), Aschaffenburg [4]1987

Stenger, H. (Hg.), Eignung für die Berufe der Kirche. Klärung – Beratung – Begleitung, Freiburg 1988

Stöcklin, G., Was ist und wie wirkt analytische Psychotherapie?, in: Jores, A., Praktische Psychosomatik, Bern-Stuttgart–Wien [2]1981

Stollberg, D., Therapeutische Seelsorge. Die amerikanische Seelsorgebewegung. Darstellung und Kritik; mit einer Dokumentation, München ²1969

Sudbrack, J., Dienst am geistlichen Leben, in: Pastorale Handreichung für den pastoralen Dienst, Mainz 1971, 1–138

Tölle, R., Psychiatrie, Berlin ⁹1991

Wachinger, L., Wie in Psychotherapie und Beratung Seelsorge geschieht, in: Baumgartner, I., Handbuch der Pastoralpsychologie, Regensburg 1990, 107–120

Watzlawick, P., Anleitung zum Unglücklichsein, München 1983

ders./Beavin, J. H./Jackson, D. D., Menschliche Kommunikation. Formen, Störungen, Paradoxien, Bern–Stuttgart–Wien ⁴1974

Weiss, H./Benz, D., Auf den Körper hören, München 1987

Werbick, J., Glaube im Kontext. Prolegomena und Skizzen zu einer elementaren Theologie, St. Ottilien 1987

Wolff, H., Jesus als Psychotherapeut. Jesu Menschenbehandlung als Modell moderner Psychotherapie, Stuttgart ⁴1981

Zulehner, P. M., Beratung und Seelsorge im gesellschaftlichen Kontext, In: Baumgartner, I., Handbuch der Pastoralpsychologie, 121–131

ders., Leibhaftig glauben. Lebenskultur nach dem Evangelium, Freiburg 1983

AutorInnen

Bonn, Monika van MMS., Dipl. Psychologin in einem Kinder- und Jugendheim in Essen.

Esch, Siegfried, Krankenhauspfarrer, Ehe-, Lebens- und Familienberater, Pastoralpsychologe in Neunkirchen.

Frielingsdorf, Karl SJ., Professor für Pastoralpsychologie und Religionspädagogik. Leiter des Instituts für Pastoralpsychologie an der Phil.-Theol. Hochschule Sankt Georgen in Frankfurt.

Kentrup, Christoph SJ., Lic. theol., Pastoralpsychologe und Spiritual am Priesterseminar Sankt Georgen in Frankfurt.

Kügler, Hermann SJ., Lic. theol., Pastoralpsychologe, Praxisbegleiter, Geistlicher Leiter der KSJ in Köln.

Lanfermann, Agnes MMS., Lic. theol., Pastoralpsychologin, wissenschaftliche Mitarbeiterin am Institut für Pastoralpsychologie, Leiterin der Begegnungsstätte für ganzheitliche Heilung in Frankfurt.

Rutschmann, Dr. med. Norbert, Lic. theol., Arzt für Allgemeinmedizin, Pastoralpsychologe in Kaufbeuren.

Reihe Begleiten – Beraten – Heilen
Pastoralpsychologische Hilfen

Herman Andriessen
Der Sehnsucht in mir einen Namen geben
Lebensweg und Spiritualität
Aus dem Niederländischen
1993. 184 Seiten. Kartoniert

Anhand von Tagebüchern, Gesprächen und Briefen zeigt Herman Andriessen, wie es gelingen kann, die verschiedenen Phasen unseres Lebens spirituell zu gestalten.

Anselm Grün
Verwandlung
Eine vergessene Dimension geistlichen Lebens
1993. 96 Seiten. Kartoniert

Ziel des geistlichen Lebens ist nach Paulus die Verwandlung des Menschen in das Ebenbild Jesu Christi. Doch vergessen wir nicht oft vor lauter Arbeit an uns selbst, vor lauter Ändern- und Verändernwollen zu schnell, daß Gott ja das Eigentliche an uns tut, daß *er* unsere Wunden und Verletzungen verwandeln und heilen möchte?

Heribert W. Gärtner (Hg.)
Leiten als Beruf
Impulse für Führungskräfte in kirchlichen Aufgabenfeldern
1992. 132 Seiten. Kartoniert

Dieser Band vermittelt psychologisches Wissen, Praxisreflexionen und konkrete Hilfen für die Seelsorgearbeit. Er macht Mut zu heilendem Reden und Handeln und spricht alle an, die sich in pastoralen und karitativen Arbeitsfeldern engagiern.   *Soziale Arbeit*

Matthias-Grünewald-Verlag

Themenzentrierte Interaktion
für die Arbeit mit Gruppen

Ruth C. Cohn/Irene Klein
Großgruppen gestalten mit Themenzentrierter Interaktion
Ein Weg zur lebendigen Balance zwischen Einzelnen, Aufgaben und
Gruppe.
1993. 156 Seiten. Kartoniert

Wie kann in Großgruppen mit TZI gearbeitet werden? Dieses Buch
stellt drei von Ruth Cohn geleitete Großgruppenprojekte vor und
entwickelt daraus eine mögliche Struktur.

„Beachte die Körpersignale ..."
Körpererfahrung in der Gruppenarbeit
1991. 220 Seiten. Kartoniert

Ein in der Vielfalt der Beiträge interessantes und gut lesbares Buch,
das dankenswerterweise keine Rezepte und Gebrauchsanweisun-
gen liefert, sondern fundierte Hintergrundinformationen und
Anregungen. *Das Baugerüst*

Eike Rubner (Hg.)
Störung als Beitrag zum Gruppengeschehen
Zum Verständnis des Störungspostulats der TZI in Gruppen
1992. 76 Seiten. Kartoniert

Hier wird ein zentrales Postulat der TZI genauer unter die Lupe
genommen. Dargestellt werden an konkreten Beispielen die möglichen Ursachen von Störungen in einer Gruppe und der Umgang
damit.

Matthias-Grünewald-Verlag